超級貨幣

SUPERMONEY

亞當・斯密 Adam Smith

周詩婷——譯

第一本看見巴菲特價值的長銷經典，

撕開金融世界的瘋狂眾生相

目錄

PART 4｜這個體制搞砸了嗎？

導讀：希望、貪婪與恐懼

約翰．柏格

《超級貨幣》和亞當．斯密的前作《金錢遊戲》一樣，談論的是後來被稱為「沸騰年代」（Go-Go years[1]）的美國股市。早在華倫．巴菲特（Warren Buffett）成為投資成功與樸實金融見解的典範之前[2]，本書就介紹了這位如今全球最受矚目的投資人。在《超級貨幣》裡，作者「亞當．斯密」跑到奧馬哈去見這位威爾．羅傑斯（Will Rogers）[3]式的人物，後來還帶他去上他的電視節目《亞當．斯密的金錢世界》（*Adam Smith's Money World*）。巴菲特在沸騰年代裡最與眾不同的地方是，他是少數幾個預測正確的人之一，悄悄退場並收掉了他所管理的基金，剩下的股權是當時幾乎沒有交易量的新英格蘭紡織廠波克夏．海瑟威（Berkshire Hathaway，以下簡稱波克夏）。後來，這家紡織廠卻成為可能是史上最成功投資計畫的工具。

《金錢遊戲》和《超級貨幣》所描述的投機年代——從

1　譯注：指1960年代，這段時間法人、散戶皆積極買進成長股，不斷追高搶進。

2　譯注：本書的第一版在1972年出版。

3　譯注：美國知名演員，專欄作家和電台評論員，在1920到30年代由於其樸素的哲學思想和揭露政治的黑暗面，而廣受美國人民愛戴。

1960年代初期開始，到1968年接近尾聲，但緊接而來的是另一波投機浪潮（儘管成因截然不同），推動了股市在整個1973年初一路上漲。緊接著泡沫破滅，到1974年秋季時，股市已從高點攔腰跌了50%，跌回1959年的水準，也就是15年前的高點。

這兩本書都觸及大量對股市飢渴且熟悉的受眾，當然也獲得了暢銷書的地位。在這兩本書中，作者「亞當．斯密」說，投資已經成為那些才思敏捷、活蹦亂跳、常常做出可笑事蹟的舞台劇主角。《金錢遊戲》已經成為研究散戶投資行為的必讀書目，而《超級貨幣》就如書封提醒我們的，是談論機構投資者（Institutional Investor）的社會行為，聚焦於利用「超級貨幣」（supercurrency）——來自市場增值和股票選擇權的收入——成為沸騰年代期間的法幣。

這兩本書迅速成為那個狂野年代的投資傳說。不過，回想起來，這兩本書也為**下一個**狂野年代（大約發生在30年後）提供了卡珊卓拉式的警告[4]。後來1990年代晚期的新經濟（The New Economy）[5]泡沫，是的，股價再次攔腰下跌50%，與前一次泡沫有著驚人的雷同。美國哲學家桑塔亞納（Santayana）的警告：「那些無法記住過去的人，註定要重蹈覆轍。」顯然是

4　譯注：卡珊卓拉（Cassandra）是希臘神話中特洛伊國王之女，阿波羅賜給她預言能力，卻又讓她的預言無人相信。她告訴特洛伊人，希臘人就躲在木馬裡。

5　譯注：新經濟理論在1990年代、也就是網路泡沫時代的美國特別盛行。該理論認為，由於經濟全球化和資訊技術進步，可打破景氣循環，讓經濟不斷成長。這解釋了美國上世紀末經濟空前繁榮的理由，造成對經濟前景的過度樂觀和投資。

對的。

大盤第二次腰斬後、投資人正努力摸清前路之際，《超級貨幣》新版上市的時間值得深思。這是一段迷人的歷史，以作者的才思，提供沒經歷過沸騰年代的投資人實用的教訓。對真正經歷過這個時期的人，也提供了慘痛的回憶。如同紐約洋基傳奇捕手尤吉・貝拉（Yogi Berra）的真知灼見（但可能不是他說的）：「這似曾相識的一切再度上演。」

我覺得自己很幸運，儘管過程艱辛，卻得以從超級貨幣泡沫中學到教訓。在那個年代、在那些私人生活與職業生涯都在生死存亡之間的人當中，我召喚重返股市並再次奮鬥的力量。經歷這場嚴酷考驗的磨練後，我重塑了我對明智投資的想法。因此，當新經濟泡沫在世紀之交前膨脹到爆裂點，我作為少數幾位卡珊卓拉，呼籲投資人避免集中投資當時的科技股，要分散再分散，並把資產大幅配置於——是的，債券。

我也覺得自己有幸能在這段漫長時間裡，認識傑瑞・古德曼（現在的亞當・斯密）並一起共事。我定期接受《機構投資者》（*Institutional Investor*）雜誌的採訪（而他是創刊編輯），也定期上他在公共廣播網（Public Broadcasting Network）上廣受歡迎的電視節目《亞當・斯密的金錢世界》。在1970年代期間，我們同屬普林斯頓大學經濟系的顧問委員會，一年一度圓桌討論會的一大亮點，就是他有力而完整的意見。我會毫不猶豫地承認傑瑞的優越洞見和寫作技巧——真是好組合！——比我好太多了，但我用我們在賽場上的勢均力敵來安慰自己。

（確實勢均力敵：多年前，在普林斯頓的壁球場上，我們的比賽以2比2平手，到了決賽，當燈光熄滅、比賽結束，又是7比7打平。）

而身為55年來，金融市場上非常少數始終留在場上的參與者之一——包括沸騰年代和記憶較新的新經濟泡沫——我很榮幸也很高興為2006年重新發行的這本了不起的書撰寫推薦序。我會先探討沸騰年代超級貨幣過剩的情形；接著是隨之而來的無情報應；最後，是歷史上不時打斷金融市場、那些來來去去、不斷變化的「異常流行幻象與群眾瘋狂」（extraordinarily popular delusions and the madness of crowds）[6]最近期的例子。當然，要是未來投資人真能從前人得來不易的經驗，以及這本好書中所記述的歷史記取教訓，就不會再出現下一個泡沫了。但我是不會奢望這件事發生的！

一 超級貨幣年代

古德曼描繪了一個近乎，甚至超越瘋狂的金融年代——認知凌駕於現實，一時的獲利幻象（更別說是獲利的各種計算方式和獲利預期了）戰勝了資產負債表上的重要基礎與貼現現金流（discounted cash flows）。那是個投資人把「概念」和「趨勢」視為投資標準的年代，他們很容易因為有數字支撐，就把兩者合理化（無論出處有多麼可疑）。就像古德曼在新版序中寫

6　譯注：出自書名，為查爾斯．麥凱（Charles Mackay）的代表著作，介紹19世紀的3大投資泡沫事件。

的：「……人們把金融視為理性，因為遊戲以數字衡量，而數字是有限的和最可靠的。」

在金錢遊戲和超級貨幣的年代裡，人們的認知可以大幅壓倒現實，是因為金融騙局讓現實看起來比過去美好很多。「亞當．斯密」說企業盈餘有多容易膨風：「把加速折舊法改成直線折舊法，來降低攤提費用……改變存貨估值……調整退休基金收費……以研發費用資本化來取代費用化……將專案成本展延，直到專案開始有收入……（在會計上）玩融資和採購……一切都是為了股價，而不是為了經濟現況考量。」而會計師默不作聲，讓遊戲繼續進行。這一代最權威的會計師事務所安達信（Arthur Andersen），其榮退董事長李奧納德．史派西克（Leonard Spacek）幾乎是唯一一個公開反對現已變得司空見慣的金融工程：「我的職業怎能容許這樣的捏造還無愧於大眾，這超出了我的理解範圍……財報是在玩輪盤賭博。」他的警告沒受到任何注意。

投資圈對這種愚昧行為的接受度既廣且深。1968年1月的《機構投資者》雜誌上有篇文章，作者是地位堪稱產業大師的查爾斯．艾利斯（Charles D. Ellis），他當時在機構研究券商、帝傑投資銀行集團（Donaldson, Lufkin and Jenrette）擔任分析師，他總結道：「短期投資有時可能真的比長期投資更沒有風險，股價走勢或許比大部分研究最仰賴的『基本面』更重要……投資組合經理人買進股票，但他們並不是在『投資』企業。」

但現實終究會占上風。當它發生時，股價就在泡沫破滅的最前線，跌落神壇的偶像證實有其弱點。想想《超級貨幣》裡的這張表格：

	後來	
	高點	低點
全國學生行銷公司（National Student Marketing）	36	1½
四季療養院（Four Seasons Nursing Homes）	91	0
帕文・朵曼公司（Parvin Dohrmann）	142	14
聯合娛樂公司（Commonwealth United）	25	1
海納國際集團（Susquehanna）	80	7
管理支持公司（Management Assistance）	46	2

這類股票是共同基金經理人的最愛，而那些最賣力玩金錢遊戲的，取得最大的短期成功。自1940年代初期便由亞瑟・維森伯格公司（Arthur Wiesenberger & Co.）年年發行的刊物《投資公司》（*Investment Companies*）手冊，在它們的1966年版本中，甚至為這類基金另創類別。「最大資本收益基金」（MCG）從傳統的「長期成長，收入次之」（LTG）基金獨立出來，其餘股票型基金則依然留在「成長與當前收入」（GCI）類別裡。在沸騰年代（1963-1968）期間，報酬率的懸殊差異相當驚人：「成長與當前收入」類：+116%；「長期成長，收入次之」類：+151%；「最大資本收益基金」類：不得了的+285%。

沸騰年代剛開始時，「最大資本收益基金」類裡有22檔基金；最高峰時則是143檔。神奇的是，蔡至勇（Gerald Tsai）的曼哈頓基金公司（Manhattan Fund）在1966年IPO之後——一個向來沒有IPO熱度的產業裡的熱門IPO——被放在「長期成長，收入次之」的類別裡。此番募股吸引了2.5億美元資金，逼近該年流入股票型基金現金流量總額的15%，其資產也在兩年內暴漲至5.6億美元。蔡至勇是神祕難測的基金經理人，在管理富達資本基金（Fidelity Capital Fund）時獲得了不起的成績，在1958-1965年期間，相較於其他保守股票型基金的平均報酬率為166%，蔡則是296%。《新聞周刊》（*Newsweek*）有篇文章可以窺見蔡受到如何的吹捧：「非常酷的人……獲獎無數……沒人比他更舉足輕重……共同基金之王。」蔡至勇不是卑鄙的行銷人，他說自己「真的非常保守」，甚至否認有「賺大錢〔基金〕這回事」。

在1963–1968年的吹泡泡期間，其他「賺大錢基金」也一樣賺到卓越的報酬率。標普500指數上漲約99%，富達趨勢基金（Fidelity Trend Fund）則為245%，穩飛得基金（Winfield Fund）跳漲285%，而企業基金（Enterprise Fund）則是了不起的643%。可是一過1968年的高點，這些基金在1969-1971年期間的報酬率，都平庸得很——確切來說，是低於標準。儘管如此，有了景氣大好那幾年期間的卓越績效（無論是如何達成），到1971年時，他們的績效看起來依舊漂亮。

加入市場熱潮的不光是共同基金。雖然能夠理解基金經理人的貪財，但是不清楚為何大型非營利機構也會抵擋不住誘惑。就連福特基金會（Ford Foundation）都來火上加油、提出這樣的警告：「長期而言，與不謹慎或過度冒險相比，謹慎會讓我們的大學付出更多代價。」不謹慎的代表是羅徹斯特大學（University of Rochester）的捐贈基金，《超級貨幣》說它的投資方式是「買所謂的卓越公司，然後不出售」。該基金是一個以持有IBM電腦、全錄（Xerox）和伊士曼柯達（Eastman Kodak）的股份為主的投資組合，投資組合的單位價值（見《超級貨幣》附錄）從1962年的2.26美元飆升至1967年的4.95美元，再到1971年的5.60美元——總報酬率是150%。真有那麼簡單？

唉，要是當時的我早知道就好了。受到沸騰年代海妖歌聲（siren song）[7]的誘惑，我也傻傻跳進了這波浪潮。1965年，威靈頓管理公司（Wellington Management Company）[8]董事長暨創辦人沃特·摩根（Walter L. Morgan）指示我，為了讓這家我從1951年大學畢業就加入的企業進入新時代，「做一切必要的事」。我馬上策畫了跟波士頓的資金經理人桑戴克、多恩、潘恩與路易士（Thorndike, Doran, Paine, and Lewis）的併購案，他們的艾韋斯特基金（Ivest Fund）是當時績效頂尖的沸騰年代基金之一。併購案在1966年完成。1967年，我生澀地向同仁們宣布：「我們是第一名」——因為截至1966年12月31日的5年來，該基金已經拿下整個產業裡所有共同基金的最高總報酬

7　譯注：希臘神話裡以歌聲吸引水手並使船隻遇難的女海妖，引申為有誘惑力但不能聽信的理論、事物。

8　譯注：一家美國私人投資管理公司。

率。到目前為止，一切都春風得意。

併購案始末刊載在《機構投資者》的1968年1月號，這一期的編輯不是別人，正是喬治．古德曼。〈得志少年接管威靈頓〉（*The Whiz Kids Take Over at Wellington*）一文描述新的合夥人們如何讓威靈頓脫離傳統的「平衡」投資軌道，進入「當代」的投資路線。在威靈頓基金1967年的年報中，該基金新任的投資組合經理人華特．卡伯特（Walter M. Cabot）把這個投資路線，解釋為「動態的保守主義」：

> 時代變了。我們決定我們也必須改變，讓投資組合更符合現代的投資概念與機會。我們選擇用「動態的保守主義」的投資方法，著重那些展現出能力，能從改變中滿足、體現並獲利的企業。（我們）把普通股的部位從64%提高到72%，明顯重視成長股，並降低傳產股的占比。一檔保守的投資基金是指積極追求報酬率，並因此對資本成長、潛在獲利及上升的股息確實敞開大門⋯⋯（這樣的基金）需要想像力、創意和彈性。我們將投資社會上許多卓越的成長型企業。如此，則動態與保守的投資在說法上就沒有自相矛盾。強力進攻就是最好的防守。

當整個共同基金業最保守的基金之一，都開始「積極追求報酬率」時，顯然沸騰年代已來到強弩之末。而且它**確實**畫下了句點。不幸的是，在即將到來的大屠殺中，該基金的強力進攻，卻證明是最糟糕的防守。

二 報應來了

當認知與現實之間存在落差，落差被解決是遲早的事。但既然現實如此頑強，對遊戲的招數零容忍，現實就不可能迎合認知。如此一來，就是認知必須俯首，迎合現實。**「我死之後，哪管洪水滔天。」**（*Après moi le déluge.*）

沸騰年代在1968年結束後，股市在1969和1970年下跌了5%。新進的激進投資人造成更大的虧損發生（平均30%）。但此一跌勢很快就被1971年股市反彈的14%所抵銷（當時．古德曼正在寫《超級貨幣》）。1972年，股市繼續反彈，又上漲了19%。這兩年加起來，市場和「最大資本收益基金」類的基金產生了大約35%的總報酬率。

最後這兩年的泡泡，反映出從沸騰年代過渡到「最愛50」（Favorite Fifty）[9]年代的微妙轉變。但這樣的變化對於其他更保守的股票型基金卻沒有幫助。為什麼？因為泡泡往往是從規模較小的概念股變成大型、成名的企業，在此過程中突然產生的——這些「卓越企業」以羅徹斯特的投資組合為典範，有時稱為「最愛50」，有時稱為「維斯塔貞女」（Vestal Virgins）[10]——

9　譯注：指當時最受歡迎的50檔股票。
10　譯注：維斯塔是古羅馬的女灶神，而維斯塔貞女則在神殿中負責讓神火永不熄滅。

這些公司的股價也和基本的經濟現實脫節，以本益比的倍數進行交易，就像當時的人們說的：「不光將**未來**折現，連**來世**都折現了。」

但是1973年初，遊戲結束。在接下來的兩年內，積極型基金平均下跌近50%，富達趨勢基金下跌47%，企業基金則是44%。（穩飛得基金在1969-1970年期間下跌50%，到最後的大屠殺時已經灰飛煙滅）。蔡至勇的曼哈頓基金顯然更**慘烈**，跌了55%。到1974年12月31日時，曼哈頓基金公布了整個共同基金產業**最慘最慘**的8年績效紀錄——基金持有人的資本累計虧損70%。同時，蔡至勇這位失敗的投資人，卻依然是優秀的企業家，在1968年將公司賣給CAN保險公司（CNA Insurance）。到了1974年，曼哈頓基金的資產已從其原本的規模，縮水到只剩下10%，來到5,400萬美元，只剩下原先規模的殘殼，以及一個從此幾乎消失在股市歷史垃圾桶中的名字。

而在羅徹斯特大學，捐贈基金的價值——儘管其管理者立意崇高——也一樣暴跌。沸騰年代的泡沫以及後來的最愛50泡沫，讓其單位價值從1964年的3.17美元來到1972年的7.20美元，但在1974年又回到3.13美元——這甚至比10年前泡沫剛開始的價位更低。「我死之後，哪管洪水滔天」，確實啊！（捐贈基金1974年的年報反映羅徹斯特基金經理人的羞愧之情，其紅色封面「是我們所能找到最深的顏色」。）

我的臉也是紅的。我很難找到詞語來形容我對自己做出這麼多的壞選擇，先是悔、後是怒的感受。讓我自己——以及委託我帶領的公司——淪為沸騰年代基金經理人的一丘之貉。愚昧地相信不需預設高風險就能達成高報酬，天真地以為我夠聰明，能蔑視明擺著的歷史教訓，並選擇能**持續**繳出優越報酬率的資金經理人（money manager）[11]。冠上一頂不合適的行銷帽子，來擴張威靈頓的「產品線」（我向來討厭把這個詞套用在**資金管理**的專業上，但在此處正確無誤，全因基金專業如今是**資金行銷**，以及，呸！產品發展的一環）。我也成了當時心懷異常流行幻象的瘋狂群眾的一員。

唉！最終，我追求並完成的併購案，非但沒有解決威靈頓基金的問題，還讓它損失更慘重。雖然這家公司在沸騰年代早期成績亮眼，但事後證明其本質只是南柯一夢。就事業而論，這個併購案在頭5年表現出色，但我和我太投機取巧而物色來做新合夥人的激進投資經理人們，都令我們的基金投資人大失所望。在1973–1974年的大熊市期間，股價從高點到低點，跌掉了毀滅性的50%。即便只看這完整兩年，標普500指數提供的總報酬率（包括股息）也是**負37%**。

我們旗下多數的股票基金報酬率更慘。例如，同一時期艾韋斯特基金的淨值跌掉駭人的55%。1974年我寫給投資人的年度董事長的信上，我直白地報告「基金淨值在8月31日的會計年度下跌了44%……跟標普500指數31%的跌幅相比……我們認

11 譯注：一般來說，資金經理人和基金經理人（fund manager）可以互用，但兩者還是有所不同，前者服務個人，包括為個人做投資規畫；後者服務的是基金，專注於基金本身的組成與績效，並未個別地服務所有的基金投資人。

為基金績效令人失望。」（該基金有位董事，見我對明擺著的事實直言不諱嚇壞了。他很快就向董事會請辭。）在這個沸騰年代，我們也成立了其他的積極型基金。當結算日來臨時，它們也都一個樣，跌幅大於標普500指數。探險家基金（Explorer）-52%；摩根成長基金（Morgan Growth Fund）-47%；以及受託管理人股票基金（Trustees' Equity Fund）-47%。後者在1978年關閉，還有一檔投機基金——技術投資基金（Technivest）——是我們設計來「利用股市技術分析的優勢」（我沒在開玩笑！）的基金，甚至更早收攤。

就連我們的珍寶威靈頓基金，它更早提高股票占比，投資組合中滿是「卓越的成長型企業」，在1973–1974年期間也蒙受了26%的虧損。從1966年併購算起，績效近乎平衡基金類的最低水準。在那10年期間，平衡型基金的平均報酬為23%，而威靈頓基金**整段時間**（包括配息）的累計總報酬率趨近於零——只有2%。（1975年，投資組合經理人卡伯特離職，成為哈佛捐贈基金經理人。）

在一個幾乎周周失敗的商業環境，悲慘的績效為曾經合作愉快的夥伴關係帶來沉重的負擔，這種負荷又因為個人差異、野心與自尊的抵觸，以及對於駕馭權力的渴望而迅速惡化。不意外的，我的新合夥人和我吵架，但他們在董事會上票數比我多，是**他們**把我從我以為是「我的」公司解雇了。

我辜負了股東，也辜負了我的職涯——不是因為被炒魷魚，而是開始跳進投機浪潮中的激進投資。不過，人生是公平的：我犯了大錯並付出高昂的代價。*我心已碎，前途坎坷。但我沒有被擊倒。我一直告訴自己一扇門關上了（這回是砰地關上），會有一扇窗打開。我決定自己打開那扇窗，重新展開我的職涯，重要的是，徹底改變共同基金運作的結構，這是對在沸騰年代期間這個產業的慘敗負起責任。我要讓共同基金產業成為一個更好的投資去處。

*諷刺的是，最初炒我魷魚的合夥人——那些該為績效問題負直接責任的人——卻未付出任何代價。他們完全掌控了威靈頓基金的管理，並在1982年起的大牛市中賺取豐厚報酬。儘管如此，他們也顯然從崩盤經驗中記取了教訓，最終使威靈頓基金重返原先的地位，成為一檔穩健、受敬重，以及管理保守的基金。

可是這個目標要如何實現？本質要簡單。共同基金為什麼得聘請**外部公司**來管理他們的事務？——無論當時或現在，我們產業的慣例都是當資產達到一定規模，基金絕對有能力**自我**管理，並省下費用，進而省下一小筆財富。為什麼不建立一種讓共同基金變得獨一無二的結構，建立真正的**共同**？它們的運作，**不是**基於外部顧問的利益（事業目標是為特定的一組所有人，盡可能賺取高報酬），而是基於持有者或股東自己的利益，盡可能節省成本。這家公司的經營不會奠基於產品行銷。基金將會專注的區塊，不是市場的熱門部門，而是總體市場本身。核心投資理念將會避免短期投機的謬誤推論，大力宣傳長期投資的智慧。於是，1974年9月24日，在「沸騰年代」與「最愛50年代」的浮誇與瘋狂中，以及隨之而來的大崩盤的分娩痛苦中，先鋒集團的投資公司誕生了。

三 又一個泡沫

《超級貨幣》中最有意思的軼事之一，就是紐約市舉辦年度投資大會，吸引約1,500名信託經理與共同基金經理人（想必是《機構投資者》雜誌1970年舉辦的大會）參加。傑瑞．古德曼是會議主席，而就像他寫的：「在（當時）大熊市最悽慘的一年之後，如果有部分之前的贏家，能夠一起來告解他們之前犯下的重罪，會是很好的心理贖罪。」無論告解對靈魂有多少好處，實際懺悔的人非常之少。不過抗拒傳統的新英格蘭人大衛．巴伯森（David Babson）還是讓世人想起自身的罪，他形容當時的股市是「一場舉國的擲骰子賭博」。他身為投資經理人，其理念的核心是根基於努力工作和普通常識，「長期而言，這些美德終將勝利」。

他怒斥聚集的群眾，說專業投資人已「深陷於投機之中」，並一一唱名曾經自吹自擂、股價卻暴跌的股票清單（從80到7元、68變4元、46變2元、68變3元等等），並建議部分聚集於此的經理人離開這個行業。儘管古德曼示警（「大衛，你已經超出觀眾的痛苦承受門檻」），巴伯森還是指出「購買並炒作最糟糕組合（新發行的、以及其他歷史垃圾）的新型投資經理人，以及靠著認購這些證券而發財的傢伙……被媒體力捧為新投資大師的一群新手……沒有管理他人錢財（other people's money，OPM）[12]的責任感。」巴伯森總結道：「美國金融史上，沒有比1967至1969年這段時間更大的陰謀詭計了。它像1929年毀了一整個世代那樣，毀了這個世代，要再過非常非常久，這種情況才會再度發生。」

可以想見，觀眾裡的資金經理人不接受巴伯森先生的評論。不過，儘管他沒預見第二個泡沫（最愛50年代）很快就到來，他的評論依然是對的。誠如1965年開始的沸騰年代距離1929年已經過了35年，那麼或許差不多再33年後，就會再出現下一個泡沫。再一次，新世代也許忘了前人學到的教訓。

新泡沫的部分成因是一樣的。（它們也許是永恆不變的。）大衛．巴伯森已經列出來：「跟促銷股票的管理層暗中勾搭的會計師，把根本不是盈餘的盈餘歸在利潤的類別……把公司的退休基金當成賺錢新大陸的『現代』財務主管……冀望一夜變成百萬富翁的共同基金經理人，用盡所有想像得到的花招來製造他們的紙上績效……忘了職業操守的證券分析師成了說謊家，讓他們的機構被一群過度自信的人所矇騙。」查爾斯．艾利斯1968年的真知灼見「投資組合經理人買進股票，但並不是在『投資』企業」，也再次縈繞在我們心頭。（這當然有曲解。經理人不僅僅是買進股票；他們是以前所未見的兇猛態度**交易**

12　譯注：管理他人錢財，經常泛指金融業。

股票。）

如果你得到的結論是**世事越是多變，就越萬變不離其本**，那麼你已經抓到我的重點。不過每個泡沫也都有自己的特色，而1990年代晚期的泡沫為這個永恆的公式添加了許多新元素。泡沫之下有部分看漲的論點，是根據大量樂觀的願景（就像《連線》〔*WIRED*〕雜誌說的）：「美國的勝利、重大戰爭結束、新科技的浪潮、生產力飆升、一個真正的全球市場，以及企業重組——一個良性循環……是由一個成為一體的世界中，一個開放的社會所驅動。」還有：伴隨著將在2001年進入新千禧年的興奮期待（雖然多數人在2000年1月1日慶祝過了）；「資訊時代」與科技革命；（一度資本化的）新經濟。這些強大的變革加總起來，看似蘊含大好機會的前景。於是，再一次，投資人失去了洞察力。

我們為什麼應該感到意外？畢竟，早在西元前二世紀，羅馬雄辯家加圖（Cato）已經警告我們：

> **人性**當中肯定有**巨量**的**愚蠢**，否則**人類**不會因相同的**陷阱**上當上千次，而儘管他們記得過往的**災難**，卻還是繼續走入死巷，鼓勵他們實現尚未兌現的**理想**，而這將再度製造災難。

在經歷過先前的泡沫後，我幾乎不需要加圖的警告了。2000年3月底——就在股市過度膨脹的高點幾天內——我正在寫一份講稿，警告波士頓一群機構投資者，說我們可能會「由於人性中源源不絕的愚蠢，陷入某個周期性發生的陷阱……漠視現在充斥著股市瘋狂跡象——一個泡沫——的專業投資人啊，如果你將這麼做——就是在荒廢信託責任，有辱管理客戶資產之責」。

我問：「該如何履行這個責任？」答案是：「藉由承認，我們所做的一切預測與假設（並幾乎視為理所當然）……短期的股市報酬完全無法預測，還有——除非我們對25年後的世界局勢了解得比現在更多——否則股市甚至更難做出長期預測。問題在於對未來的預測經常偏離未來的現實。騎在馬鞍上的有時是希望，有時是貪婪，有時是恐懼。不，沒有『新典範』。希望、貪婪與恐懼構成了股市永恆的典範。」

在這份講稿中，我還提到，「以幾乎所有的傳統方式來為股市估值，如今股市的風險之高前所未見」，指出當主要股市來到高點，幾乎無法避免都會發出以下訊號：股票殖利率低於3%、本益比超過20倍，以及美國股市總值達到GDP的80%。「而如今，」我警告，「股票殖利率只略高於1%……股價已經來到32倍的本益比……而股市總值逼近GDP的200%。（請忍耐！）顯然，如果歷史數據有任何意義，那就是大牛市裡被遺忘的風險。」

沸騰年代和最近由科技帶動的市場之間令人不安的雷同，也引起我注意。我在演講中展示以下圖表，以彰顯每個年代驚人的相似處——積極投資基金巨大的高報酬率，他們享有的龐大資本流入，而投資人——一如既往，總是最後才跟風參與遊戲——追逐著這些報酬率。

似曾相識？ 比較沸騰年代與科技股爆發年代			
5大沸騰年代基金		5大科技基金	
1963–1968 基金報酬率 標普500指數報酬率 比率	 344% 99 3.4 x	1997–2000 基金報酬率 標普500指數報酬率 比率	 403% 92 4.3 x
1963年資產 1968年資產 增加	$200 M $3.4 B 17x	1963年資產 1968年資產 增加	$5.6 B $40 B 7 x
1969–1974 基金報酬率 標普500指數報酬率 比率	 –45% –19 2.4 x	2000–2005 基金報酬率 標普500指數報酬率 比率	 ? ? ?

我的結論：

因此，讓我說清楚：你可以毫不遲疑地把我歸在那個非常關切股市極可能面臨痛苦衰退的陣營——確實，這場衰退很可能在我寫講稿的10天之前就開始了。從米爾頓・傅利曼（Milton Friedman）到羅伯・席勒（Robert Shiller，近期出版的《非理性繁榮》的作者），到《紐約客》的約翰・卡西迪（John Cassidy），以及史蒂芬・洛伊索德（Steven Leuthold）、傑若米・葛拉漢（Jeremy Grantham）[13]、傑若米・席格爾（Jeremy

13 譯注：資產管理公司GMO共同創辦人。

> Siegel）[14]、朱利安．羅勃森（Julian Robertson，他才剛承認失敗）[15]、蓋瑞．布里森（Gary Brinson，他的信念可能會使他失去工作），以及艾倫．葛林斯潘（Alan Greenspan，他的信念還沒讓他丟了工作）[16]。10年後回顧，今天的股市不過是《異常流行幻象與群眾瘋狂》的又一章。

事實證明，股市的狂瀉在2000年3月10日已然拉開序幕，就在我開始寫講稿的時候。（這是湊巧；儘管我們經常知道股市將發生**什麼事**，但絕對不知道**何時發生**。）可是那我在演講時出示的表格，右下方關於**未來**報酬率的三個問號呢？再一次，顯示跟早期泡沫驚人的雷同。當標普500指數在2000–2005年期間只跌了7%，大型科技基金的平均總報酬率是駭人的**負58%**。以馬克．吐溫睿智的名言來說就是：「歷史或許不會重演，但會押韻。」

因此，親愛的讀者，從你即將要讀的美好歷史中學習。一覽這本暢銷又好看的狂野年代，那樣的年代，就像加圖警告我們的，會一再上演。從亞當．斯密在《超級貨幣》中生動的歷史教訓獲益。如果你願意，也請以輕鬆的方式記取我個人與職涯上的失敗教訓，別像我吃了那麼多苦頭。（這並不是說，經

14　譯注：華頓商學院金融學教授。
15　譯注：美國最早的避險基金老虎基金創辦人。
16　譯注：他在不久後的2006年1月31日卸任美國聯準會主席。

過漫長、發展性格的努力過程，都沒有好結局！）最重要的是，注意凱因斯（John Maynard Keynes）70年前的理想目標，在《超級貨幣》裡被詳細引述：

> （儘管）最老練投資人的真實私心……是在幾個月後根據傳統估值，來一場預測的鬥智之戰……不過，投資的社會目標，應該是戰勝籠罩在我們的未來之上的，時間與無知的黑暗力量。

（本文作者為美國先鋒集團創辦人，被喻為指數型基金ETF之父、二十世紀四大投資家。）

新版作者序
巴菲特是誰？超級貨幣是什麼？

我收到那封手寫信，是在1970年；來信地址是法國普羅旺斯艾克斯馬賽市42大道。班傑明．葛拉漢（Benjamin Graham）退休後住在南法，和女友一起翻譯希臘與拉丁經典，是他最喜愛的業餘愛好。讓證券分析師們肅然起敬的黑暗聖經《證券分析》（*Security Analysis*），書開頭的引言來自古羅馬詩人賀拉斯（Horace）：「許多該興盛的如今衰敗，許多該衰敗的如今卻光彩照人。」

此時我還不認識他，但我在《金錢遊戲》裡有幾句話提到過他。我寫道，如果證券分析算是一種職業的話，葛拉漢是「我們這一行的教父。鐵定是他，因為在他之前沒有這一行，在他之後我們才開始這樣稱呼這個職業」。

葛拉漢喜歡「教父」這個稱謂。他以希臘語校正了我書中一個沒人核對過的句子和一、兩處參考文獻。他說如果他來紐約，會來找我談談。

不久，他果然現身紐約，為他翻譯的埃斯庫羅斯

（Aeschuylus）[17]去見出版商，以及探訪孫子女。我問他對股市的看法，他用拉丁文回我：「這也終將消逝。」

葛拉漢說他希望我幫他編下一版的《智慧型股票投資人》（*The Intelligent Investor*），這是他的教科書的大眾版。他說：「我只放心讓兩個人來做這件事，一個是你，另一個是華倫·巴菲特。」

「誰是華倫·巴菲特？」我問。這是很自然的提問。在1970年，出了內布拉斯加州奧馬哈市或葛拉漢的朋友圈，沒有人認識華倫·巴菲特。

如今，華倫的名氣響亮到報紙提到他時，有時甚至不需以同位語解釋其身分，或是如果有解釋，也只會簡單說他是「那位投資人」。書架上整排的傳記，只有他是貨真價實、史上最優秀的「那位投資人」。投資讓他成為全美第二富豪，僅次於他的橋牌牌友比爾·蓋茲（Bill Gates）。

即便在1970年，華倫的投資紀錄也卓越非凡，用的還是老派的技術。他在1956年與人合資開投資公司，跟親友湊來共計10萬5千美元的資金。1969年他結束合夥公司時，這家公司有1.05億美元，複合年成長率是31%。華倫的投資績效費用（performance fee）意味著他價值2,500萬美元。他結束合夥公司是因為，他說他再也搞不懂股市了。

我不是做下一版《智慧型股票投資人》的合適人選。當時

17　譯注：古希臘作家，有「悲劇之父」之稱。

我透過菲爾·費雪（Phil Fisher）[18]介紹，正在做山姆·史德曼（Sam Stedman）的助手（不是共同基金或橋牌大會）。史德曼的投資理念一言以蔽之，可稱為「成長」，這表示你應該找到幾間成長快速又穩健的企業。這些企業應有競爭優勢，理由是專利保護或難以撼動的市場定位；應能看到3年的收入；而你要買在至少低於其成長率的價位，因為它們的股價跟平均股價相比看起來很高，而且沒有配息。

讓我們醉心於成長股投資法的機器是全錄914（Xerox 914）。它是第一台能用白紙影印的機器，我記得我曾寫過，有一天世人會把「全錄」當動詞用。這在當時似乎是很激進的見解。全錄是「10壘安打股」（ten-bagger）[19]，而一旦你持有一檔10壘安打股，其餘股票的表現看起來都索然無味。我們這些「全錄幫」的人甚至得再進場一次，買進英國的蘭克全錄（Rank Xerox）和日本的富士全錄（Fuji Xerox）。

我們一向去第57街的登喜路（Dunhill）做西裝，那裡袖子的4個鈕扣是真正的扣眼。我們對葛拉漢沒有太多想法。他是很迷人，可是他在1949年寫說他無法買進IBM，因為它的股價讓「我們認為真正的投資必須要有的安全邊際」行不通。

在葛拉漢的力勸下，儘管我依然認為我不適合這份差事，卻還是跟華倫討論了幾回，並飛到奧馬哈去見他。我們共進牛排晚餐，我們吃了培根、蛋與馬鈴薯的早餐。我們相處融洽，

18 譯注：美國投資家，現代投資理論的先驅。
19 譯注：指能成長10倍的股票。

華倫以前是、現在也依然令人愉快又有趣。他有種難以抵擋的比喻天賦。而且，就像現在人人都知道的，他很聰明。

華倫看起來不像全錄幫。當他穿西裝打領帶，手腕會從袖子裡裸露出來，流露出對訂製西服的漠不關心。(如今，身為資深的金融權威，他的衣著無懈可擊，但我還是懷疑他對這類事並沒有很在意。)而身為全錄幫的一員，他看起來像是剛從運菜貨車上跌下來。

我去了華倫位於法南街(Farnam Street)的家，這房子是他在1958年花了31,500美元購置的，是一棟規畫凌亂但舒適的大宅子，他在裡頭增建了一座壁球場。

我想知道他在奧馬哈是如何操作股票的?在紐約，投資組合經理人無論早餐、午餐和晚餐都在交換情報。

「奧馬哈給了我觀看市場的角度，」巴菲特說。他給我看一篇一間華爾街公司的報導，上頭說「證券必須每分每秒逐一研究」。

「哇!」華倫說，「這玩意讓我出去買杯百事可樂都有罪惡感。」

我勾不起華倫尋找下一個全錄的興致。我們成長股這派一直東聞聞、西嗅嗅，跟供應商、顧客、競爭對手對話，這是菲爾・費雪的估值法。當然，華倫也有自己的一套研究方式。

例如，華倫注意到印第安納州收費公路的債券價格在70元上下，而伊利諾州收費公路這類幾乎相同的債券，價格卻有90多元。

債券圈子裡非正式的說法是，印第安納州債券背後的維護津貼不夠高。

華倫上了他的車，開上印第安納州收費公路走完全程，然後來到該州首府印第安納波利斯（Indianapolis），翻閱公路部門的維護報告。他覺得印第安納州的收費公路不怎麼需要維護，就買了債券。之後，這筆債券拉近了與伊利諾州收費公路債券價格的差距。華倫並沒有去找下一家全錄。

華倫給我看他寫在有橫格線的小本子上、並匡起來的投資原則：

A. 我們挑選投資標的，是根據價值而非熱門程度。

B. 我們的投資將會把本金永久虧損的風險（並非短期行情的虧損）降到最低。

C. 我的妻小和我，將我們大部分的淨資產都投入到合夥公司中。

華倫的合夥公司收起來了，所以無論如何我都買不到了。這家合夥公司買下新英格蘭老紡織廠波克夏的股份，而且是以「粉紅單」（pink sheets）[20]進行交易。我去查訪波克夏，它看起來就是間步入夕陽的新英格蘭紡織廠。

「波克夏很難成為過熱市場中一檔有利可圖的全錄，」華倫寫給他的投資人，「但持有起來舒適自在。我們不會涉足技術超出我的理解力、卻又是決策關鍵的企業。」波克夏的魅力

20 譯注：指完全不要求財務標準與資訊揭露程度的公司。

在於淨營運資本（net working capital）[21]有18美元，而巴菲特的投資人只付了13美元。

我沒有買到波克夏。我的拜訪快結束時，我說我不想做葛拉漢的書，華倫說他也不想。我們給葛拉漢寫了封短信，說他的書真的不需要更多補強了。

葛拉漢和巴菲特的這個小故事被寫進了本書。最初的出版商蘭登書屋（Random House）為本書舉辦派對，華倫參加時玩得很盡興。我們拍了照，我的頭髮長得尷尬，而華倫的髮型看起來，嗯！就是個中部美國人。我們一直保持聯絡。

「誰是華倫．巴菲特？」巴菲特買進《華盛頓郵報》（*The Washington Post*）公司股份時，裡頭的人這麼問。這些人下訂了50本《超級貨幣》。

我在華爾街的朋友圈中嘗試推動買進《華盛頓郵報》的點子。他們無法理解。

「大型報社已死，」他們說。「卡車上不了街、勞工問題嚴重，大家都看電視新聞。」而且不管怎麼看，它都不是下一支全錄。

1976年，魯柏．梅鐸（Rupert Murdoch）的新聞集團（News Corp）對《紐約雜誌》（*The New York Magazine*）公司發起不友善的收購。我是這本雜誌的創辦人之一，有5美分的股份。這是我們花了8年時間打造的獨特資產。我們不光擁有

21　譯注：指企業的流動資產總額減去各類流動負債後的餘額。

《紐約雜誌》，還有《鄉村之聲》（*Village Voice*）和一本加州雜誌，名叫《新西部》（*New West*），而現在梅鐸收購了50.1%的股份。

我打電話給華倫訴苦。

「你想把公司拿回來嗎？」他問。

我聽得很認真。他寄來新聞集團的年報，裡頭滿是英國或澳洲的會計術語。我看不懂。

「新聞集團的市值才5,000萬美元，」華倫說，「只要2,700萬美元，你就能擁有澳洲兩間大報社、英國73間周報社、兩間電視公司，20%的澳洲安捷航空（Ansett Airlines）股份，也能讓你的雜誌重回你的懷抱。」

「我們要怎麼做？」我問。

「『我們』是什麼意思呀，獨行俠（kemosabe）？」華倫話中用了廣播黃金年代《獨行俠》（*The Lone Ranger*）的劇中術語。「你想要拿回雜誌，我正在告訴你該怎麼做。」

「可是梅鐸控制了新聞集團。」我說。

「你沒看仔細，」華倫說。「看看附註14。克拉倫登（Clarendon）占40%，其餘股份屬於澳洲的機構。克拉倫登是梅鐸跟他4個姐妹共同持有。我猜這需要搞定其中一位姐妹，擬定計畫並在澳洲待上一年，而且猜猜我們當中會是誰要去澳洲待一年呢？」

我沒去澳洲，也沒拿回資產。我真該買下新聞集團的，梅鐸把我們的雜誌社賣了，價格是他突襲我們時的好幾倍。

當我們推出每周一次的《亞當・斯密》電視節目，我們馬上就把節目組帶到奧馬哈拍攝。這是華倫第一次上電視，而且是這段漫長時間裡的唯一一次。不用花多少時間，就能理解華倫慣用的棒球比喻。

「當我看著經營著我眾多企業的經理人時，感覺就像米勒・哈金斯（Miller Huggins）看著他的洋基隊1927年的陣容。」（當然都是拿洋基隊來比喻，還有貝比・魯斯〔Babe Ruth〕和盧・賈里格〔Lou Gehrig〕。）

或者像這樣：「在股市裡，你就像是打者，而股市是投手，會一直投球，不過在這個賽局裡，沒有所謂的揮棒落空。股市可能每天都對你投出一百種不同的球路，而你在看到好打的慢球（fat pitch）之前，都不必揮棒。」

「所以你可能連續6個月，一棒都不揮嗎？」

「搞不好連續2年都不揮。這就是波克夏不在華爾街的美好之處——沒人會在圍籬後面對著我大吼：『揮棒啊，你這爛打者！』」[22]

在之後一系列的電視訪談中，華倫和我繼續這個話題。

「你說過『就算他們關閉紐約證交所2年，我也不在乎』，但是你被視為投資大師。所以，你要如何讓這兩件事都說得通？」

「紐約證交所開不開張，都跟《華盛頓郵報》是否會變得

22　譯注：華爾街（Wall Street）名稱由來是由木樁和圍籬蓋的牆。

更有價值無關。紐約證交所周末不營業，我也不會尋麻疹發作。當我在看一家公司，我最後才看價格。你不會照三餐問你的房子值多少錢，你會嗎？每檔股票都是一門事業。你要問的是，它作為一門事業，價值是什麼？」

華倫曾寄給我他蒐集來的全國互助人壽保險公司（National Mutual Life Assurance）年報，當時凱因斯是這家英國公司的董事長。「這傢伙知道怎麼寫董事長報告，」華倫潦草地寫道。

華倫為波克夏寫的股東信，後來變得比凱因斯更有名。這些信是教學工具。不但詳細說明公司業務，還有會計程序，以及乏味的當下估值。

奧馬哈的波克夏年度大會吸引人數逾萬，而巴菲特和他的副董事長查理．蒙格（Charlie Munger）回答問題好幾個小時，各種問題都有。這是個獨特的研討會，每年出席人數都創新紀錄。無論波克夏這一年的成績單是否令人滿意，當你離開奧馬哈這場資本主義的胡士托音樂節（Woodstock）後，你都會覺得更輕鬆愉快。

在達康泡沫（dot-com bubble）[23]期間，巴菲特維持一貫的冷靜。他說，如果讓他來教一堂投資課，他會問：「你如何為一家網路公司估值？」要是有學生回答，不管回什麼，巴菲特說：「統統當掉。」

華倫始終保有他溫暖親和的外在形象，或是他可靠、樸實

23　譯注：指1995-2001年的網際網路泡沫。

的智慧。他是個影響力強大的知識分子，但也是個自在做自己的人，這給予他動力，也有助於他不會事後批評自己的看法。

企業與機構的偶像倒下了，餘者也受到猜疑。曾經受到推崇的「成長」型企業，如今說要「平整」他們的獲利。一家受到認可的重要會計師事務所已經失去信譽。就像賀拉斯寫的，許多該興盛的，如今卻衰敗了。

但是巴菲特依然是巴菲特：還住在法南街同一幢房子裡，還照舊去基維特廣場大樓（Kiewit Plaza）的辦公室上班——從我第一次去跟他討論葛拉漢的出書計畫，他就在這裡工作。政府靠他讓所羅門（Salomon）[24]回到正軌。他在《華盛頓郵報》的專欄上評論重要議題。最近他被發現，他的致股東公開信發出了正義之怒。「查理和我，」他寫道，提及他的副董事長蒙格，「厭惡近幾年來十分普遍的情況，股東蒙受數十億美元的損失，而製造這些災難的執行長們、資方和其他大人物們，卻拿著大筆財富走人……可恥的是，這些商業領袖把股東看成替死鬼，而不是合夥人。」

華倫·巴菲特有資格在安隆（Enron）、世界通訊（Worldcom）和阿德菲（Adelphi）爆出醜聞的年代發出正義怒吼，他的評論獲得了聽眾的響應。同樣的正義之怒也存在這本書裡。金融界一向吸引耍花招的藝術家；資金數字經過巧妙編排，而數字能輕易擺布。1929年華爾街股災（the Great Crash）

24 譯注：1991年這家投資公司爆發醜聞，巴菲特臨危接手，擔任臨時董事長。

時的紐約證交所主席理查．惠特尼（Richard Whitney），被拍到在前往監獄的台階上，這座監獄即將成為他的新住處。他是那個時代的瑪莎．史都華（Martha Stewart）[25]，不過如今的社會更加寬容；理查．惠特尼並沒有如瑪莎現身主持廣播節目或主演電影。本書最早是在1972年出版，書中也有一個發出正義之怒的鮮明角色：大衛．巴伯森，以及他以自己的名字所創辦的企業。他是我在〈為1,500名投資專業人士舉辦的失敗團體治療〉一章裡所描寫的復仇天使。我主辦並主持了這場歷史留名的療程，當時這位脾氣火爆的新英格蘭人，對著大型銀行與共同基金的代表們所說的話言猶在耳，「你們當中有一些人，應該離開這一行」，並唸出一長串從高價跌到1美元、有些甚至跌到0元的股票清單，以及他自己編的卡頓．麥瑟（Cotton Mather）[26]罪狀：企業集團的空殼遊戲、會計師把根本不是盈餘的盈餘歸在利潤的類別、執行長與財務長把退休基金視為餅乾罐，共同基金經理人捏造紙上績效等等。數十年過去了，他的清單上，幾乎沒有一項過時。大衛．巴伯森應該用他的對沖基金玩得很盡興。很遺憾他已不再與我們同在。

《超級貨幣》是《金錢遊戲》的續作。二書都使用了當時被稱為新新聞主義（New Journalism）的技巧，用第一人稱敘述，運用不同角色的行為來把重點戲劇化。例如《金錢遊戲》裡瀟灑登場的「偉大的溫菲爾德」（The Great Winfield），穿著

25　譯注：曾因內線交易入獄的美國名人，有「家政女王」之稱。
26　譯注：一位用幽靈證據把人定罪為巫而知名的新英格蘭牧師。

牛仔褲和牛仔靴上班，把股價從5元追到50元。在《超級貨幣》裡，由於1970年代初期的信用緊縮與股市崩盤，他的帳面價值蒸發了90%，但他沒有因此慌了手腳。他依然擁有他用賺來的錢買下的亞斯本（Aspen）[27]山邊的土地，在哥倫比亞大學攻讀藝術史。他買了一些受監管的公共事業公司股票。我問：「偉大的溫菲爾德買進公共事業股？」他說：「時局變了，我的老弟，時局變了。當時局變了，我們得承認它變了。」本書中有個不穿襪子、不打領帶的傢伙叫做西摩頭頭（Seymour the Head），他甚至在2005年上了《紐約時報》（*The New York Times*）。他是集體訴訟中的知名人士，身為一個權益受損的投資人，能否平心面對正在打官司的律師事務所，有一些麻煩。

偉大的溫菲爾德說世事多變，但有時萬變不離其本。例如，這一版《超級貨幣》上市時，我們正忙著打一場昂貴又不得人心的戰爭，我們的預算赤字巨大，國家籠罩在分裂而憤怒的氛圍中。**世事多變，但萬變不離其本**。情況可能會回到1970年初：越戰和它的赤字，加上討厭的事情埋伏在下一個轉角的感覺。金融圈即將發生結構性的改變，就像第一版出版時那樣。這些變化在1970年代讓華爾街的公司四去其三。我們不知道這個10年將會發生什麼事，但我們感覺得到微微的震動。

這兩本書在趣聞和某些角色之下，想要處理嚴肅的主題。例如《金錢遊戲》表明，世人把金融主題視為理性，因為遊戲

27　譯注：美國科羅拉多州中西部的城市。

是以數字來衡量，而數字是有限和可靠的。但是《金錢遊戲》卻說，真相並非如此。任何有識之士都能看出，行為——心理學——跟結果大有關係。而且，世人也不像經濟學家假設的那樣，會預設人們會為了理性的利益最大化為前提來行動。直白地說，《金錢遊戲》是一本關於「形象、現實、認同、焦慮與金錢」的書。書中有一些警句，像是「股票並不知道你持有它」、「價格沒有記憶」，以及「昨日與明日無關」。富達創辦人詹森先生（Mr. Johnson）測試了這些論點，「**群眾的行為猶如單身女郎**」，而且有位精神科醫師認為，有些人是真心想賠錢。詹森先生也有點預言味道地說，「我們這個時代的調性是虛妄」。這個想法驚世駭俗到《華爾街日報》（*The Wall Street Journal*）將本書登在頭版時，下了「認為市場不理性、打擊華爾街的新書」的標題。

數十年後，阿莫斯·特沃斯基（Amos Tversky）和丹尼爾·康納曼（Daniel Kahneman）發表開創性的研究成果，即如今成為顯學的行為經濟學，那麼，他們發現了什麼呢？人的行為可能不理性。他們沒有充分利用優勢，他們害怕失敗。特沃斯基和康納曼都是心理學家，不是經濟學家。他們在心理學上的研究成果是令人驚豔的創舉；他們建構的賽局、難題和情境，能顯露出人的真實行為，和古典經濟學的假設相反。他們稱此為「展望理論」（prospect theory），並發表在經濟學學術期刊《計量經濟學》（*Econometrica*）上，而不是發表在《心理學評論》（*Psychological Review*）上，因為前者刊登了許多與決策有關的知名論文。要是發表在心理學期刊上，影響力或許沒有那麼大。為了在市場上找到一些優勢，我的同事和我鑽研特沃斯基和康納曼，以及他們的追隨者理查．塞勒（Richard Thaler）（我必須說，沒有特別的財務成績）。康納曼在2002年獲得諾貝爾經濟學獎（特沃斯基在獲獎前幾年已經過世）。

《超級貨幣》同樣企圖呈現一些嚴肅概念；從詳細闡述未開發地區的通用汽車（General Motors）工廠，到討論新教倫理這個傳統的生產力的引擎是否已經人間蒸發。**超級貨幣**（Supermoney）是我創的詞，用來表示你錢包裡的鈔票和這個國家真實財富之間的差距，超級貨幣是資本化後的收益或利潤，當它們跑進市場，就是股票。你可能在Google公司非常賣力地埋首於演算法工作，但你的周薪跟Google的股票選擇權相比卻是小巫見大巫，選擇權對市場意見的影響，是股票作用力的數倍。兌現你在Google的周薪支票，你會擁有錢；兌現選擇權，你將擁有超級貨幣。於是這個國家——其實是全世界——在沒有錢、有錢以及擁有超級貨幣的人之間，有著極大的差距。**超級貨幣**也被視為要為我們經濟系統中無法量化的部分負責。一株500歲的加州紅杉被劈倒了，在GDP裡記錄為增加，但少了一株紅杉卻沒有扣除。而且就算有大量超級貨幣，也不保證社會和諧。本書問，**通用汽車會相信和諧嗎？奇異會相信美與真理嗎？**問題的措詞方式帶有來者不善、尖銳、記者的語調，但是問題延伸出了一些討論，而且至今依然可以質問。

我也要在這本新版的序中，感謝私募投資公司Craig Drill與華倫·巴菲特的協助。

PART 1

超級貨幣

1 形而上的疑問

才不到10年之前，人人都還如此相信。

情勢看來都在掌控之中。通膨並未快馬奔馳，而是匍匐前進；新經濟（New Economics）會對經濟進行微調；生產力會提升；戰爭將會爆發，但不是由我們掀起——我們居中調停，理解但不屈服；問題會被講清楚，而講清楚本身就已經解決了一半問題；讓文字自己發聲；我們不允許因為恐懼而談判，但對談判也無所畏懼；讓別人來找我們。自信、雄心、樂觀，甚至有些天真——最好的美國傳統。哥倫比亞萬歲，幸福的土地（Hail Columbia, happy land）[28]。

然後，事件接踵而來，約翰·菲利普·索薩（John Philip Sousa）[29]的音樂漸遠。理性的人可能讓事件表現得理性嗎？可能無法。（那時無人質問「理性」的定義。）獵鷹或許聽不見養鷹人的聲音。牠們依然在天空中猛然盤旋；牠們是否會仔細傾聽？

---

28 譯注：是美國愛國歌曲〈哥倫比亞萬歲〉（Hail Columbia）的首句。1931年〈星條旗〉（The Star-Spangled Banner）被列為正式國歌之前，這首歌曾是實際上的美國國歌。

29 譯注：被稱為進行曲之王，主要作品是美國軍樂和愛國歌曲。

2 流動性：小散戶的感受

我們擁有的資本市場就像堪薩斯州的麥田與大峽谷（Grand Canyon），是國家的重要資產。美國佬有一些科技與管理技術上的壟斷已被打破，流向了狼堡（Wolfsburg）[30]、米蘭和豐田市。但是東京、阿姆斯特丹、法蘭克福和布宜諾斯艾利斯沒有這種卓越、深厚的資本市場，準備好操作這個世界的可投資資金。於是人人還是得到紐約來，而當他們來到紐約，除了帶來購買股票的資金，還支付了佣金、小費和擦皮鞋的錢。近悅遠來，是因為這個重要資本市場具有極大的流動性、誠實和連續性；今天的價格跟昨日的價格有關，而且你想交易任何規模的資金都行。

但還是有一些令人不安的疑問。股市曾經崩盤，1929年以來最大的崩盤，也經歷過幾次危機。股市崩盤嚇壞了大眾，1969至1970年也不例外。大眾會怎麼做？

我想那是葛楚・史坦（Gertrude Stein）[31]的親戚吧，史坦小姐說：「錢一直都在，只是換了口袋，這就是關於金錢的一切。」嗯，或許吧。

30　譯注：德國中部城市，以福斯汽車城聞名。

31　譯注：美國知名作家與詩人。

根據各種說法，我們現在的經濟非常了不起，朝著**常態**邁進——常態是在1955年7月4日，艾森豪執政期間：和平、繁榮，一派融洽。大眾在那一、兩年是否有一絲害怕呢？他們重返股市；股票經紀人全都像偽裝狩獵般坐著，第一聲鵝鳴已從地平線傳來。**大熊市**是否會留下一些創傷？歡迎加入這個俱樂部：大法官荷姆斯（Justice Holmes）說：「人必須參與行動，並對時代懷抱激情。」

流動性正在消失嗎？

才不過兩年前，你還能在紐約市中心的餐廳（像是奧斯卡餐廳）開槍而不會射中任何人，因為威靈頓牛排的價格又隨著基本利率漲個不停，金融圈有許多人不得不改吃白吐司夾金槍魚。如今軟木塞再次砰地打開；真美好，風水輪流轉。

金融圈發生的事情，跟我們社會較大的趨勢有一部分關連，這個圈子負責國家大部分的流動財富。金融圈的健康左右我們的儲蓄與投資、大學捐贈基金和基金會的資產、政府的成本，以及當勞工準備退休時，退休金是否安在。

相應地，對工作與玩樂的態度，還有時下觀念的某些轉變，也將影響金融圈和他們看管的資金。

前面提到一些形而上和具體的疑問。形而上的疑問對全美國來說可能是共同的問題，並憂心「理性的人能讓事件表現得理性」這個假設條件是否成立。也許獵鷹聽不見養鷹人的聲音。

無論獵鷹聽不聽得到，陪審團都得視為聽得見。就謀生之道的層面而言，具體的疑問關切的是流動性，這可以指好幾件事，不過在此脈絡下，指的是買家買進、賣家賣出的能力。我們的資本市場能把四面八方的人都吸納進來。

流動性似乎正在消失。大眾開始贖回共同基金，而聯準會用電腦輸出、標題為「基金流向、儲蓄與投資部門報告：家庭與個人信託，以及非營利組織」的報告第30行，負號數值卻越來越大。小威廉・麥克切斯尼・馬丁（William McChesney Martin, Jr.）心煩意亂。馬丁先生——紐約證交所和聯準會的前主席——在金融事務上就好比法國的戴高樂，時局不好時他正好在位，而且他是當經濟再次變差，唯一能讓大家意見一致的人。「我非常擔心股市的流動性，」馬丁先生說，「而且我已經跟對此表示深切焦慮的企業大老們談過了。」（在被問到散戶為何離開股市時，馬丁先生說他認為理由之一是股市缺乏誠信，但被問到散戶的錢流向何方，馬丁說跟他討論過的有一部分人，是把錢拿去買樂透了。但是聯準會的基金流向報告中，可沒有樂透這項數據。）機構法人——共同基金、保險公司、退休基金等等——將主宰市場，而這被解讀為將會造成流動性的困難。埃德格・邦斯（Edgar Bunce）執掌保德信（Prudential）35億美元的股票投資組合，《華爾街日報》這樣引述他的話：「要是人人同時買進，那我們要賣給誰？」

流動性的影響所及，有人準備註銷3,100萬個股東。流動性不光是指股市的流暢度，也指市場的深度。此一觀點堅稱，你只聽說過恐慌症發作的機構突然拋售千萬股，在股市造成10點和20點的亂流。你絕對沒聽過沒有發表任何評論，市場就繼續安靜、有序、日復一日地運作。總之，據說散戶主要透過6家券商交易，任何一家的買賣建議都能移動整個散戶軍團，等同一家機構法人的淨效應（net effect）。

小散戶的投資心路

為了能更客觀地判斷發生的事件，我和我的朋友小散戶勞勃（Odd-Lot Robert）共進午餐。就像飽學的經濟學家會說的那樣，在宏觀的事件裡來點微觀的觀察。你想起小散戶（odd-lotter）是指交易低於100股的人。有許多理論大抵是跟小散戶對做來賺錢，而且有許多服務追蹤他們的動向。

「不是太好，」他說，「但比我朋友好一點。當然，你要記住，我們不是真正的菜籃族。不會只買電話公司的股票然後守著它。這也是好事一樁，因為該股價才從70美元跌到40美元，而過去6年來，你極可能因為一向優良的貝爾電話公司（Old Ma Bell）[32]賠掉將近一半的錢，毫無樂趣可言。但我的朋友和我——老實說，我們準備好要投機了。」

我問勞勃他的朋友們做得如何。

「很糟。」他說，「股市至少沒有改變我的人生，卻奪走了我牙醫的太太。在60年代初時，她開始對股市越來越有興趣，

32　譯注：貝爾電話公司（Bell Telephone Company）的暱稱。

非常認真研究，像瘋了一樣，我得說，就像被一台吃角子老虎機台黏住一樣。我的意思是，她肯定賺了幾十萬美元。我認為她在1968年甚至成績不錯，但她無法不進場。」

「她獲利全吐回去了嗎？」

「幾乎全吐回去了，她陷入很深的憂鬱，現在在做團體治療。團體治療的其他成員說她覺得自己是股票，當股票消失，她也消失了，就像《綠野仙蹤》裡的西國魔女。還是北國？就是從帽子底下消失那位。我另一個朋友也賺不少。他才50出頭，已經準備退休。他痛恨他的工作，終於準備離職，結果後來賠了一大筆錢，如今他還在工作，卻已經從股市畢業。」

「但卻沒改變你的人生？」

「不，首先我從來沒賺那麼多。我不介意告訴你，我有非常可觀的賠錢數字。我的布萊恩．洛伊德（Brian Lloyd）股票從6美元跌到1美元。」

「但你依然積極投資？」

「我不像以前那樣積極了。有段時間我幾乎什麼都沒做。我姊姊有個朋友在一家公司開戶，這家公司身陷困境，她拿不回股票，報紙上天天都有股票經紀人破產，所以我越來越害怕。每天都有公司倒閉，於是我去要了文件。」

「什麼文件？」

「你知道的，那些文件，印好的紙本股票。」

「股票（stock certificates）？[33]」

「對。當然，我沒跟股票經紀人說我為什麼要討這個——我怕他可能會**破產**。或是他根本沒有股票。或是他哪裡真的搞砸了。所以我說我正在立遺囑，律師要我拿到股票才能立遺囑。我的股票經紀人對這說法完全買單。雖然花了點時間，但他把股票都寄來了。」

「然後呢？」

「嗯，起初，我把它們放在客廳桌子那個未繳費帳單的抽屜裡。然後有人的咖啡灑在這張桌子上，有些滴到抽屜裡面，我不知道怎麼會這樣。沒有咖啡滴到股票上，都滴在帳單上了，但我還是得換個地方擺。我的意思是，有咖啡漬的股票可能依然符合法律要求，但萬一我要賣掉——你知道的，有些店家不收破損的5美元鈔票——萬一我要賣而買家說：『嘿，等等，這張股票上有**咖啡漬**。』所以我把股票改放到衣櫃抽屜了。」

「在你的臥室裡？」

「對啊。在我的襪子下面。但每回我拿襪子出來，就會看到這些不中用的玩意，讓我倒胃口。還有，要是我賣掉股票，就得從衣櫃抽屜裡拿出來寄回去，這很拖沓，然後我買了新股，他們又得寄新的給我，而且總是遲遲才寄來，我懷疑他們是不是哪裡搞砸了。最後，我受夠了寄來寄去，而且我再也沒

33　譯注：1973年美國集中保管信託公司（DTC）成立後，美股才改成非實體交割。

聽說過股市有多大的問題，所以我就把股票都寄回去給股票經紀人。我告訴他遺囑已經立好，律師已經完成，而他一樣照單全收。」

「股市走跌時你沒賣掉嗎？」

「沒有，我的持股跌太快，而我不想承受虧損。事實上，當股市走跌，我想要賣空。就這一次，我想順著股市的走勢操作。但我的股票經紀人不讓我這麼做。然後，當股市**真的**跌到谷底，我有種奇怪的感覺。我希望統統都崩盤。我指真正的崩盤。」

「這樣你就能買在底部，就像1932年嗎？」

「嗯，是的。要是我有錢的話，但這不是我的主要想法。當股市**真的**跌跌不休，我估計當股市真的崩盤，將是政府的末日，然後我們會實施社會主義或之類的玩意。我想，見鬼了，就讓社會主義實施吧。」

「你現在還這麼認為嗎？」

「不，我對我的股票經紀人大發牢騷，痛快地發洩了一下。最沮喪的是他們不再在報紙上列出股票。我真的很喜歡在報紙上查看我的股票，當這些股票不再出現在報紙上，真的很心痛。我也查看那些散戶名人。散戶賣股就一直跌。這也是我不賣的理由之一，我不想當小散戶。」

我想探究流動性的問題，於是告訴勞勃其實專業人士們爭論不休，爭論著流動性、市場秩序是否正在消失。股市的結構正在轉變，也許股價以後會波動更大。勞勃可能以20美元買進，20分鐘後發現價位已經變成16美元，因為機構賣家出現。不過他不太心煩這個問題。

「從20到16，再多漲跌幾點，真該死。也可能是別種情況。搞不好我買在20美元而那位大媽（指機構賣家）讓它漲到24美元。我想要的是能真正看見波動的股票。」

然後我提到會計程序的爭論，以及真正的淨利怎麼計算。有些人主張不能期待小投資人能分辨得出來。他能嗎？

「我會注意淨利，但我更注意整體數學。」

「數學？」

「是的，就像我的股票經紀人說『我覺得這檔股票會漲10點』，然後我就觀察它是不是漲10點？該死，我要的只是一次價格突破。如果有一檔股票從30漲到40，然後跌到9，我還是有機會，我可以賣在40。沒賣是我的錯。但我需要一個突破，像是漲10點。」

「你有這種股票嗎？」

「我的上等食品（Hy-Grade Foods）就從30漲到40後跌到9。但我們死抱不放，撐到它回到30，最後我賺了200美元。」

我繼續刺探，說還有一個爭論是機構投資者，他們似乎比小投資人更早獲得情報。

「噢，見鬼，這人人都知道啊，而且基金還有電腦和研究報告等等。我認為小投資人的策略是看到這些大塊頭們正在左右股市時跳上船。我的股票經紀人認識一些，所以每隔一陣子我們就能拿到一些內部消息。我自己也能拿到一些。是跟巴哈馬（Bahamas）群島的賭場相關的股票。這檔股票因為被認為跟巴哈馬政府之間有一些紛爭，從20美元跌到8美元。然後我從共事過的一些人那邊聽說有一份報告即將發布，說這些賭場獲利非常好。於是我就買了一點。」

「結果呢？」

「股價跌到7美元，現在是4美元。本益比超低。你也該買一點。」

我問勞勃現在覺得整體如何。

「當股市下跌，我問股票經紀人為什麼走跌。他說：『因為尼克森。市場對尼克森總統沒有信心。』[34]然後股市再度上漲，我又問他，現在股市是不是對尼克森有信心了？他說不是尼克森，是基金跟外資買進才上漲。我不明白為什麼下跌是尼克森造成的、上漲卻不是，但我的股票經紀人比多數股票經紀人聰明，所以他肯定知道。」

如果勞勃的投資績效這麼慘，為什麼還認為他的股票經紀人比多數股票經紀人聰明呢？

「一是他還在業界。這不是說笑。幾個月前我在紐約拉瓜地亞機場（La Guardia）搭上一台計程車，跟司機聊天，他以前是股票經紀人，破產的那幾家之一。我問他是否依然追逐市場，他說沒有以前這麼熱衷了。

---

34 譯注：尼克森在1969年至1974年擔任美國總統，是美國史上唯一一位在任期內辭職下台的總統。

「聽著，我知道有些事不公平。例如佣金。我正在觀察一檔股票，叫數據租賃金融公司（Data Lease Financial）。它的價位曾有29美元，而當它來到2美元時，我算著它還能跌多低。我買了200股。他們為這200股收取21美元佣金，一張400美元的下單。我猜賣出時應該還要再付21美元。這抽佣超過10%。搞什麼嘛，以往賽馬只要17%，而且起碼是政府收走。賽馬是賭博，社會多少不認同，而股市現在佣金逼近賽馬耶。除了大戶啦，大戶根本不用付任何佣金。

「但我能怎麼辦？跟我的國會議員陳情嗎？這是本市唯一的方法了。聽著，我有一些開股票帳戶的朋友，他們跟我一樣是小散戶，但是他們甚至連股票經紀人都沒有。沒人要理他們。這年頭，有**股票經紀人**是幸運的；首先他們要活下去，然後他得留住你，他們不斷用力塞給你一些你看不到有哪些股票的共同基金。我跟我的股票經紀人關係不錯，所以我不覺得他會丟下我，可是當我抱怨時我不會抱怨太多，即便我被抽了10%佣金。

「我太太要我從股市抽身。她說股市讓她覺得沒保障，她想買塊地或是家裡增建一個房間之類的，如果我們還有剩下任何錢的話。」

「那你打算這麼做嗎？」

「我想這樣比較有道理，我的房價比我任何一張股票漲得都多——相關的稅也是，我可能會增建。但我現在無法放棄，也許跌到底部我會放棄吧。而且要是無法看著股票帳面價值上漲，我會很想念它的。我人生有一部分的享受就消失了。」

小散戶勞勃和他的親友們會留在股市裡，還是不會呢？儘管已有證券價格、交易量和波動等數據表現分析研究，依然無人知道**大眾**是參與股市還是已經出場，或者更重要的，他們個人的投資組合表現如何無人知曉。我們有追蹤**價格**最精密的機器，但這就像俯身看水牛的足跡然後說：「是的，有許多水牛經過這裡。」如果有許多水牛都往同一個方向走，那很好。投資企業協會ICI（The Investment Company Institute）可以告訴我們，整體而言共同基金正在買進還是賣出；聯準會可以告訴我們電腦輸出的〈基金流向報告〉第30與31行（共同基金與其他企業股份）是否為負號，甚至某些資金可能流向何方（第27行）、商業銀行的儲蓄帳戶（第22行）或是銀行的存放款（第23行）。（想看更新、更完整的〈基金流向報告〉，你可以找我找的同一群人，地址是20551華盛頓特區憲法大道與西北第20街口的美國聯準會。）民調專家艾柏特．辛德林爾（Albert Sindlinger）說個人帳戶數量下滑10%；但同時融資餘額（margin debits）卻翻了4倍，而且數字還可能上升，傳統上這代表大眾對股市的參與正在增加。

以往我以為有人知道大眾的動向，以及他們的行為有何意義，如果我夠努力夠堅持，就能在圖書館、公家機構或電腦室的角落裡找到答案。但所知依然零零落落。甚至，幾乎沒有人太注意**散戶**。假設價格行為與成交量的行為等於人的行為。《金錢遊戲》試圖描繪人類行為某些不理性的表現，並認為情緒的影響不比水牛足跡更少。我曾委託一位心理學家寫一份研究報告，主題是當焦慮成為一種市場力量，而直到我和明尼蘇達大學的心理學者大衛．坎伯（Dave Campbell）開會之前，甚至沒人描繪過專業資金經理人這群人。

就像非洲的老地圖，有輪廓但內部一片空白。有標記河流，但還有很大的落差，這些空白只能先想像大象的照片與標上「未探索」字樣。

無論如何，紐約證交所說他們有3,100萬名股東，到1975年時會是4,000萬、1980年時會是5,000萬，再加上所有退休基金、保險合約和共同基金的個人持有者。他們一定在觀察什麼。也許他們知道，他們皮夾裡那綠色玩意，並不是真正的錢。

3 超級貨幣在哪裡

政客們發現定期抱怨稅制是有好處的。經發現，去年有300名年收入20萬美元以上的人沒有繳稅，讓我們去逮捕這些壞蛋。或是，主要石油製造商大西洋里奇菲爾德公司（Atlantic Richfield Company）營收高達4.54億美元，卻一毛稅都沒繳。大富豪保羅．蓋帝（Jean Paul Getty）一天就進帳30萬美元卻沒繳稅，諸如此類。有些人激烈質疑，有些人試圖收緊法律漏洞。只需打開《華爾街日報》的分類廣告，看看粗體大寫的「合法節稅」，就知道我們有一大批公民努力降低該繳的稅。節稅收入產生不了超級貨幣——超級貨幣是我創的詞，用來形容這個國家的真實財富。**超級貨幣是資本收入，不是節稅收入**，本章之後將會解釋。人民憑直覺就知道努力賺死薪水無法變有錢；他們流向證券市場的部分原因，就是知道超級貨幣在這裡面。不過既然多數民眾注意的是如何降低要繳的所得稅，首先就讓我們來談談它吧。

人民把議員送進國會，國會制定稅法。當國會想要促進什麼發展，就制定有利於發展的稅法。憤世嫉俗者和杜利先生（Mr. Dooley）[35]會說，國會迎合遊說團體，是因為希望自己順

35 譯注：知名美國記者彼德．鄧恩（Peter Dunne）在專欄中創造的人物，角色設定為愛爾蘭移民調酒師，藉由他的發言，來評論各類國家事務。

利連任。國會想鼓勵探勘能源，便制定出現行的石油法。國會希望實現住者有其宅這個社會目標，於是對自有住宅挹注了3倍補助，連帶使得房地產成為你所能做的最好投資。（別說你投資了房地產，結果稅賦變重、屋頂垮了，高速公路又開通到門前。）國會補助自有住宅的措施有：設立提供抵押貸款的機構、房屋利息抵扣財產稅，以及房屋出售一年內又買了一間房，則繳稅可以展期。

可資本化的事物

如果要我為美國生活這門社會學的課程擬出一張書目，我會把《美國稅務通指南》（*The United States Master Tax Guide*）列在第一本。這本奇妙的書會向你展示國會重視的**事物**；人會出生、結婚然後死亡，但該**事物**繼續存在。在《美國稅務通指南》眼裡，要看起來價值更高，首先必須是**事物**。如果你寫了一首詩，無論你因為什麼原因賣掉，永遠都算收入，並被課徵最高稅率。這是因為你創作的是詩。稅法非常明確（且反智）地告訴你，創作，尤其是有版權的創作，永遠都算收入。但假如你以10美元把詩賣給我，它就變成財產、一種事物；當我將詩作以1,000美元轉賣出去，我要繳資本利得稅，因為交易比創作更符合社會期待。這種反常的發展，是因為稅法賦予某一類事物以溢價出售給他人的種種特權。

比方說，你寫了一首詩、一首歌，或是在你的地下實驗室發現可以治療普通感冒的藥物，當你發達了，你明智的稅務顧問可能會告訴你，快，去鑽油井。但要是你成功鑽到石油，並不會有人要你快點去寫首詩或歌。如果有人獨坐一室，他有一些紙張和一個創意，而當創意變成了文字寫在紙上，又有演員表演或歌手唱出來——直接收入，打電話給鑽探工吧。如果有人獨坐一室，他有一些紙張和一個創意，而點子變成了示意圖，示意圖被製作成金屬製品——則你做出了一種**事物**；你可以把它資本化，靠它融資、打造出一家有退休金、股票選擇權、遊艇、小架私人噴射機，最後又帶來資本利得的企業。

進帳大豐收並可能因此要多繳很多稅的牙醫，或許會決定去鑽石油（而不是鑽牙齒），或是錢進房地產、嘗試其他投機活動。華爾街正嚴陣以待，準備出售更多這類的一籃子交易（packages）；他們靠這些商品，能賺得比股票佣金還多。節稅業者會把牙醫收入變成某種已被核可的**事物**，最終產生比牙醫所賺的所得稅率更低的資比利得稅。但要是牙醫算過滯報的折現值，就會明白除非他運氣超好，否則他支付給股票經紀人、律師、會計師、鑽探工和油田工人的錢，搞不好就已經填補稅率的差額了。

有時我會自己去辦理把所得滯報一年，並有更多時間考慮，這是因為我有家人從事畜牧業。要滯報所得，就打電話給我姐夫比爾，買下一大堆飼料。所有飼料都可列舉扣除額。然後你抵押飼料，借錢買小公牛——利息也可列舉扣除額——當這些小公牛嚼著飼料、養肥養壯時，你跨過1月1日進入下一年度，再變賣小公牛獲得收入。這在所得申報之外當然會有一些問題：穀物是真的，小公牛也是真的，而且牠們未必會按照時間長胖長壯，販售價格也時有漲跌。

我可能離這產業太近了。我曾戴著借來的牛仔帽，和比爾坐在鐵柵欄上，看著一頭有著超醜紅眼的小公牛走過。

「那是你的其中一頭。」比爾說。

如果有紅頭美洲鷲盤旋在亞利桑那州的上空，比爾大概也會說，「肯定有你的在裡面」，而要是獸醫拿著一呎長的針筒往特定的柵欄走去，我也會知道這些小公牛是誰家的。有一年——顯然是很久以前——我觀察到小公牛的價格從每磅19美分來到27美分，我想說我們賺翻了，但那一年獲利只有57.32美元。比爾說：「你有一些牛死了。」我必須說比爾是非常公平的，以溫和的方式來施行正義。隔年價格下跌，我只賠了57.32美元，對此我非常感激。比爾說：「另一頭死了。你看，一切都平衡了。」

削一點超級貨幣的皮

世人都知道，對有錢人來說，納稅是野兔和獵犬的遊戲，稅務員與高收費會計師的對決，在這場遊戲中，你永遠不必對財產的估價百分之百確定。但有錢人不是遞延納稅的人，儘管有錢人可能會因為雇用聰明的律師而這麼做。即便稅會低一點點，所得依然是所得。真正的資金來自超級貨幣。**超級貨幣最純粹的形式是擁有廣大市場的卓越公司，能以高倍數的本益比賣出股票**。我的祖父和哈利叔叔合夥開公司。他們把賺的錢帶回家。如果哈利叔叔把錢拿去創業，這家公司的價值就是私人買家願意花錢買下它的價格。但是哈利叔叔把公司賣給禮萊（Eli Lilly）、IBM、全錄或可口可樂，如今哈利叔叔這一房的家族有錢，並且能在需要買艘新船時，削一點超級貨幣的皮——IBM或可口可樂的股份。

這裡有一些深刻的社會意涵，因為美國較小規模的企業主，不會錯過把家族事業變成超級貨幣的謀利方式，無論是把股份賣給大眾還是賣給IBM，或是希望先賣給大眾、再賣給大企業。除了規模經濟與資本聚集等中心化的推動力，還有企業主把事業變現成超級貨幣的推動力。此外，超級貨幣的增殖也拉大了領死薪水和握有資本的人之間的差距。

我們聽到的稅務改革牽涉到各種津貼是部分納稅人去補貼其他納稅人的疑慮。在一份近期研究中，布魯金斯學會（The Brookings Institution）說這些津貼、福利或漏洞每年達770億美元，因而假設取消對獲得補貼的納稅人的優待，將能降低所有其餘納稅人的稅率。

可是超級貨幣超出稅改之外；它就像任何貨幣，是社會的力量。只有在邊緣，有股票選擇權和其他可以讓新進者進入的機制，才會有一些如何進入的討論。改革超級貨幣將是改變美國的整個財富概念，改變信託和多重信託、遺產與繼承法，還有企業的本質。因此，超級貨幣還會存在一陣子。

過去證券市場發展尚不完善時，當公司有一些資產，可以出售股份給大眾。普通股對這些資產具有所有權，其順位在債券與優先股之後。但這種作風已然改變，對資產的熱愛被遠遠拋之在後；如今最重要的是現金流（income stream）——以及市場將其資本化的意願。哈利叔叔的公司將會「上市」，實際上，它的目標不光是照顧哈利叔叔、艾娜嬸嬸和不重要的嬉皮堂弟尤金，而是公開上市；為了實現此一終極目標，公司將會併購、借錢和改善體質。如果這家公司不是市場主流，可能得等上好幾年，但是原始股票（original issues）的承銷佣金很豐厚，通常總是會有個飢腸轆轆的承銷商。

我們來隨便舉個例子。紐約公園大道有兩位用拭子擦兒童喉嚨的醫師。他們生意興隆。兩人合起來年賺10萬美元。（他們還能賺更多的，只是他們喜歡滑雪，加上稅率高，又不喜歡小孩）。他們用10萬美元繳稅和生活費，可能也在儲蓄銀行存一點。

他們成立了小兒科醫師公司，跟飢渴的承銷商見面，以本益比30倍的價格讓股票上市。他們的稅後淨利是5萬美元，因此他們的股票價值150萬美元。如今他們要支付生活費，只需從這150萬美元削下一點皮，市場付得起。他們已經晉升**超級貨幣階級**。他們的查帳員要是之前幫他們申報過淨財富（net worth），那將是由聽診器、螢光透視鏡和一罐棒棒糖組合而成。如今他們的淨財富是150萬美元——有一部分已經賣給大眾變現，其餘都是股票。他們過去的淨財富——聽診器、螢光透視鏡和一罐棒棒糖加起來——就算有1萬美元好了，而新的淨財富是150萬美元，新舊淨值差額為149萬美元，這個差額是經濟體的新資金，猶如聯準會印的鈔票，應該被納入所有貨幣供給的計算中。

你得有個好股市去銷售小兒科醫師公司，但或許這個舉例太隨便了，換一個好了：一家由3名炙手可熱的廣告才子、2名打字員、4枝蠟筆、1具電話和2條接通某些機靈帳戶的電話線所構成的廣告公司，也晉升成為超級貨幣階級，藉此把參與者賺的6萬美元翻了好幾倍。

有個超級貨幣的好例子，在1972年，賓州菠茨頓（Pottstown）的列威茲兄弟（Levitz brothers）——拉夫、蓋瑞、里歐和菲利普（Ralph, Gary, Leon and Phillip）——是家具零售商，每年大約淨賺6萬美元。這家公司發現年終清倉大拍賣時，生意異乎尋常地好：紙板箱裡的家具「即刻付現，8折」。這個點子非常成功，他們又增加了更多倉庫，而且公司上市了——事實上，是超級上市。有一度股價來到帳面價值的17倍、本益比的100倍，而拉夫、蓋瑞、里歐和菲利普因為股票上市，存了3,300萬美元公帑在銀行裡，他們身家依然有3億美元。（當然，歷史自會證明，從倉庫賣出家具是否真的值100倍的本益比，但是銀行裡的3,300萬沒有風險。）

好萊塢巨星保羅・紐曼（Paul Newman）即將和雪莉・麥克琳（Shirley MacLaine）和薜尼・鮑迪（Sidney Poitier）一起上市。這肯定不是終點。

我對此一則以喜，一則以憂。一方面，飢渴的承銷商勢必會賣給大眾一堆垃圾。他們該受到某種監管嗎？然後我們就得說說另一方面。幾乎沒有國家像美國這樣，小企業能輕易取得資本，而公開市場就是取得資本的一個環節，這是美國的偉大資產。顧客請當心：賠率比賽馬還高。小企業提供擾動，讓既有體制保持警覺，而偶爾會有小企業成長茁壯，變成大企業。

魯金太太（Mrs. Rudkin）在康州費爾非爾德（Fairfield）家中烤的麵包美味嗎？確實美味。但是當她的事業拓展成一家名為培珀莉農場（Pepperidge Farm）的烘焙坊後，魯金家族想拿它來交易真正的錢（超級貨幣幾乎每次兌現的，都遠不止是現金），所以他們把麵包坊變成價值2,800萬美元的金寶湯公司（Campbell's Soup）股份，非常好的超級貨幣。有了在各種交易所掛牌上市的金寶湯，他們就能削一點下來，換成現金，分散投資，做派開始像個有錢人了。事實上，你在廚房裡正好能做點超級貨幣史的功課：你能從商標上看見食品家族的交易，因為通常家族姓氏夠響亮，超級貨幣公司會繼續沿用，把自己的身分安靜藏在某一小行字裡面。有沒有賀曼牌（Hellmann）沙拉醬呢？顯然曾有一些姓賀曼的人從事沙拉醬生意：這並不是廣告公司想出來的名字。該超級貨幣最終變成了CPS公司，前身是貝斯特福食品（Best Foods）體系之下的穀物製品公司（Corn Products）。達能（Dannon）不是姓氏，是西班牙商人艾薩克．卡拉索（Isaac Carasso）以其子之名丹尼爾（Daniel）來取產品名稱——本來是Danone，英語化後成了Dannon。達能一度賣給貝萃斯食品（Beatrice Foods），是價值10億美元的乳製品超級貨幣。你廚房裡有布列克史東（Breakstone）乾酪嗎？那是超級貨幣卡夫（Kraft）。

以下本身都是獨立的好企業，而且彼此有共通點：安維斯租車（Avis Rent a Car）、佳能電子（Cannon Electric）、聯邦電子（Federal Electric）、喜來登飯店（Sheraton Hotels）、出版商霍華山姆斯公司（Howard W. Sams）、歐陸烘焙（Continental Baking）、管線與管線維護業者格林納爾公司（Grinnell Corporation）、大型保險業者哈特福火險公司（Hartford Fire Insurance Company）、木材業者雷歐尼爾（Rayonier）、賓州玻璃砂（Pennsylvania Glass Sand）、南方木材防腐公司（Southern Wood Preserving Company）、知名的萊維特造鎮（Levittowns）建商萊維特父子公司（Levitt and Sons）。這些蓬勃發展的企業有什麼共通點？它們都把資產換購同一種超級貨幣，以前的國際電話電信公司ITT（International Telephone and Telegraph），這一直是超級貨幣公司運用它的溢價貨幣，購買它所追蹤標的的絕佳例子。

這些千變萬化的例子在超級貨幣中有許多「善意」（有些懷疑論者會把「善意」解讀為「做作」），但所有資本化的收益都算是超級貨幣，尤其是正派經營且廣泛交易的個股。那些住在深山大宅裡的人擁有超級貨幣，因為爺爺買的製表機公司變成了IBM，而IBM是超級貨幣王。

M3，拉開財富差距的號碼

別誤會，這些都是如假包換的貨幣。精神病學家和社會科學家會有其他定義，但經濟學家的起點是以下基本定義：貨幣是M1（在銀行之外流通的所有貨幣）加上銀行的活期存款（例如支票帳戶）。為此，多數經濟學家增設了M2，M2包括銀行裡的儲蓄帳戶和定存。這些錢跟M1一樣很方便花用。不會人人都在同一天裡兌現儲蓄帳戶裡的錢，但只需把儲蓄帳戶裡的錢轉到活期帳戶，就能把錢從M2變成M1，而且很簡單。有些經濟學家因此加上短期政府債券一項，因為實務上它們也很容易變現。

對此，我建議我們再加上M3，也就是超級貨幣。超級貨幣是一檔股票的上市前後，帳面與市場的價值。上市的舉動創造出額外的貨幣，就像從儲蓄帳戶轉到活期帳戶是把M2變成M1。要從M3變成M1，你得買在帳面價值、賣在市價，削下一點股票的皮，再轉到你的活期帳戶，就大功告成了！M1，你變有錢了。

前陣子，經濟學家辯論著什麼能真正推動經濟，貨幣主義者說，身為貨幣主義者，貨幣供給是最重要的。可是在計算貨幣供給時，鮮少經濟學家關心超級貨幣，但它早已存在。（我只是想補充一下，就在賽伊法則〔Say's Law〕和西克斯—漢森綜合體〔Hicks-Hansen Synthesis〕左邊，稱為史密斯增量〔Smith's Increment〕。）經濟顧問委員會（CEA）的一位前成員問：「你願意為此認真研究一下嗎？」這問題讓我閉嘴了。我知道這表示要在德國經濟學期刊《Kyklos》或《計量經濟學》，以布林（Boolean）代數來頌讚超級貨幣，提出一份滿是Σs、

Δs、旁邊有許多小數字的報告，為《公共利益》（*The Public Interest*）季刊甚至是《紐約書評》（*New York Review*）寫一篇〈超級貨幣的社會影響〉，最後再在《紐約時報雜誌》（*The New York Times Magazine*）裡重新強調一遍。但很不幸，即便我使用新的電子計算機，我在多元線性回歸、機率方面還是很糟糕。用代數來頌揚超級貨幣可能比較令人肅然起敬，但我只會用英文寫。那就用英文吧。

史密斯增量的一切都是在講超級貨幣，不過只有從聽診器和棒棒糖變成淨計數（net counts）的**倍數**，才算是史密斯增量。有時候，所有超級貨幣會經歷多次此一過程，但我們把它的首度發生納入計算。

於是我們的社會有了一個有點偏斜的所得模式。有人低於或是不在M1的層級。他們的問題是根本賺不了錢，理由是教育程度過低、沒有動機或沒有能力。他們根本就沒有錢，無論是貨幣、硬幣或活期帳戶，許多人都靠社會救濟度日。接著，我們有大量的人是M1的薪水階級。他們去工作，雇主支付薪水；他們在雜貨店花錢、寄支票給藥劑師、繳稅，在M2存點錢，然後繼續努力工作。最後，是握有超級貨幣的人，M3裡尊貴的所有人。

我們當中可憐天真的人，沒意識到一種更優越的貨幣對周遭的影響。他們還以為皮夾裡那綠色的玩意才是錢。我們都能氣喘吁吁地超時工作，但卻追不上他們。只要假以時日，超級貨幣的複利太完美了。洛克斐勒家族或許聰明，但他和我們之間聰明才智的差距，並不等同他們的貨幣和我們的貨幣之間的距離，那是好幾光年的差距。

我有個朋友在紐約的格林威治買了一幢28英畝的豪華住宅，在熊市來臨前裝潢得美輪美奐。他說他一定能靠它賺100萬美元。我問他誰會有閒有錢，花100萬在房產上，他說：「一定會有人公司掛牌上市，可以削點皮灑出去。這種人比格林威治28英畝的房子還要多。」

公司賣股償債或蓋新廠等等，不是超級貨幣，因為在公司的帳面上，收到的錢變成了新工廠。但是當股東賣股而必須繳資本利得稅率時，就會進入超級貨幣階級。

還有其他增加財富的方式，通常涉及抵押資產（不動產或地底下的石油）借錢並買進更多資產。但是最輕易取得、最靠近源頭的形式是超級貨幣。M3，這是你的號碼，而且要是財富在你眼前發出一絲光芒，至少你知道它們的所在位置。

儘管還有其他形式的財富，但超級貨幣是這個國家較占優勢的貨幣，因為如果獲利，就連石油、房地產、農產品和設備租賃等交易，都會被帶進股市，以本益比數倍的價格售出，讓參與交易的人得到貨真價值的事物：交易單。

顯然，這個國家的法律和機制的建立，要保護的不光是貨幣，也包括超級貨幣。無論你喜歡哪一種貨幣（超級貨幣與一般貨幣），沒有支持這些貨幣的結構與機制，這都不會是同一個社會。但就在不久之前，這樣的結構與機制，已經經歷了幾次危機。

1970年發生的事，幫忙解釋了為什麼有這麼多投資人有新的創傷。結構的震盪遠比任何人（這是指預期大事發生、正在倒數的圈內人）所意識到的都更近，其中有一些教訓必須學起來。

要說明一個「不算有發生」的故事並不容易，尤其這個故事牽涉抽象名詞、不熟悉的概念與統計學。為避免需要註腳，統計數據會集中放在本書最後。大多數數據主要來自聯準會，或是紐約與聖路易斯（St. Louis）的聯邦準備銀行（特此感謝協助），或是其他公開來源。對一般讀者來說，比起了解這些機制，更重要的是去感受發生的事情，如果這聽起來有點抽象，請繼續讀下去。

根據已經發生的事件，股市無法維持漲勢。儘管這些事件不太可能重複發生，但至少有一段時間，不能說不會再度發生。

結構曾經兩度危機四伏、搖搖欲墜，第一次是美國資金幾乎告罄的周末。這更像是象徵性而非精確的說法，但確實能用來解釋第一次瀕臨重大失敗。多數投資人只查詢股市大事件，但股市不會獨立存在，還有債券市場、商業票據市場、商品市場、一個銀行系統等等。這些都不是獨立存在：資金會流動，市場互相依存。任何災難或靠近災難都會導致追捕罪犯，看誰偷走了羔羊。在這個資金緊縮的事件中，罪犯分散各處；事實上，歷史上到處都是危機時刻。

PART 2

音樂幾乎停歇的那一天

1 1970年6月的銀行們

資金緊縮（Crunch），指國家貨幣非常枯竭。很難理解一個國家能把貨幣幾乎用罄，因為就定義而言，國家畢竟是可以印鈔票的。但他們也可能受到事件襲擊，並在經歷事件後，印鈔的權力無法減輕痛苦。

人人都看得出來，1970年6月的那個周末，資金緊縮正在上演：小額借款人因傷及肋骨難以呼吸。如果你想買間4萬美元的房子，5年前已經為此存下6,000美元的現金，並支付25年5.5%的利率。現在，在1970年的春末，想要貸成的話，儲貸（the savings and loan）要15,000元頭期款和8.5%的利率，有些人貸不到。有的小型企業更慘。比方說，他們一直都向銀行借錢繳稅，再花一年償清貸款。如今他們被告知貸款額度將會縮減或是完全借不到，如果他們上別家銀行，銀行會說他們不再收新客戶。這表示小額借款人會流落街頭，得不停地四處奔波借錢。

利率處於百年高點。銀行最優惠利率高達8.5%，有人說非常可能繼續創新高，來到10%、12%或15%。要是最優惠利率來到15%，那將是一場新賽局，勢必會有預言說道瓊平均指數將下跌至難以想像的低點。

身邊有一些銀行家，說1970年沒有危機；只要你想要，一定能借到錢——只是可能得為此支付20%的利率，或是兌換成被圍堵的第納爾（dinars）[36]。就連使用「危機」一詞都有爭議——向來如此——但是紐約的聯邦準備銀行在一份回顧中用了這個字。隨著這個6月的周末遠去，危機看起來似乎沒那麼嚴重了。到了聯準會年度報告時，對該事件所採用的措辭是「嚴重的不確定性」。

影響深遠的流動性

那時的流動性危機，跟股市當中買賣雙方的媒合關係不大。在此，流動性是指美國企業的可用、可借資金。10年之前，沒有人想像得到美國的資金是有限的。它就像我們的其他天然資源：人人都能充足享有，你需要什麼都能取得，絕對不必擔心會用光。發現資金供給受到限制，也會帶來深遠的社會衝擊，那就像人來到中年，意思是你還是可以想想你想做什麼，但不表示你能夠實現。

關於資金緊縮，有兩個廣為流行、不假思索的合理說法，而且兩者都說對了。一是沒人擔心越戰經費。政治評論家們已詳細說明，為什麼越戰沒有造成大幅加稅。越戰不該持續那麼久，而加稅會危及「偉大社會」（Great Society）[37]計畫。第二個理由是「通膨心理學」，意思是你最好今天就買，因為要是

36 譯注：前南斯拉夫、伊拉克、利比亞等國家的貨幣單位。
37 譯注：1960年代由詹森總統提出，目標是經濟繁榮與消除種族不平等。

明天才買，不管買什麼都會變更貴。就在夏末資金快告罄之時，我跟主要工業州之一的某家電信公司財務主管，講了一通很長的電話。這家電信公司信用優良，即便資金緊縮也借得到錢。這位獨特的財務主管——以及他的撥款委員會——承諾他的公司會支付20年期、逾9%的利率。如果他等待這場危機過去，公司可能只需支付8%甚至更低的利率。好幾百萬美元的1%，是可以買很多具電話的。我想知道他是否覺得自己犯蠢，但我沒問得那麼直白。他說他不覺得，而且他成功想出一個根本原因。他說，他只有6到8個月的時間去借錢。

「利率是8%，所以我決定稍微等一下，」他說，「然後他們要求8.5%，這可是歷史高點，所以我想等利率降回8%。接著利率來到9%——高於9%，聽說可能會到10%或12%。我們需要資金，而我快沒時間了。所以我非借不可。」

我稍微逼他一下。

「聽著，」他說，「我們一直都有在借，如果利率變低我會借多一點，讓平均值不那麼難看。反正我再4年就退休了。」

對我來說這個說法還是很蠢，但我從來沒為電信公司辦過貸款，而且在觀眾席上看球賽此如何指揮進攻輕鬆多了，特別是比賽已經結束。就連銀行總裁們都知道。

再一次，我們可以從聯準會的表格看見發生的事，這張表格稱為「資金籌措，非金融部門」（Funds Raised, Nonfinancial Sectors）。越戰與通膨確實是造成資金緊縮的原因之一，但根據聯準會的數據，我們可以看見此事早已成定局，因為信貸的需求高於儲蓄所能供應的2倍。

在60年代初，資金需求與個人加上企業的儲蓄大致相符。但是1964年時，企業、州和地方政府的資金需求開始增加。經歷一段經濟慢速成長的時間後，企業開始為新資本與新技術花錢。到1965年時，企業貸款已是1960年的2倍，從140億美元來到296億美元。州與地方政府舉債增加40%。而在消費信貸與抵押貸款方面，個人與家庭舉債增加了72%。

與這些數據相對照的，是國民生產毛額（GNP）增加36%，以及個人儲蓄增加40%。相較於這40%，所有借款人的信貸需求總額上升了**90%**。因此，早在越戰升級前，信貸體制就已失去彈性。資金的需求量對可供應量早已步步進逼。

然後在1965到1968年期間，聯邦政府增加了600億的支出——有一半跟國防相關，卻並未加稅來支應這爆炸性的支出成長。1966年，聯準會藉由限制資金供給嘗試抑制通膨；然後在那一年被短暫的資金緊縮燙傷了手指，接下來2年又鬆開資金限制，增加了240億美元的資金供給。1968年年中，國會通過了10%的附加所得稅，此舉被視為打消了所有新資金供給所帶來的經濟動力。

那時通膨的氣勢已經銳不可擋。大部分借貸都是短期，因為借款人不想一輩子負擔高利率。愚蠢的公司財務主管回不去1964年，用4.5%的利率借錢。此外，舉債是提高每股盈餘（EPS）的一種方法，而這正是股市想要的——提高EPS。於是他們前進想要的市場，遲到總比沒到好。而個人也沒有像計量經濟學所有的模型那樣削減開支，因為他們別無選擇。他們支出更多的是生活必需品，而不是所謂的非必需消費品。必需品的價格漲得比個人收入更快。如果你要購屋，房貸成本會高出許多——要是你真能獲得核貸的話——如果你需要看醫生或住院，成本會更高。州與地方政府必須滿足教師薪資、鋪路合約的上漲。銀行幾乎借出了聯準會所允許的總額；他們還跑去歐洲借歐洲美元（國外生產或被帶到國外的美元），再把歐洲美元借回來。

聯準會認為抑制借貸就能抑制通膨，於是開始限制往來銀行的放款，甚至切斷了歐洲美元的借入。但是企業的採購前置期（lead time）不允許他們這麼快回頭。資金已經保證要花出去。於是，整體來說，這些企業借光了銀行的錢，逐漸逼退長期債務市場，然後開始簽借據：短期商業票據。

有人說聯準會阻止銀行受理現行利率的大額定存，間接助長了這種短期票據的成長。有人說銀行引導客戶去簽票據是因為無法照顧他們；當然，票據業者會積極銷售產品。商業票據就是借據。上頭寫著：西爾斯（Sears）、羅伊巴克（Roebuck）、克萊斯勒（Chrysler）之類的企業，承諾在30、60或90天內依照面額支付給你。多數商業票據會在90天內到期，大部分低於30天。購買商業票據的都是大買家：常見的最小面額是2.5萬美元，有些會是100萬美元。有些退休基金和銀行會購買商業票據，但買家通常是企業的財務主管，他們想把錢投資於收益率高於國庫券（與類似的投資工具）的投資標的。

企業財務主管或地方銀行購買商業票據，期待短時間內就回收本金加利息。要是當時美國國庫券付給他7%利息，他也許能從商業票據賺到8.5%。顯然他相信商業票據是一種良性的風險，否則他不會為了短短幾天多賺一點額外利差，拿所有的錢去冒險。按照慣例，一家公司應該持有與未償付的商業票據等值的銀行信用。在垮台或瀕臨垮台之後，有人會提出質疑與控訴：這些票據背後的信用，怎麼會沒有經過全盤分析呢？這裡沒有答案；這個疑問是當時的部分感覺。但顯然，買家一度認為所有票據都是良好的；他們只有一小部分弄錯了；然後又有一段時間，他們覺得沒有票據是好東西。

由於銀行銀根緊縮，出售債券的能力受限，美國企業販售商業票據這種借據。從1966年到1970年，未償還的商業票據總額翻了4倍，從90億美元上升到逼近400億美元。從6月資金緊縮的周末算起，則是翻了2倍。

經濟缺乏流動性，可以追溯至5年前。多數企業能借到錢，最起碼的假設前提是看好企業銷售，但結果卻令人希望落空。企業現金流比預期低了10%至30%，而這件事本身就加強了借錢的必要性。

熱鍋上的銀行家們

1970年6月，全美第6大企業、最大的鐵路公司賓州中央（Penn Central）破產了，慘到拖延發放給火車服務人員的薪資。它在發新債或償還舊債上遇到麻煩，它的商業票據到期，未償還總額有2億美元。有好幾周，賓州中央的銀行家們夜以繼日地辦理由美國政府擔保的緊急貸款。政府在國會為這筆貸款遊說。6月19日星期五，銀行家們很有把握，他們在紐約聯邦準備銀行10樓的西北會議室集合，準備著若華府的擔保一生效，便馬上簽署文件。但是華府並未下達這個指示。

國會反對的立場越來越堅定。國會的金融事務委員會主席萊特・派特曼（Wright Patman）說，這2億美元的貸款將會「只是這家龐大企業福利計畫的開始」，將冒險「讓千萬納稅人的錢投入一個非常可疑的計畫中」。（後來派特曼告訴國會，政府要求紐約聯邦準備銀行檢視這筆貸款；該銀行回覆這筆貸款「對該公司無明顯救濟效果」，因此「無法根據一般評估信用風險時考量的因素，建議核准所提的貸款」，而且也看不出納稅人要怎麼回收這筆錢。派特曼表示，可是政府遊說國會時並未費心提供這項報告。以上見於《國會紀錄》〔*Congressional Record*〕。）

下午快要5點時，一位打算擔保該筆貸款的政府官員，告訴紐約集合的銀行家們，這筆貸款應該不會批准。

後來聯準會有一份會議記錄寫道：「這些為了這個案子一直賣力工作的銀行家們嚇得不知所措，但並不憤恨。他們離開我們的大樓，直奔第一花旗銀行（First National City Bank）商業區的辦公室，想方設法保護自己。」

在費城，賓州中央的律師開始草擬破產文件；他們推論，他們寧可舉著白旗、遵守秩序地示威抗議，也不願意讓部分債權人將他們推向破產。周六，賓州中央的董事長保羅．戈曼（Paul Gorman）和3位董事去華府面見派特曼。派特曼沒有改變心意。董事們回到費城。周日，賓州中央的董事會再度在費城舉行會議並決定放棄努力；其中一位律師帶著文件，開車駕往美國地方法官查爾斯．威廉．卡拉夫特（C. William Kraft, Jr.）郊區的家。周日一向是辦理破產的好日子。

賓州中央交遞破產文件後，除非重組，否則不必償債。這則故事最重要的地方是，它不會還錢給借據、亦即商業票據的持有人。2億美元淪為壁紙。那些以為把錢投資在利息比美國國庫券更高的企業財務主管，賺不到利息也收不回本金，至少在沒有展開漫長官司的前提下是這樣的。他們會失去**所有**的投入資金。華特迪士尼公司（The Walt Disney Corporation）因此賠掉150萬美元，美國運通（American Express）480萬美元，金礦開採公司Homestake Mining賠了100萬美元，以此類推。（票據持有人最終控告了能控告的每一個人，有些人從承銷商那裡獲得部分補償而和解了。）

還有一些規模非常大的美國企業，也處於極需流動性的狀態。一一唱名不太禮貌，但你可以從洛克希德航空（Lockheed）、克萊斯勒、環球航空（TWA）、泛美航空（Pan American）和LTV集團開始。尤其是這兩家金融公司——克萊斯勒金融（Chrysler Financial）和商業信用公司（Commercial Credit），他們持有的商業票據，遠超過銀行所能核准的信用額度。

愛擔心的人開始看見以下劇本：持有賓州中央商業票據的債主，一邊忙著拿票據去貼壁紙，一邊打電話給他們的律師。就像馬克吐溫的貓，只要曾坐在熱爐上，之後無論冷熱，都不會再坐在任何爐子上了；投資人也一樣，絕對不會再努力弄到更多商業票據。其他公司商業票據的到期日很短：有些是周一、有些是周二不等。

有400億美元未償還的商業票據，要是再也沒人坐上那些特定的爐灶，當這些票據逐日到期，這400億美元要從哪裡生出來？不會來自股市：股市已經躺平，而且無論如何，登記賣股得花時間。不會來自債市，債市一片混亂，債券交易商還在處理前幾周的庫存。不會來自銀行：銀行的錢都借出去了。

紐約一家大銀行的經濟學家說：「我在鱈魚角（Cape Cod）過夏季周末假期。我進城去買報紙，就站在雜貨店裡讀報。我可以看見美國銀行系統可能必須再籌措150億美元，但是沒有錢可以給。我記得我心想，**這可能是另一起安斯塔特信貸銀行**（Credit Anstalt）。」

安斯塔特信貸銀行是奧地利銀行，在1931年倒閉，最後證實是倒閉潮的第一張骨牌；它觸發了一連串的銀行倒閉，協助引發了全球的大蕭條。

「這不會有點極端嗎？」我問這位資深經濟學家。

「全美第6大企業破產，」他說，「但它是鐵路，鐵路有1930年以來的特殊規定，破產後會繼續營運。但是你讓半打的美國大企業短期債務違約，他們的債權人告上法院，他們的供應商和承包商害怕收不到錢，而且**他們**衝進法院，同時人人都縮手，縮減營運並開始裁員。你可能會真的恐慌，擔心產生雪球效應，恐慌會越滾越大。這個國家以前發生過。」

可是，我說，在這個年代，不太可能。

「你沒經歷過恐慌，」他說。

但是萬不得已時，有一個「最後的貸方」（Lender of Last Resort）[38]；這就是為什麼我們有聯邦準備系統。國會根據憲法創立貨幣，而國會在1913年聯準會成立時，把印鈔的職責交給聯準會。聯準會每年向國會報告一次；它是獨立機構；有7位由總統任命、任期14年的理事。這不是大一新鮮人在經濟課堂上解釋聯準會運作機制的地方。就說它可以打開或關上錢的水龍頭就夠了。藉由轉動水龍頭，聯準會希望在經濟變慢時加速，在經濟過熱時讓經濟減速。聯準會曾經認為資金成本上升，買家就會減少。然而，在這一點上，聯準會致力於增加貨幣總量，一位聯準會官員形容為「用3個輪子溜冰——是行得通沒錯，但你需要新的身體動作」。

有一種治療通膨的方式，是讓每個人都縮手。你希望他們像嬰兒一樣蜷曲起來，並且暫時停止呼吸；這有助於減緩熱度。然後情勢冷卻。聯準會大致上關上了資金閥門，因為通膨正在咆哮。聯準會本身也飽受批評：在1966年太突然地切斷貨幣供給，然而在1967年和1968年初又增加資金過快。

---

38 譯注：指央行為出現危機的銀行提供緊急貸款的體制。當銀行遇到資金流動性短缺時，承擔資金需求的機構，通常是國家中央銀行。

聯準會的會議不公開，但很明確有兩種合理態度。一種是：只有**我們**可以印鈔票；一旦印好，我們就無法控制這些鈔票如何被運用。印鈔是整體計畫的一環，涉及國外餘額（foreign balances）、稅務等等。我們的官方政策是一種平抑，要是我們違背這一點，不但我們無法控制金錢流向，突然改變的消息也可能適得其反，把每個人嚇得半死。

第二種是擔心周一一早，把周末視為歷史特殊事件。發售商業票據的人再也賣不出去；他們會跑去他們往來的銀行；銀行會說抱歉；發售者會被債權人告上法院；發售者會開始裁員與縮減營運；人人可能都跑去某個街角顧蘋果攤，如果那個街角還沒被炸雞攤占據的話。那個夏季的後來，一位聯準會官員的開會筆記使用這這樣的語言：「在票據到期時無力償還的發行者，將使發行者、商業票據市場、其他金融市場與銀行系統產生可怕的後果。」**可怕的後果**不是輕率的用語。

周一早上，擔憂的人贏了。

最後的貸方出手了

紐約聯邦準備銀行當時的總裁艾弗列德．海耶斯（Alfred Hayes）人在倫敦；他的職務代理人是63歲的前華爾街律師威廉．特萊柏（William Treiber），現在是紐約聯邦準備銀行的執行副總裁。特萊柏和藹親切、白髮有型，穿著保守的三件式西裝，就像你心目中從哥倫比亞大學及哥倫比亞法學院畢業、進入蘇利文．克倫威爾律師事務所（Sullivan and Cromwell）工作，然後成為聯邦準備銀行副總裁的人會穿的那樣。特萊柏走出宏偉的聯準會大樓，這棟大樓是以佛羅倫斯的斯特羅齊宮（Strozzi Palace）為藍本蓋的，同時，嚇昏頭的銀行家們前往第一花旗銀行的辦公室。特萊柏開車來到他的周末度假住處，座落於康州東溫徹斯特（East Winchester）有200年歷史的農舍。他打電話給第一花旗銀行；他後來報告，晚上10:30，銀行家們仍然在辦公室裡，依然處於震驚的狀態。

特萊柏拿起電話。整個周末他都在打電話。他把一張打牌用的輕便小桌跟一具電話搬到農舍餐廳。他跟聯準會主席亞瑟・伯恩斯（Arthur Burns）談過，伯恩斯是周一早晨憂慮者的隊長。他在家一一打給紐約每一家大銀行的首長，要是找不到執行長就找二把手。（大通曼哈頓〔Chase Manhattan〕的大衛・洛克斐勒〔David Rockefeller〕人在他的船上，船開到緬因州的巴港〔Bar Harbor〕了。）除了短暫離開，特萊柏完全無法離開牌桌，因為農舍只有一條電話線，而他經常必須留言。他女兒拍了張照片，名叫「爹地的周末辦公室」。用那種報導中很枯躁的語言來說，據說銀行家們被告知「使用貼現窗口（discount window）[39]是恰當的」，這並不表示每家銀行都獲得較低的利率。

周日夜裡，特萊柏搭機飛往華府；聯準會的理事們在周一上午9點開會。周一晚上，12家聯邦準備銀行一起撥出電話，

39 譯注：指由央行提供金融機構短期融資，貼現利率通常低於銀行間的同業拆放利率。

打給體制內的所有銀行——不光打給大型的城市銀行，也包括全國的小鎮銀行。

聯準會的食指為了撥號撥到流血。通話的訊息都一樣：如果有任何人來到貴銀行想要貸款，**給他貸款**。然後假如你放款用罄，來找我們，我們會保證你有錢放款。

我開始推測：要是家有青少年一直占著家裡的電話線呢？或是假如聯準會自己的保羅．李維（Paul Revere）[40]無法接電話呢？賓州中央的律師們正開車前往費城郊區的法官住所，緊張地翻閱著破產文件，同時一直忙著打電話。

我可以想見接下來的畫面，畢竟學校都放學了。

「喂，請找〇〇〇先生。」

「喂，我是提米。」

「你好提米，我能跟你父親通話嗎？」

「不行。」

「拜託，提米，是要緊的事。」

「不行。」

「為什麼我不能跟你父親通話？」

「他不在。」

「他在哪裡？」

「他在外面練習高爾夫揮桿。」

「你能去叫他來接電話嗎？」

40 譯注：美國開國英雄。

「不行。」

「為什麼你不能去叫他？」

「吃完午餐我才獲准離開廚房。」

「這次沒關係，我會幫你解決，我向你保證。」

「我得吃完午餐。」

「你吃完午餐要多久？」

「我不知道。我不喜歡胡蘿蔔。但不能不吃。」

「你能在原地叫他嗎？」

「不行？」

「家裡還有誰在嗎？」

「有。」

「是誰？讓我跟他說。」

「亞瑟不能說話。」

「誰不能說話？為什麼不能？」

「牠是狗。」

「提米，聽仔細，我要你把**胡蘿蔔放進亞瑟的碗裡**，然後去叫你父親來接電話。」

「他們會發現的。亞瑟不吃胡蘿蔔。」

「做就對了。聽著，提米，你想要新的橄欖球頭盔嗎？你想要亞瑟・伯恩斯（Arthur Burns）的親筆簽名照嗎？穿著制服的？」

「想要。」

「好孩子。就照我說的去做。」

過了一會兒，銀行家接了電話。

「喂。」

「羅德尼，這是聯準會打來的電話。我很確定你知道理由。」

「呃，我想我兒子誤會了，他說你叫他把胡蘿蔔放進狗碗。」

聯準會官員說，很抱歉打了他家裡電話，但是如果任何人走進他的銀行，就撥款給他。羅德尼道謝並提醒他：「別忘了亞瑟・伯恩斯的親筆簽名照。」

6月22日周一早晨，亞瑟・伯恩斯，這位抽著菸斗的聯準會主席，除了強力要求增加銀行準備金，還要求停止Q條例，這麼做將允許銀行受理大量短期定存。聯準會原本禁止銀行吸納這些大量定存，作為一種抑制通膨的措施。現在它決定先把對通膨的擔憂擺一旁，重新接受短期定存。在經過一整天的辯論後，伯恩斯的論點勝出。

從那時起，一切都照劇本進行。賓州中央破產，但再也沒有其他公司破產。因為買家嚇得縮手，60億美元從商業票據市場中消失。那些要出售商業票據卻無法這麼做的企業跑去銀行，拜託銀行借錢。銀行去找聯準會，聯準會借銀行錢，銀行再把錢放貸給那些本來會成為借據保證人的人。單單7月一周，銀行在聯準會窗口排隊等待的借款就有17億美元。銀行逾20億美元的資金流向商業票據即將到期的企業。不光如此，隨著Q條例取消，銀行收到100億美元的定存存款，以防有人需要更多資金。有些銀行家在那一年夏天保持警醒，擔心有人把他們債券投資組合的虧損加起來，可能會以為銀行早就破產了，但他們卻驚訝地發現，他們過了非常好的一年。

聯準會很滿意。除了危機沒有發生，也因為資金已經循環再利用。一直都有借錢，現在也還是有；然而，現在是欠銀行而不是個人借款人，有了銀行，個人借款人就能有一點餘裕坐下來，設法按照順序還款，而這些額外的資金供給，並沒有造成大通膨。

漸漸地，有17個理解聯準會行動的人，發出了微弱、小小的歡呼聲。一位紐約銀行家說，聯準會做出了「經典成果」。《商業周刊》（*Business Week*）說：「聯準會走錯一步，可能會令賓州中央的財務困窘侵襲本國銀行系統……觸發企業倒閉的連鎖反應。」

隨著資金緊縮危機減輕，銀行家與聯準會完成了相當於職業橄欖球隊的觸地得分儀式：大量的互拍屁股、跳上跳下，擁抱持球前進的隊友。我可以在幽靈般無聲的即時重播中看見這一切，除了球場是空的。空是因為沒人知道它發生──不光是以為聯準會（FED）是聯邦調查局（FBI）的美國先生與太太們不知道，就連那些有財經版的報紙，它們的讀者也不知道。這一切太抽象、太難解釋了。在絕對生硬的寂靜裡，一個105碼、令人眼花撩亂的觸地得分。

9月10日，威廉・特萊柏向紐約聯準會理事報告時語帶滿意。他說：「商業票據市場的處境瀕臨危機，銀行提供貸款，迅速填補這個破口……這樣的援助，當然……是聯準會明快表示希望幫助銀行避開危機。商業票據市場現在平靜下來了。」

特萊柏的報告結尾時，忍不住多講一句。他說：「很有意思，有時是非常令人興奮的經歷。」

我必須把1970年6月19日至23日的危機視為一次千鈞一髮的失敗，因為銀行的標準語言——尤其是聯準會的語言，艱澀、抽象、充滿被動語態，而且不帶情緒。在金融業，事情不該「有意思」，而當它對參與者變得非常刺激時，我開始屏住呼吸。危機落幕後，聯準會又恢復了它講究、艱澀的語言。以下是紐約聯邦準備銀行《每月評論》（*Monthly Review*，1970年8月號）透露這件事時的部分說法。別在意用詞很陌生；繼續讀，感受一下：

> 賓州中央公司於6月21日遞交重組申請後，對整體流動性危機的恐懼，於第2季尾聲來到高峰。這些憂慮言過其實……儘管如此，第2季對流動性問題可能擴大的擔憂，加重了貨幣及債券市場的不安氛圍……這些壓力在商業票據市場最明顯，參與者越來越擔心有些借款人無法為大量的既有債務重新融資，部分的到期日非常短。聯準會的行動是透過銀行體系促進這些債務重新融資，藉由中止Q條例對大量短期定存的限制，並使用貼現窗口，以及開放市場操作，來防守流動性的壓力。這些行動為多數金融市場帶來

有益的影響，緊張的局勢平息下來……

從此人人都過著幸福快樂的生活。就這麼簡單。

但還是有件事令我困擾，是那句「最後的貸方」。為什麼人人都為聯準會喝采？不是有人說聯準會的經濟發展與緊縮交替出現（stop-go）的政策，也助長了資金緊縮的**起因**嗎？做他們該做的事，不是他們的職責嗎？我問聯準會。

我說，「在我看來，聯準會只是做了該做的事。這就是為什麼我們設立了聯準會，我們因此不必像1873、1893和1907年那樣恐慌，當時銀行倒閉、市場崩盤，人人失業。這就像發生火災時，你會打電話給消防局。」

聯準會官員欣然接受這個比喻。我猜聯準會官員太習慣說「貼現窗口或許合適」這種話，比喻對他們來說有種迷人的魅力。

「對對對！」聯準會官員說，「就是這樣！消防局！**這之前沒發生過**！而且方法有效！救火車、水龍帶、水壓和滅火泡沫——有效！全都有效！」

及時地，由於沒有其他人破產，對商業票據市場的部分信心逐漸回來了。銀行把最優惠利率降到8%，然後7.5%，再到7%，而且他們建立起自己的流動性。這本來會是一場危機，而現在已經解除。

那為什麼這個戲劇性的事件，跟理解股市問題有關呢？

任何投資人都能選：他可以買股票，也能買債券。假如債券產生2%的報酬率，他可能會合理算出，把錢投入股市，報酬率更高。債券產生10%的報酬率，他可能就不會更動他的安排。如果你掌管一檔退休基金，而你唯一需要做的，就是滿足4.5%的報酬率，而你可以購買9%報酬率的電信公司債券，於是你買了電信公司的債券，並打高爾夫球直到你退休，因為你的工作已經完成了。當信用不足，人們會抬高資金的價格，而電信公司的債券就會以9%利率出售。

然後本來會流向股市的資金，將會進入債市。或者股東——職業與個人股東——會賣股買債。這表示以100元購買8%利率債券的每一個人，會發現價格降到97元了，這會發生在當有新的電信公司，債券價格是以100元成本買到9%利率時。當9%債券出現，持有**舊**債券的人，就算只舊了一周，照樣會虧損。

這是對債市的不安，以及對股市有何不利之處的說明。要是再加上一次真正的資金緊縮，以及大企業付不出帳單與薪水，沒有人會買股票。也許改天，也許再等等會變得更便宜：也許我們都有機會用1933年的價格買克萊斯勒。如果你再加上一丁點銀行假日（bank holiday）[41]的謠言——這的確會助長市場氛圍。銀行假日是個誤稱。人人都放假了，但銀行家們得挑燈夜戰，釐清他們要拯救哪些公司，以及如何讓銀行繼續經營。

41　譯注：指六日之外，政府命令的銀行休假日。

以歷史標準來說，美國企業界依然不具高度流動性，但是這個夏天的資金緊縮創造出龐大的渴求。企業的第一階段是讓資產負債表獲得緩衝。根據製造商漢諾威（Hanover）的資深經濟學家提爾福．蓋恩斯（Tilford Gaines），企業界需要逾500億美元——遠超出對新資金的需求——才能回到1960年代初期相對穩定的局面。一年內，這個數字降到350億美元，而且還在持續下降。次級貸款人會比大公司多辛苦一陣子，但是再一次，人人都借得到錢了。銀行放款的最優惠利率下降了3個百分點，這聽起來降得不夠，所以他們說成「300個基點」，聽起來炫多了。

自從大緊縮發生以來，一直都有對和平、靜謐與股市的其他威脅，尤其是國際收支危機（balance-of-payments crisis）[42]和美元貶值。政府的經濟干預手段，增加了多種控制與階段的形式。儘管可能會有千鈞一髮、差點出事的故事，但卻是在市場已經過了最脆弱的時刻（包括價格與結構）後才被發現。

所有銀行都被叮囑了「最後的貸方」的名稱、地址與電話號碼，所有銀行家的孩子們也知道要是周日電話響起，是聯準會一個呼吸急促的人打來，就算還沒吃完午餐，也能走出去叫爸爸來接電話，絕對沒有關係。

---

42 譯注：指金融機構因流動性不足發生擠兌或倒閉，或是投資人對一國的償債能力信心不足導致資金出走，引發一連串的連鎖反應。1996年的亞洲金融風暴導致貨幣貶值，股市重挫，外資出走，就是典型的國際收支危機。

2 1970年9月的股票經紀人

如果說從資金緊縮中，有記取什麼教訓，那就是缺乏流動性會扼殺股市。需錢孔急的人會把價格抬高，讓債券利率上升，其他人就會從股市提款去買債券，股市就會跌。挺簡單的，所以你得略過報紙股票列表那一頁，去看債券那頁。如果信評優良的債券利率來到7.5%，那就是黃燈；如果是8%或8.5%，你可以開始緊張了。等到9%時，可能一切已經太遲。

有人，可敬的人，認為熊市將會持續5或10年，甚至直到永遠。這就是恢復流動性需要的時間。企業界需要500億美元，而各州、城市與聯邦政府——嗯，他們資金需求的工作永遠都做不完。可是一旦這個循環被打破，曾經因為下周利率會更高而急於借錢的財務主管（包括上市及私人企業），就會打住。現在他們只要等個一、兩個月，就能拿到更低的利率，而這會讓供需的流動回到比較正常的情況。

但是流動性危機並非大熊市唯一一件驚險事件。華爾街因為自身管理不當幾乎崩潰。我們不必涉入太多細節，因為這些故事都有人說了，而沒有參與這個產業的個人，能學到的教訓不多。但也有可能寫出一部關於美國資本主義末日差點發生、同樣令人毛骨悚然的劇本，劇情聚焦在往日美好的華爾街，它們過去一直慣於鐵口直斷企業還剩多少餘命。

被偷走的證券，還是本來就不存在？

60年代中期是股票經紀人一段愜意的時光。應該說，有些人把他們的證券行打理得井井有條，名字也沒有出現在報紙上，而這兩件事都令人開心。當時，120家企業破產了。

戲劇的核心是一張紙：股票。在很久很久以前，某個紐約人可能在梧桐樹下交出一些錢幣，另一個人可能對著一張股票喋喋不休。那是個所有交易在早晨咖啡時間完成的年代。150年後，這個機制依然不變。

捲入麻煩的是所謂的零售證券行。他們跟大眾交易，而大眾就在市場裡。遊戲名稱是「產物」(production)，意思是「開票」(writing tickets)。要這麼做，你得開一間分行辦公室，雇用一些新業務——打發時間的家庭主婦、考不上的會計師、輟學的鋁鍋銷售員——並要他們打電話給認識的每一個人，說他們知道炙手可熱的股票點子。前鋁鍋銷售員的瑪莉阿姨和寄住的兄弟開了帳戶，「產物」增加，票不停地開出去。這就是困境的開端。對於華爾街，整體而言，就像底特律噴火(Belchfire)美麗、扇尾的8人座車，有真皮座位、遙控車窗、後座有彩色電視，而車蓋底下——是6隻噴汗的松鼠在跑步機上奔跑。這些分行辦公室配備著一流的推銷裝置，美麗的報價機：「磁帶」——如今或許是黑色背景上以電子方式閃爍著橘色代碼；而道瓊的股票行情指示器穩重端莊，它發出嗶、停頓、嗶的聲音，而不是嗒咖嗒、嗒咖嗒。

當寄宿的兄弟買下一股，後面的房間會有一個男士記錄交易，他穿著運動鞋與夾克，看起來像是剛進海耶斯主教高中（Cardinal Hayes High School）的籃球隊員，他記錄交易時會舔舔鉛筆。由於是人工記錄，出錯並不罕見。如果他們找得到證券，將會由另一位穿著救世軍外套、9天沒刮鬍子，渾身1973年加州產的麝香葡萄酒味的男士，送到證券經紀公司交割。有時他知道他要去哪裡，有時候不知道。有時他送件時帶著包裹，有時候沒有。

生意非常好。你能走進出納員的坐廂，帶著證券出來。證券就擺在地上、桌上，到處都是。難道沒有壞人把證券摸走，再也沒帶回來了嗎？是的，有這樣的事。在1971年，他們摸走價值5億美元的證券。有時好人也會幹這種事。普遍認為犯罪集團必須為這些消失的證券負責，讓自己人混進去不難。如果你想以這種方式弄到證券，你可以讓他穿上救世軍外套、塗上粉刺，穿上海耶斯主教的字母毛衣。如果你想讓他更上層樓、經驗更老到，你可以在銀行的辦公部門安插一個人做銀行的證券登記員，或是其他負責維護記錄的職位，然後沒人能讀懂這些記錄。要再更高竿一點，你可以把證券帶到俄亥俄州林柏格（Limburger）的地方銀行，拿它們抵押借錢，然後就讓它們永遠都留在那裡——何樂而不為呢？又不是你的股票。有一位很會鑽漏洞的傢伙是知名的「股票屠夫」，是他告訴國會這一切怎麼進行。

有一夜，我跟證交所的政府官員一起喝一杯，他已經為這個問題奮戰良久。

「黑手黨不可能偷走那麼多錢，」他說，「好人一定也偷了。誘惑太大了。」

FBI——另一個聯準會——逮捕了一些壞人，找到一些遺失的證券，是大約3,400股IBM，屬於一家知名證券經紀公司。真是英勇的公務員，他們致電該公司，告訴他們好消息，他們的IBM找到了。

「我們沒弄丟任何IBM啊，」他們這樣回覆。（幾個月後，當記錄變得工整一點，這家公司羞赧地問FBI能不能拿回IBM股票。FBI同意。他們之間的其餘對話沒有紀錄。）

當然，不是所有證券都被偷了。許多從一開始就不存在，這是登記員的疏失。事實上，多數的不吻合可能是登記類別的問題，公司對這些文件喪失實際控制。但如果你覺得我在開玩笑，我推薦你兩份極好的文獻。一是〈論證券交易委員會對於終止優選券商的記錄〉（*Review of SEC Records of the Demise of Selected Broker-Dealers*），是眾議院的委員會中，州際與涉外商業委員會的證券小組委員會報告。另一份是〈不安全與不健全實務之研究〉（*The Study of Unsafe and Unsound Practices*），是證券交易委員會（以下簡稱證交會）結合1970年的《證券投資人保護法》第11節內容而完成的。我尤其推薦1971年1月28日證交會主席轉達給參議院與眾議院議長的信，以下是一份簡短的摘要。

> 頒布該法案的背景是證券業40年來最漫長、最嚴峻的危機。證券經紀公司廣泛的倒閉，以及對其顧客資金的擔憂，是隨著一段漫長的輕鬆業務時期而來的。上升的股票經紀收入與上漲的證券價格，製造了整體的興奮情緒。在這種氣氛中，擴大銷量的成果與管理費用，並沒有更多資金與更強的後台工作給予適當的支持。交易量真實的大爆發，堵塞了控制與運送證券不堪負荷的機制。無法運送證券與付款，使得整個產業都在反彈，而企業失去他們對登錄、持有證券以及要求收費的控制。交易環境的惡化嚴重到證券市場有時必須每周停止交易一天，後來還限制了每天的交易時數。

證交會主席以非常強烈的措辭來結束這一段。他寫道：「這些情形不允許再度發生。」

一團亂的交易紀錄

何以紀錄的維護這麼一團亂？除了諸多理由之外，有一個簡單的社會學原因。景氣好的時候，股票經紀是很風光的職業。你得一直講電話，聽起來很重要，知道一切進展，並把玩昂貴的電子器具。承銷股票的企業名聲更好，成為一家股票承銷公司的合夥人是最棒的。你得布置出一個華麗寬敞並堆滿書的辦公室，男廁有專屬淋浴間，或者，如果這是一家比較老牌的公司，可以來一張相稱的古董掀蓋式書桌。你就在這裡跟資本主義的巨頭們交談。

做交易紀錄、湊對股票憑證或是一般被稱為「後台」的枯燥後勤工作，則沒有那麼風光。沒人想當負責洗碗的合夥人，而在許多案例中，也沒有人是這樣的人。

一旦開始出現困境，所有商學院派的合夥人都知道該怎麼辦。他們在商學院就告訴你了。如果你有問題，可以跟外部的顧問求援——理特顧問管理公司（Arthur D. Little）、麥肯錫、博思艾倫諮詢公司（Booz, Allen, Hamilton），或是某位電腦軟體人員。顧問說你打來真是幸運。你的溝通技巧過時、記錄方式古老，你怎麼能期待用18世紀的記錄方式來處理20世紀的業務呢？你需要IBM的360-20電腦系統——每月5,000美元——再加上一些電腦人員。

你放寬了心，你做了正確的經營決策。在商學院他們就告訴過你，你一定得用上電腦。

這就是你公司破產的起點，電腦搞砸了一切。

建議你參考上述證交會主席凱西（Casey）轉達給國會信件的第8和第9點：

> 8. 沒有適當的準備、成本分析或是掌握技術的要求，就貿然引進昂貴的文書作業新技術；
>
> 9. 把舊資料轉移至電腦後，未因保險的理由繼續保存，直到電腦作業系統證實其能力。

你當然是把舊資料全丟了！電腦人員告訴你現在一切都沒問題了，他們沒這麼說嗎？

有一位社會學家來到商業區，發現電腦人員跟證券人員是不交談的。證券人員繫寬版領帶，電腦人員繫窄版領帶。證券人員住在曼哈頓或是從郊區通勤，電腦人員住在布魯克林、搭地鐵上班。如果強納森．史威夫特（Jonathan Swift）[43]寫了一個故事，故事裡會有兩派人馬打了起來，一派認為你應該先敲蛋比較尖那一端，一派認為你應該先敲蛋比較鈍那一端，每個人都會覺得這是瘋子寫的故事，總之這瘋子對愛爾蘭兒童有著奇怪的看法。

在問題的最高峰，「交割失敗」的代價是**40億**美元。沒有人找得到價值40億美元的股票。

紐約證交所有明文規定，企業要有與責任相應的資本額。別管責任越來越失控，資本方面也有麻煩要解決。如果你為一家華爾街公司注資，你可以把錢拿回來——有時90天內，有時要一年。其他企業很少能這麼輕易退場。這些資本家中，有一部分撤資了。而剩下的資本——嗯，通常是在股市裡，而許多股票的市值正在蒸發。

回到驚險事件本身。

當企業的資本適足需求（capital requirements）開始嚴重落後，紐約證交所會讓股票停止交易。除了非常大的企業。確實

43　譯注：愛爾蘭作家，著有《格列佛遊記》。

存在企業規模的偏袒，證交所主席勞勃・哈克（Robert Haack）說：「一家大公司倒閉，我們會吃不消。」很久以後，證交所提出3個理由，來捍衛他們選擇嘗試拯救大公司、卻讓較小的公司倒閉的偏心之舉。他們說大量的客戶帳戶難以做到有序清算（orderly liquidation）。在大家競相爭取人才時，暫停交易會讓他們失去技術文書人員。而宣布大公司停牌，由於客戶的憂心，則會引發所有證券行發生擠兌，即便是體質良好的企業也一樣。

早在60年代初，沙拉油醜聞[44]導致伊拉豪普特公司（Ira Haupt & Company）倒閉之際，證交所就設立了一個信託基金，資金用來提供破產企業有序清算，這樣顧客就不會賠錢，並散播「你甚至不必在市場上犯錯，就可能會把錢賠光」之類的話。這導致國會議員致電關切。當大企業開始搖搖欲墜，證交所會授權會員增加信託基金：總額從1965年的1,000萬美元（外加1,500萬的貸款待命），到1970時最高來到5,500萬美元，1971年1月是7,500萬美元，最後來到1.1億美元，其中3,000萬美元撥給美林證券（Merrill Lynch）出於責任必須拯救古德博迪（Goodbody）的客戶援救計畫。每回資金又增加時，有些倖存的會員會問：「我們何不讓這些混帳就這樣倒閉呢？」而出身拉查德（Lazard Freres）[45]的併購專家（他曾為ITT企業買

44 譯注：當時有人造假儲油槽中的「沙拉油」油量，用來抵押貸款，被揭發之後，美國運通等被捲入的大型放款機構都受到波及。
45 譯注：現在是一家在百慕達群島註冊的投資銀行。

下多間公司）、談吐溫和的證交所長官菲力克斯・羅哈廷（Felix Rohaytn）會說：「這不是一個可以接受的風險。」

證交所差點要關閉了？

1970年9月11日早上8:30，券商海登史東（Hayden, Stone）停業了。它的破產是經典模式：增加「產物」，交易紀錄的維護設備雜亂無章，因為投資下跌的證券而資本虧損，以及無力償還的高額數字。（曾經有人說過，海登史東公司混亂到「你從牆上撕下壁紙寄給海登，就會收到錢」。）羅哈廷和證交所董事長伯納德・拉斯克（Bernard Lasker）使出一切媒合併購的本事，要找一家能接管這位落後巨人的公司。問題是有一群海登史東的票據持有人，以獵槍和勸說，抗拒與柯根、柏林德、魏爾及李維特公司（Cogan, Berlind, Weill & Levitt）的聯姻安排。

「要是海登併購案不成，」一位交易所官員說，「情勢可能就完蛋了。」

不妙的情勢可能會按照以下的劇本進行：

開場鐘聲響起。宣布清算海登史東。在這家公司破產時，需從信託基金提撥至少2,500萬美元來支付經常費用與整理紀錄。該公司的經常費用每月高達500萬美元；即便降到250萬美元，要在18個月內完成清算，成本也可能有4,000萬至7,000萬美元之譜，搞不好會高達1億美元。海登史東的9萬名客戶將會被凍結，好幾個月無法進行交易。海登史東欠其他公司的現金與證券，將迫使這些公司業績表現不佳；也許還會再倒閉50間公司。當這些企業賣掉證券來籌措現金，道瓊平均指數一定不會停在630點，甚至可能低於400點之類的，而更大的市場平均指數也一樣會遭殃。

但是實際情況更慘：數百萬投資人的信心本就受到熊市打擊，看見海登無法正常運作和哀嚎的顧客是最後的致命一擊。他們全都跑去找股票經紀人，要求提領他們的現金和證券。華爾街多年來使用著顧客的現金，而且許多證券極可能無處可尋。這會是經典的擠兌——只是不是發生在銀行，而是證券公司身上。

除此之外，還有一個幽靈陰森地逼近，這幽靈恐怖到沒人想要想起它。共同基金裡有500億美元。一檔共同基金可能一天就被贖回；你只要帶著文件進去並說：「西尼，我要換錢。」共同基金有一個緩衝：每年業務賣出的比被贖回的多。因此，他們只會因為一個市場策略而賣股：如果他們認為股市將走跌，他們可能會想要把10%的部位換成現金；如果他們認為股市將上漲，他們可能會想要全都轉換成股票。（附帶說明，統計數據顯示，當他們出現這些想法時，就是這麼做的，但市場通常會反其道而行，相當倔強。）他們賣掉股票不是為了給擔心的贖回者提領現金。

要是共同基金持有人害怕並開始贖回呢？已經倒了50家券商，數十萬帳戶被凍結，券商的擠兌正在發生，券商正在賣股以強化它們的資本帳戶——此時此刻，萬一共同基金**被迫**賣股籌資，以應付持有他們基金的緊張兮兮贖回人呢？他們要把股票賣給誰？

「我苦思良久，」我的交易所官員朋友說，「我們可能不得不關閉交易所。」

「關閉紐約證交所？」我說，「那接下來會發生什麼事？」

「我不曉得，因為從來沒有發生過，」他說，「但你肯定會讓政府介入，但是等到交易所終於重新開張，事情將會變得非常、非常不同。」

我聯想到：「也許像是南斯拉夫股票交易所。」

「也許吧。」他說。

1970年9月11日早上8:30，距離手提箱裡的炸彈爆炸，還有90分鐘。要讓海登史東公司順利被併購，需獲得該公司108位票據持有人的批准。不光是海登史東的高層急著拿到簽名；紐約證交所的主席勞勃．哈克也是，還有無所不在、憂心忡忡的政府官員，羅哈廷與拉斯克先生。到9月4日星期五、併購應該大勢底定時，多數票據持有人都說他們願意合作，但還是有少數人不同意。併購案應在9月10日星期四遞交給證交所的理事會，但還有一位票據持有人堅決不簽。根據交易所自己的規定，海登史東早該停止交易；現在理事會投票決議緩刑幾小時。堅決抵抗的是一位奧克拉荷馬市（Oklahoma City）的商人，名叫傑克．高森（Jack Golsen），3月時才在這家公司投入了150萬美元。他說，他相信這家公司的財報包含最新訊息，而且紐約證交所不會容許他投資一家即將破產的公司。高森說他寧可進入清算；搞不好最後繳的稅會變少，而且不管怎樣，他受夠了任人擺布。

在獲得幾小時的緩刑後，準備接管被併購企業的柯根、柏林德人馬直奔泰特伯勒機場（Teterboro Airport），包下一架里爾噴射機（Lear jet），飛到奧克拉荷馬市，徹夜勸說高森。天破曉時，高森依舊搖頭。早上8點，羅哈廷與邦尼・拉斯克在電話會議中成功通上話。「他們用整列火車的社會責任勸說我，」高森說。其他人說，政府知道這個情況。高森投降了。早上9:55，就在即將宣布清算之前，道瓊的股票行情指示器跑出併購新聞。

又有大公司沉船中

可是羅哈廷、拉斯克和其他憂慮人士的責任並未就此畫下句點，還早得很。另外兩家大公司正在迅速沉船：法蘭西斯一世的杜邦證券（du Pont）是全美第3大券商，有27.5萬個證券帳戶，古德博迪也算是大企業，有22.5萬個證券帳戶。不需要計算機就能算出，要是這兩家一起倒，交易所的信託基金就會告罄而且還不夠，而整個圍繞著銀行的劇本就會再度上演。其他媒體已經報導過這兩家公司的帳目情形。你可以把這些冒險經歷單獨寫成一本書，或是拍攝成影集《不可能的任務》（*Mission: Impossible*）的續集更好，每周末的高潮都在最後一則廣告中畫下句點。

要找到人接管每月虧損好幾百萬的華爾街企業並不容易。

請記住金錢的另一種用法：你可以一年賺9.35%利息，每年都賺，只需購買優良的老牌電信公司債券，其餘都不必煩惱。但是接管一家公司，你得拿出更多金援。你得找專家進來接管，如有必要，還必須關閉分公司；你得接管並整頓糾纏混亂的紀錄與財務；簡單來說，你得接管並經營一家規模龐大的失敗企業。誰會有這個需求？而且顯然只有大型金融機構做得到。一直以來，都有來自共同基金和保險公司想要加入交易所的壓力，但這股壓力也一直被現有成員、券商抵制，因為害怕會傷害自家的生意。所以交易所沒有機構成員，只有2到3家券商有能力接管像古德博迪這種規模的實體。已經決定該由美林——當時最大的券商——來完成這個新併購案。美林不講情面地討價還價：交易所共同體必須拿出3,000萬美元，來彌補因整頓古德博迪而發生的虧損，並保證絕對不會有其他公司再破產，否則交易就取消。

這也讓杜邦證券以及德拉瓦州威爾明頓市（Wilmington）的杜邦集團找不到人幫忙。白馬上的候選人，無疑是德州的億萬富翁，名叫羅斯・裴洛（Ross Perot）。裴洛完全不是有著傳統大嗓門、叼著雪茄、超極右翼、卡通裡的石油商人。他的錢全出自一家電腦軟體公司，名叫電子數據系統（Electronic Data Systems，EDS）的股份。裴洛為人正直，白手起家又刻苦般的作風，就連遭受困於華爾街的人士也難以置信。小時候，他3:30就得起床，在馬背上騎20哩路，在附近無人想要服務的貧窮地區派送《特克薩卡納公報》（*Texarkana Gazette*）。他是海軍學院（Naval Academy）的榮譽畢業生。數十億美元的身家來自高價賣出EDS股份，但他老是說，他成為鷹級童軍的那一天，比成為億萬富翁的那一天更有意義，他捐了好幾百萬給男女童軍。他曾在IBM當過業務，在一月分的第3周就達成年度銷售目標。他用1,000美元創辦了EDS，在第一次成交之前被拒絕了80次。裴洛身高約168公分，留著平頭，繫著直挺的領帶。他的夜生活是跟太太和5個孩子打籃球，或是帶全家出門吃漢堡。

裴洛首次登上新聞是因為他努力載送聖誕包裹到北越的囚犯手中，他的包機一路飛至了寮國。

尼克森政府知道華爾街，也認識裴洛。司法部長約翰·米契爾（John Mitchell）是一家律師事務所的合夥人，這家事務所專攻地方債券；理查·尼克森本人曾是該事務所的資深合夥人。總統特助彼得·弗蘭諾根（Peter Flanagan）曾是伊士肯迪隆化學公司（Eastman, Dillon）的合夥人。米契爾致力於1968年的美國大選，裴洛一直是捐款人。此外，裴洛就算不認識華爾街，也一定認識法蘭西斯一世·杜邦（Francis I. du Pont）和杜邦集團；EDS承包了杜邦的電腦業務，事實上，這家公司占EDS年營收的15%。

「約翰·米契爾在讓裴洛加入上幫了大忙，」一位交易所官員說。在此不必詳述完整報導。這位憤世嫉俗的人說，要是EDS年營收5,000萬美元，有15%來自杜邦的合約，那麼繼續維持這個生意應該價值1億美元，而且說不定裴洛希望杜邦為了股票交易所和許多其他公司，接管EDS所有的電腦運算工作。相信的人說杜邦想要拯救華爾街和一直對他友善的體制。我有跟朋友跟他熟識，他說裴洛「一半是童軍，一半是馬販，對這兩方面都完全真心，也非常擅長」。

裴洛接管了杜邦。他先投入1,000萬美元；然後又投入3,000萬美元；至今，他總共投入約5,000萬美元，但這地方還沒料理完。

有多組人馬有意接管海登史東；接管古德博迪將爭取成為華爾街規模最大的企業；最後這個角色——罕見到落在一個人身上——落在單一個人身上，他說，華爾街要是受傷，「就算是一時的，後果也會很慘，不光產業遭波及，還有這個國家的城市、鄉村和學校系統」。

證交會現任主席說，指出過去5年的錯誤、疏忽與失敗很簡單。凱西先生寫道：「企業與自我監管的當局討論了所有方向，努力避免災難。一次又一次，他們必須選擇較小的邪惡。決策必須在急遽變動的局勢下拍板定案。」

凱西先生說，如果國會讀了《戰爭與和平》(*War and Peace*)，也許可以理解。這肯定是證交會在向國會報告時唯一一次引述托爾斯泰（Tolstoy）。在莫斯科之前，有庫圖佐夫（Kutuzov）勇敢地對付拿破崙，而凱西說托爾斯泰說：

> 總司令永遠都處在一連串不斷變動的事件中，所以他在每一個當下，永遠都無法考慮正在發生的事件

的全盤重要性。事件分分秒秒都在不知不覺地自我形塑，而這種不斷形成的各種事件的每分每秒，總司令都身處陰謀、憂慮、意外、權力、計畫、忠告、威脅和欺瞞等最複雜的劇情中，而且不得不一直回答向他提出的無數問題，可是這些問題又經常彼此衝突。

一道命令（撤退）必須即刻下達（給副官），馬上。撤退的命令使我們退回到卡盧加（Kaluga）公路轉角處。副官來過後，軍需官問軍需品要存放在何處，軍醫長也來問傷兵要去哪裡安置，彼得堡的信差帶來了一封國君的信：不允許放棄莫斯科的可能性。而總司令的敵對派系正在挖他的牆角（而且總是不止一位，而是好幾位），提出一個新方案，並反對撤退至卡盧加公路。

人人都知道接下來發生的事，庫圖佐夫倖存下來了，華爾街倖存下來了。沒有其他大公司破產。國會注意到證交會收到、國會自己也收到每月1,500封的陳情信，於是在1970年通過了《證券投資者保護法》（*Securities Investor Protection Act*），成立了一個機構，在必要時可向美國國庫券借款最高10億美元，萬一必須清算某企業，可保護其顧客的證券與現金餘額被凍結所造成的損失。這減輕了一些產業和紐約證交所的壓力，恢復了一些大眾的信心。

歸類在「交割失敗」的證券，從1968年底的41億美元，到

1971年底時降至10億美元。繫窄版領帶的電腦人員被給予了新的聲譽，更多的錢，還有一些合夥關係，或是企業形式的等值物。

散戶無法察覺的危機

那張紙——股票憑證——依然身處交易的中心，而負責交割的依然是穿著救世軍大衣的男士們。問題依舊不斷，但可以很有把握地說，交易的機制已經引起每一個人的注意。而且，證交會主席說，「看向這條路的前方（不是卡盧加路，是一條比喻的路），交易執行電子化的時代將會到來，屆時證券交易會由電子記錄、列印出來，支付款項也會透過類似的電子工具進行。」

紐約證交所的未來，尚未全都清晰可見，但顯然它不會搬到杜布羅夫尼克（Dubrovnik）[46]。證券產業的結構將會變得相當不同，但關注的焦點主要是裡頭的人員而不是眾多投資人。國會參與通過了《證券投資者保護法》意味著國會會繼續參與；政府鮮少停下它創造新的機構人員的努力。

就這樣，不需要也不應該發生的壞事發生了，但並未釀成大災難——至少不是足以把整個產業移往杜布羅夫尼克這種程度的災難。

似乎可以篤定地說，個人投資人睡著了，沒有察覺流動性

46　譯注：當時為南斯拉夫的城市，南斯拉夫解體後，現屬於克羅埃西亞。

緊縮的危機，讀報時沒看見券商的問題。他們唯一知道的是他們的股票下跌。但是那些大機構、專業投資人呢？他們有研究報告、電腦和經驗——他們掌舵的手是否堅定？眼神是否冷靜沉著？這些問題有答案，因為這是個每天都得記錄成績的產業，跟世界上幾乎其餘的產業都不相同。

讓我們回到過去，稍稍感受一下氣氛，去看我們走了多遠才來到今天的位置。因為你離在街上恐慌的日子並不遠——搶購與拋售的恐慌都是。

PART 3

專家們

1 往日情：大搶購恐慌

就在一個任期之前，當時的總統說他沒有選擇參選。市場反應熱烈，1929年與1962年發生的大拋售震盪，創下了先前的交易量紀錄。「我沒有選擇參選」（The I-do-not-choose-to-run）[47]的說詞激發搶購恐慌，如今又有了新交易量紀錄了。

最近越南與許多城市的一切騷動，讓華爾街的恐慌有如非常小的馬鈴薯，幾乎是無關緊要地被擱置在宇宙問題的一旁。但是恐慌對一小群大眾心理學的學生來說，是非常有趣的。恐慌有趣是因為它是反向的恐慌，因此在字典裡需要新定義。《蘭登書屋字典》（*Random House Dictionary*）裡的舊定義是：

> pan-ic (pan'ik)，名詞、形容詞……3. **金融**，對金融事務的憂慮突然普遍傳開的恐懼，導致信用緊縮，以及為了獲取現金，廣泛以低價賣出證券。

這是字典的定義，與恐慌相關的其他定義你可以問爺爺。交易廳的怒吼聲、電話滿線、所有股票的交易量都創新紀錄。

47 譯注：是美國總統柯立芝（John Calvin Coolidge）在1927年聲明他不參加1928年總統選舉的聲明，由於此說法含糊不清，引起熱議。

現在你可以看見，我們確實有恐慌：突然普遍傳開的恐懼和信用緊縮。只是1968年的不同之處是，這回是為了獲取股票，而以低價賣出現金。恐慌非常巨大，大到1929年舊的交易量紀錄化為烏有。1968年新紀錄的屬性，是大搶購恐慌（Great Buying Panic）。整體而言，這是一種快樂許多的恐慌，因為只有部分專業資金經理人承受這種首當其衝的心慌意亂。其餘所有人都覺得自己變聰明了。董事會的研究觀察者覺得聰明，是因為他們忘記賣掉的股票上漲了。而商業區的證券行覺得自己絕對是天才，因為他們提早了8年，達成1975年的預期獲利；而任何產業的預期獲利要超前這麼多，都必須有真正的天才從業才行。總統沒有選擇參選，而和平前景樂觀。因果關係有這麼簡單嗎？

滿手現金卻什麼都買不到的市場

4月1日我正好跟窮格倫威爾（Poor Grenville）一起吃早餐，就是這個早上，恐慌開始了。這綽號至少有部分反諷意味。窮格倫威爾掌管一檔活躍的基金，他有著高大、金髮、出身名門的外表，活脫是個希基傅里曼（Hickey-Freeman）[48]的模特兒，或是球拍俱樂部（Racquet Club）的廣告代言人，他一點都不窮。窮格倫威爾有一位祖母擁有養鴨場，至今這個家族裡仍有一部分養鴨場閒置不用。不過活鴨沒有以前那麼多了，

48 譯注：男性服飾設計品牌。

因為養鴨場的範圍，大致上東起麥迪遜大道，並以第59街和第80街為界，但你絕對不知道有多少子孫要分家產，還有遺產稅跟信託等等。窮格倫威爾突然被叫這個綽號，是因為他剛剛變現了——2,500萬美元——在1966年市場轉向時開始兌現。如果你是正港的績效基金經理人，你應該在股市上漲時滿手股票。

現在才1968年3月，窮格倫威爾又變現了——這回是4,200萬美元——而總統剛說了他不打算競選，感覺和平近在眼前。窮格倫威爾吃早餐時坐立難安，因為去年他必須在場外迅速追趕，才能留在績效基金的賽局裡。贏了，意味著業務員可以把這個績效紀錄，變成好幾千萬美元的業績。

「我認為這是全新的一局，」窮格倫威爾那天早上說，「我必須放棄保留所有現金，馬上。」

於是早餐後我沒走，想看窮格倫威爾怎麼花掉這4,200萬美元。我問窮格倫威爾，為什麼前幾周他要賣掉這麼多。

「我對部分股票沒有那麼不滿，」窮格倫威爾說，「但我不喜歡國際貨幣的情勢。我認為華府已經失控，高利率才能讓國際收支餘額回到正軌。而詹森——誰還會相信詹森呢？信心是個重要因素。」

「如今國際貨幣情勢還行，而你相信詹森，」我說，「全都因為昨晚那句話，『我沒有選擇參選』。」

「他說什麼我都不信，」窮格倫威爾說，「這可能是什麼花招。國際貨幣情勢依然惡劣。但那又怎樣，這依然是一場新局勢。真相是什麼不重要；重要的是其他所有人怎麼想。每一檔你知、我知的基金，都將擠進來了。我們開始打電話吧。」

於是我們開始打電話。窮格倫威爾以170美元的價格下單2萬股的巴勒斯（Burroughs），一共340萬美元。在窮格倫威爾的筆記裡，他曾經以150美元價位買進巴勒斯，但這是新局勢。窮格倫威爾也試著在140美元買一批莫霍克數據（Mohawk Data），以及為了買一批控制數據（Control Data）而出價。這些股票曾經幫助窮格倫威爾去年在場外急起直追。股市開盤了，我們在等待第一批2,000萬美元的資金開始下單時，在電話裡跟全國各地的經理人說長道短。

「喔，今天早上我們可能會少量購買，」一位西岸外籍居民冷靜地說。他非常冷靜，早上5點就到辦公室練習下單。「其實呢，我們上周買了不少。」

「我明白這整起事件的歷史如何形成了，」我告訴窮格倫威爾，「如果股市本周上漲，代表上周所有聰明人都買了。」

「少量購買，見鬼了，」窮格倫威爾說，「我聽說他現金滿手。我賭他正在對我的巴勒斯出價。」

窮格倫威爾打給他為巴勒斯挑選的證券行，股票經紀人說巴勒斯還沒開始交易，控制數據和莫霍克數據也是。交易廳裡擠滿買家，沒有人要賣。一時之間，大拍賣市場必須暫停。窮格倫威爾開始咬指甲。他再次打給證券行，把出價提高到172美元。

「對交易廳來說，像今天這種日子是可怕的大單。你試過大宗交易券商（block houses）嗎？」

大宗交易券商是華爾街的公司，他們撮合萬股以上的大筆交易，就像窮格倫威爾要買的3萬股。我們打給兩家大宗交易券商，一家認為能以200美元價格幫窮格倫威爾買到3萬股巴勒斯。「強盜、小偷，」窮格倫威爾說，「比星期五多100萬美元，你當100萬美元是長在樹上嗎？」

股市首批數字出爐，成交量創下新紀錄，股市開盤就上漲17美元。

窮格倫威爾說：「看，他們全擠進來了，這些貪婪的混帳。」

巴勒斯的券商回電。巴勒斯的成交價是184美元。一開盤就跳漲，意思是沒有一次上漲一、兩點，而是一下子就比前一次的收盤價高了15點。「笨蛋，」窮格倫威爾說，「他們以為一夜醒來和平就來了嗎？他們不知道韓戰在開始談判之後，還要繼續打兩年嗎？好吧，我會接受184美元。」股票經紀人說他會再回電，而且幾分鐘後他就打來了。

「我在184美元買進多少？」窮格倫威爾想知道。

「一股都沒有，」股票經紀人說，「巴勒斯成交價是189美元。」

「瘋了，」窮格倫威爾說，「試試188元能不能買到吧。」

窮格倫威爾研究過巴勒斯，一直擔心電腦作業何時能開始盈利，甚至試用了一台新的電子會計機。他謹慎地考慮願意以什麼價位買這檔股票。現在，在2小時以內，他對巴勒斯的出價從150、170、172、184到188美元，卻連一股都還沒買到。他回撥給股票經紀人。

「我現在有幾股巴勒斯了呢？」他問。

「一股都沒有。巴勒斯現在是191美元。」

午餐時間到，我們派人去買三明治。成交量每分鐘都在創紀錄，電話燈每30秒就會亮，窮格倫威爾的莫霍克數據和控制數據也高出他的出價。

「我的天啊，」窮格倫威爾說，「已經12點半，而我的現金還有4,200萬美元。」這是真的，窮格倫威爾一直追著他的最愛，但它們跑得更快。他連一股都還沒買到。

「今天的盤太極端、跑太快了，」窮格倫威爾說，「我們等回檔時再挑點東西買，一定會有人獲利了結。」

價格是有回檔，在1:30前後，大約持續3分鐘。窮格倫威爾正在吃他的培根、萵苣和番茄之類的，所以錯過了。而當你得花掉4,200萬美元時，短短3分鐘的回檔對你用處不大。現在窮格倫威爾開始著急了。

「這個國家今天所有的基金都會漲3%，」他說，「他們本周會上升8%。兩周內上升15%，而我手上依然只有這一大堆天殺的4,200萬美元現金。」窮格倫威爾在記事本上寫下4,200萬美元並瞪著這數字，一副跟這數字有仇的樣子。「我知道了，」他說，「對沖基金放空什麼，我們就買進。」

就像你知道的，對沖基金在股市裡兩邊都操作。他們藉由賣空一些股票，同時買進其他股票來增加他們的槓桿。股市大漲時，顯然他們不得不買回一些賣空的東西。我們打了5通電話找出哪裡有人在做空，現在我們可以買進一些我們知道空軍一定得買回的東西，讓他們吃點苦頭。我們打給一家對沖基金，只是為了閒聊。

這家對沖基金有被害妄想症，它拉起吊橋，在城牆上潑熱油。它有自己的麻煩。交易量依然在締造新紀錄。

「我有個朋友正在買牧羊場，」窮格倫威爾嘆氣，「這將是更平靜、更有生產力的謀生方式。」

「依照你的時間安排，」我說，「你會賣掉所有的羊，當每個人都準備買進羊排時。」

「我們得買點**什麼**，」窮格倫威爾說，「我無法滿手現金坐在這裡，看起來會很蠢。他們會把我丟出績效基金協會。拿起電話，蒐集一些消息，我們將買進消息。」

蒐集消息沒花很多時間。有個消息說，「我聽說XYZ即將賺4美元，但是華爾街還沒察覺。」別管為什麼。明天就沒有股票可買了。

於是我們買了，買了又買、一買再買。電話鈴響，等候鍵被按下，通常會引發一陣喧嘩。那天結束時，我幫窮格倫威爾在交易廳的暴風雪中買到一些股票。其中有窮格倫威爾從沒想過要買的股票。唯一沒買到的是他一直追高的股票，他讚許的潛力股：巴勒斯、控制數據和莫霍克。

「這**到底**是什麼？」他說，「聯合**碳化物**（Union Carbide）？一家垂垂老矣的公司？你瘋了嗎？10萬股的聯合碳化物？」

10萬股的聯合碳化物是很好的大宗股票，大約400萬美元。

「我沒買任何聯合碳化物，」我說，「我按了那位先生等候鍵，我以為你跟他談過了，當時有4線電話同時在響。」

「我從不買聯合碳化物，」窮格倫威爾說。「我才不會買聯合碳化物這種退休的老母親。」

「嗯，我也不買，」我說。我們彼此互瞪，然後一起瞪著一張被擦得模糊、有鉛筆字的紙條。

「它跟著我們回家了，」窮格倫威爾說。「真是見鬼了。出去弄點溫牛奶和一條毯子吧。」

誤打誤撞的操作績效

隔天，《紐約時報》的記者致電給窮格倫威爾確認大量股票。窮格倫威爾很快就意會過來，而且他早有準備。「我們的基金，」他說，「不追隨大眾恐慌搶購的熱門股，像是巴勒斯和控制數據。在焦慮時刻，我們尋找價值。例如聯合碳化物增建的工廠設備讓它很有吸引力。在經過地毯式研究後，我們相信，這些化合物準備好要翻轉了。」後來你知道的，《新聞周刊》將會引述窮格倫威爾在這段騷亂時期對於價值的談話，又多了4家基金買進碳化物。政治家格倫威爾登場。

頭條新聞建立了因果關係：和平的希望刺激市場，繁榮的經濟推升股市。但是大搶購恐慌背後真正的推動力並未出現在頭條新聞中，而是在一個統計數據裡。3月22日，大搶購恐慌開始的8天前，共同基金把自己格倫威爾化，將34億美元的資產變現，只因情勢看起來十分晦暗。這34億美元比「常態」多出10億美元，而且還沒算上所有開始玩激進績效遊戲的退休基金、大學和基金會。激進績效遊戲的目標是奪得第一，買進上漲最多的股票；要買在底部，你首先得先賣，這樣想買的時候，才會有現金可買。自然地，不是人人都能第一個重返股市，而當戰爭與政治情勢有了巨大變動時，無論是往上或往下震盪，波動都可能達到恐慌的程度。市場只是缺少觸發大搶購恐慌的扳機。

「績效」是基金界的新詞，但是喜歡快速獲利並不是新鮮事。1935年時，我們的凱因斯閣下就寫道：

> 技術嫻熟的投資，其社會目標應該是戰勝籠罩在吾人未來上頭的、時間與無知的黑暗力量。但如今，技術最嫻熟的投資，實際的私心目標卻是「搶先成交」，美國人說得好，這就像是騙過大眾，把不好或貶值的半克朗硬幣轉手給其他人。
>
> 這場先發制人的鬥智，就此成為好幾個月常見的估值基礎……甚至不必由大眾中好騙的人來餵養專業人士的無底洞；專業人士可以自己玩。也不必讓人人都得維繫他對傳統估值真的長期有效的簡單信念。這

麼說吧，因為它是搶快、老處女（Old Maid）[49]、搶椅子（Musical Chairs）的遊戲——這些都是消遣，勝利者會說搶快不會太快也不會太遲、會在遊戲結束前就把老處女傳給下一位，在音樂停止前坐到一把椅子。這些遊戲可能刺激又好玩，雖然所有玩家都知道老處女不停地被轉手，或是音樂停止時，有些人會發現自己沒有座位。

有時我納悶這些出自《就業、利息和貨幣的一般理論》（*The General Theory of Employment, Interest and Money*）的句子，將來會不會喪失效力。這遊戲確實過去是、現在也依然刺激又好玩；震盪越來越短、波動越來越激烈。造成這一切的不是新聞，而是氛圍、趨勢和心理學。有些市場哥白尼或許會說新聞一直都沒變，是我們的觀點變了。

49　譯注：英國維多利亞時期流行的紙牌遊戲。

2 為1,500名投資專業人士舉辦的失敗團體治療

詹森總統演講後的7或8個月，漲跌越來越劇烈，賺錢越來越輕鬆。和大眾交易的證券行開了新分行，為了找銷售員翻遍了鄉間。所有股票都從5元漲到50元，當中有一大堆，名稱都帶有「電腦」，或是暗示與「數據處理」有關。還有一些是速食、漢堡或雞肉之類的特許商業機構；也有連鎖療養院，因為我們突然發現老年人是個蓬勃的產業。蓄著短髭鬍、身穿梅勒丹德利（Meladandri）襯衫的年輕人去跟其他蓄著短髭鬍的年輕人說說話，就把5,000變成50萬美元。年齡是一大障礙，超過30歲的人無法理解股市。而人人都知道這將有終結的一天。

一本大量發行的雜誌請我為它的讀者解釋現在是什麼情況。我浮現了以下的費里尼（Fellini）[50]場景：

> 我們都在一場美好的舞會裡，每個杯子裡的香檳都冒著泡泡，夏日微風送來輕笑軟語。我們知道，照規定，到了某一刻，黑騎士就會從露台破門而入，大肆報復，讓倖存者潰散。那些及早抽身的人都會得

---

50 編按：義大利經典名導演，電影風格獨特，以混合夢境與藝術氛圍影像聞名。

救，但舞會太華麗，沒人捨得走。當還有時間時，人人都在問：「現在是什麼時候？」但所有的時鐘都沒有指針。

黑騎士真的來了，當然，多數賓客都還在舞會上。在這篇文章裡，我會說明市場對具有歷史感的人來說完全不合理。因此，參與市場的方式是雇用一個小伙子。年輕人會去買這些漲10倍的股票，其他人則是會嚇死。而租用一位年輕人只需每小時1.5美元加上食宿，周末還包了修剪草坪。這種反諷效果不彰，而且代價實在太低了。就在1968年大搶購恐慌之後，我進行了一年一度造訪哈佛商學院投資課程之旅。我問那個班，有多少人打算去華爾街。舉起的手好似一片森林；過去通常他們多數想去寶僑（P&G）或通用汽車（GM），而今日已並非如此。然而，他們當中沒有人想要做時薪1.5美元的工作，還外加周末除草。他們想的可能是，第一年2萬美元的起薪大概還行。比較喜歡投機的人想掌管對沖基金，賺走獲利的20%。畢竟他們這一整年都在課堂上進行紙上投資組合，而且整個學期績效都好極了，他們分析了複雜的企業募股說明書，有些還已經自己進場過2、3年。到第3堂課時，我變得有點不耐煩，顯然這位老頑固不合時宜，徹底過時了。有些學生已經在對沖基金工作——肯定已經持續一年——有些拿到可觀的起薪。這種情況如今不再司空見慣，但當時機構正處於擴張和招募人員的氛圍裡。

這些機構——共同基金、投資顧問和捐贈基金——已經被新世代接管了。老一代的專注於保護本金，然而通膨已經造成嚴重損失。所有基金會裡規模最大的福特基金會（Ford Foundation）的麥喬治·邦迪（Mc-George Bundy），發表了一番令人難忘的抨擊言論。

> 我們發現非傳統投資的風險，但是處理資金時，績效的真正考驗是成績紀錄，而非值得敬佩的見解。我們的初步感想是，長期而言，謹慎會讓我們的大學所付出的代價，大於輕率或過度承擔風險。

福特基金會捐很多錢給大學院校，邦迪的聲明被認真研讀。多數捐贈基金的目標，確實是受尊敬而不是績效好，但如今這個暗示已經很明顯了。沒人應該因為謹慎被抓，所以大學院校賣了部分債券、提高股票部位。他們告訴他們的投資顧問，要尋找小型成長股，就像那些在過去10年，把羅徹斯特大學從默默無聞變成全美第5富裕之地的企業。共同基金在他們自己的比賽中出局了，因為業務只能兜售前一年的績效。銀行的信託部門有點垂頭喪氣，因為信託的法規要求他們謹慎，但是就連謹慎的定義也變寬鬆了，他們當中有一些人為了績效，開辦了特別股權基金（special equity funds）。

法人紛紛搶進的好股票？

所以助長這波漲勢的，不光是貪婪的散戶在火車或理髮院之類的地方留意小道消息；沒有一些機構的推波助瀾，不會有市場熱度。

舉個例子。銀行家信託（Bankers Trust）、摩根保證（Morgan Guaranty）、奇異（General Electric）退休基金、北方信託（Northern Trust），以及芝加哥、哈佛和康乃爾大學的捐贈基金，還有大陸伊利諾州銀行（Continental Illinois Bank），都買了全國學生行銷公司（National Student Marketing）。這絕對不是完整的清單。蔡至勇是沸騰年代最初的績效代表人物，在他的曼哈頓基金公司中也持有12.2萬股。這檔股票還得到以下老牌企業的推薦：基德投資銀行（Kidder, Peabody）和伊士肯迪隆化學公司，還有勞勃．史考特及其同名公司（Roberts, Scott & Company）、威廉．蘭利及其同名公司（W. C. Langley & Company）和洛威及其同名公司（Loewi & Company）等等。34歲、才華洋溢的寇特斯．藍道爾（W. Cortes Randell）把全國學生行銷公司彙整起來，他自己的財產淨值就有5,000萬美元的股票、一架6人座里爾噴射機、可以睡12個人的55呎長遊艇、一間位於華爾道夫（Waldorf）的高級公寓，三輛汽車、一輛雪地摩托車，以及證券分析師與交易人對他的全神關注。在「消息」市場，藍道爾有一個觀念，能讓急切的分析師細細思量。

全國學生行銷公司跟校園裡的學生簽約，進行市調、發送樣品，以及張貼海報，是開發「青年市場」的特許經營權，美國介於14到25歲之間的人口高達4,000萬，每年會花掉450億美元。有了華爾街認購者與「交易人」的領軍，全國學生行銷公司在1968和1969的會計年度收購了23家公司，包括一家旅行社、一家以青年為主要對象的保險公司、一家大學畢業戒指製造商和一家大學啤酒杯製造商，收購的錢來自以150倍本益比出售自家股票，貨真價實的超級貨幣。即便價格這麼高，券商依然推薦這檔股票「具有長期投機的吸引力」：

> 社會發生強勁的變革，至少部分原因是當前高度發展的校園團體，不斷成長的力量與影響力……市場專家忽略了……學生的經濟力量。在企業銷售產品或服務給客戶，以及青年市場的購買力之間，全國學生行銷公司是彌平世代鴻溝的先鋒。

寇特斯・藍道爾在全國各地宣傳他公司的福音，報告該公司淨利已經來到320萬美元，將來還會更高。

《巴倫雜誌》（*Barron's*）多疑的專欄作者艾倫・艾比森（Alan Abelson）完成了他一向明察秋毫的職責。全國學生行銷公司在1969會計年度的獲利，包括已經完成收購、但該年尚未參與營運的3家公司，以及5家一直不同意合併的公司。艾比森將營運成果扣除了新公司，非常簡單的算數，結果是60萬美元的虧損，而非320萬美元的淨利。

股價繼續漲。公司總部有健全的中階管理層——約60至70人那麼多，新點子的力量源源不絕地湧出，加上顯然沒有節制的費用帳戶。只是在校園廣闊的綠草地那邊，不是所有的校園代表都依照承諾貼上海報。肯定有些人跑去打籃球了，或是在交易大麻，而不是進行全國學生行銷公司批准的業務。整體活動的維持成本越來越高昂，部分校園商品徹底失敗，直接郵寄廣告的活動是一場災難。這家公司沒有輝煌的獲利，反倒在1970會計年度單單第一季，就虧損了150萬美元。全國學生行銷公司的股價則從36元跌到1.5美元。

我沒去查摩根銀行怎麼處理它的股票，也沒去查北方信託、大陸伊利諾州銀行、銀行家信託、曼哈頓基金，以及芝加哥、哈佛和康乃爾大學。麥喬治·邦迪和福特基金會再也不能指控上述這3所大學過度謹慎了。

也不必單單挑出這3家大學的捐贈基金，幾乎所有投資機構都有類似的持股；佛蒙特（Vermont）和雪城（Syracuse）大學持有四季療養院的股票，這檔股票在非常短的時間內就從91美元變成破產歸零。1970年，歐柏林學院（Oberlin）的捐贈基金，股票部位的市值下跌了25%；1967至1968年間，天普大學（Temple University）將其投資組合中的股票部位，從35%拉高到85%，當問到它情況如何時，費城吉拉德信託（Girard Trust）的投資顧問說：「很慘烈。」

專業人士們的團體治療

舞會舒暢愉快，提早離場的專業人士很少。而且，雖然賠掉的不是他們自己的錢，他們也不會有好心情。他們喜歡競爭，他們當中的多數人喜歡把工作做好。於是我想舉辦一場產業會議，我們可以好好討論是哪裡出了差錯。

我在投資圈裡的工作之一、也是我喜歡的一項工作，就是擔任研討會和大會的主持人。有一場特別的、一年一度的會議，會吸引最多的銀行信託部主管和基金經理人。我們集結了拿到最佳獲利成績的投資人，請他們說明是怎麼樣的深刻觀察令他們成功，他們剛買了什麼股票會讓觀眾也想要買，以及他們對未來的展望為何。當然，不見得每次賺到最佳獲利的人才，都會被排進專題討論小組。他可能冒了不適當的風險；他明年可能會跌90%；他可能相當於連續51次丟銅板都丟出頭像。無論如何，人進來了，來到講台。我還沒見過有誰不擅長表達，事實上，多數人都願意評論外交政策、經濟政策、社會學上的變遷以及其他主題（通常是為艾瑞克．賽瓦雷德〔Eric Sevareid〕[51]保留）對投資的意義。我輕輕刺激一下專題討論小組已經成為一個小傳統，讓他們想起其他時間或許曾向我吐露的變質股票——就像一名羅馬雙輪戰車上的奴隸，被發配給頭戴勝利花冠的征服者時，在他耳畔輕語：「榮耀轉瞬即逝」。

在經過一年的大熊市後，如果有之前的贏家願意起身懺悔

51 譯注：美國新聞記者。

他們的罪，我想這會是一次美好的心理淨化。畢竟在座的每一位專業人士，都揣著一些黑暗祕密，就是被他丟在男廁擦手紙容器後面、希望沒人會注意到的，他自己持有的大批全國學生行銷股份。這些專業人士就在那裡，揣著尚未懺悔的罪行四處走動。誰能對這群集體無意識的投資圈，說出這些傷害是如何造成的呢？

於是我心裡想著，要為1,500名專業人士辦一場集體治療課程。之前的贏家會起身面對觀眾，不但說出他們買了全國學生行銷公司的股票，還依舊持有它們——免得有人想買——此外，他們還把股份放在子女的戶頭。在匿名戒酒會（Alcoholics Anonymous，AA）上，如果面對同伴，你能說出「我的名字是約翰．瓊斯，我是個酒鬼」，你就算是展開療程了。我的會議不但會使懺悔者受惠，觀眾也會感同身受，並身歷其境。有些人可能會受到感染，從他們的座位上起身，哭喊道：「我買了四季療養院！」觀眾會以相當於商學院的「光榮！」來回應。人人離開時都會覺得得到淨化與釋放。

有段時間進展順利。兩位之前的贏家耐著性子說了自己做了什麼，以及之後不會再做。他們對歷史不會再這麼以管窺天：對歷史以管窺天的那個人說，衰退時你不會賣掉好股票，因為它們的價格會馬上回檔。無論掛多大保證，他們都不會再陷入流動性不足的困境。他們不會再愛上股票了，不會再原諒第一次下跌，然後是第二次，然後一路跌一路抱。

「我們沒有關注到，」有個人說。他是在說人人都在關注

10至15檔股票，卻沒有關注越南、柬埔寨、聯準會、華府和全世界。另一個人說，如果有人說「股票只有限量供給」他會大笑出聲。還有一個人說他會不理會他的顧客或潛在顧客，尤其是當你對股票看跌時，會說「等你更樂觀一點再打電話給我」的那種客戶。

巴伯森的惡棍清單

觀眾們舒適地窩在椅子上，熱情且反應熱烈。一切都很順利，直到我點名大衛・巴伯森。我應該更清楚接下來會發生什麼事情的。巴伯森是個抗拒傳統、親切友善的新英格蘭人，領導全美第6大投顧公司，當時他剛滿60歲。多年來他一直在說教，他曾說股市正在變成「一場全國的擲骰子遊戲」。他曾告訴其他團體，如果罪惡沒有停止， 如果整個龐大的「按注分彩的賭局」沒有停止，政府將會介入。

巴伯森曾告訴我，當他把投資佳績帶回麻州格洛斯特（Gloucester）的家族農場時，菜園裡的父親並不開心。巴伯森一家是1630年移民的新英格蘭人，但他們是傳統北方佬，不是婆羅門（Brahmins）[52]，除了經營農場，巴伯森的父親也是當地的獸醫。巴伯森在田野間走了一段路，告訴他父親這個消息。他父親說：「很好，但你已經到家10分鐘，卻還沒穿上你的工作褲。」

52　編按：指出身美國東北部州的上層精英家族。

巴伯森並不總是在碎唸絮叨；事實上，他的每周一信，證明他是個興高采烈的樂觀主義者，在周遭意見暮氣沉沉的40年代晚期看好美國。他會開始一周一信是因為，他在1940年開始當顧問時「門外無人排隊」。在巴伯森看來，最該珍視的美德是努力工作與常識——不是聰明伶俐，而是常識——長期而言，這些美德終將勝利。巴伯森宣讀了一份11名罪犯的清單，這我之後再說明。我是在問了這句話之後點名他的：「股市這麼惡劣，是因為專業人士嗎？」

「當然，」他說，「專業人士責無旁貸。專業人士理應知道如何管理投資標的，卻被投機引誘。」

「你認為，我們對這種情況該當如何？」我問。

巴伯森透過他的眼鏡看著觀眾。

「你們當中有一些人應該離開這一行，」他說。

現場發出尷尬的笑聲。我問他是否有想到一些人。

「我說過，我不認識在華爾街附近有辦公室的人。」

「他們當中有一些人坐得很近，」他說，「當一個很有可能開新戶的顧客問他期待多少成長率，而我們告訴他10%時，他說其他人承諾他一年20%，我們問他是哪位佛瑞德（Fred）給的承諾。」

就這麼巧，有個非常有名的激進投資組合經理人就叫佛瑞德。我們也有一個，在另一場大會中跟我們坐在一起。（後來，每一位佛瑞德都表示憤怒，因為得忍受跟其他佛瑞德歸為同類。）

「太多個佛瑞德了，」我聽見巴伯森嘀咕，然後他說，「一個把帕文．多曼公司（Parvin Dohrmann）放入顧客帳戶的經理人，是否該容許他繼續給任何人投資建議？」帕文．多曼從142美元跌到14美元了。

「我這裡有一張清單，」巴伯森說。他掏出來，並開始朗讀。

「四季療養院，」他說。「最高91美元，最低破產。任何抱著四季睡覺的人——」

「大衛，」我用麥克風和緩地說。觀眾開始窸窸窣窣，你能察覺原本良好的氣氛發生變化，水壺開始緊張地叮噹作響，水杯與座椅碰撞的雜音也越來越大聲。

「聯合娛樂公司，」他說。「最高25美元，最近股價是1元。海納國際集團，最高80美元，最近股價是7元。無與倫比（Unexcelled），最高68美元，最近股價是4元。全是大機構的最愛。」

「別唸那張清單，」我說。

觀眾的椅子開始刮出刺耳聲，我的集體治療課程已來到窮途末路。要是會被指控有罪，就沒人會起身懺悔。

「電腦管理支持公司（Computers Management Assistance）」，巴伯森說，「46美元跌到2元。列文湯森公司（Levin-Townsend），68美元跌到3元。」

「大衛，」我說，「你已經超出觀眾的痛苦承受門檻。」

他停止了。觀眾一片死寂。好吧，我記得當時心想，或許淨化無論如何都是個錯誤的點子，也許**落在憤怒之神手中的罪人**更合適。

「真謝謝你，強納森・愛德華茲（Jonathan Edwards）[53]，」我說。

沒人為巴伯森鼓掌喝采。

有觀眾提問。對巴伯森來說是一個哀傷的問題，這顯示我最初的點子至少有獲得理解。

「你能否講出一個你犯過的錯誤？」提問者問巴伯森。

這問題得到喝采。

巴伯森說，如果他努力挖，是能找出幾個，但沒有嚴重的。巴伯森的基金花了7年時間成長為2倍，其他人只花了幾個月，不過當其他人煙消雲散時，他屹立不搖。

「我老闆問我，我的策略是什麼，」他說。「今年跟往年一樣。都是運用我們的常識。」

我問其他贏家，這場遊戲是否會捲土重來，他們都說遲早會的。除了巴伯森。

「美國金融史上，沒有比1967至1969年這段時間更大的陰謀詭計了，」他說。「它像1929年毀了一整個世代那樣，毀了這個世代，要再過非常非常久，才會再度發生。」

「我1932年開始上班時，」巴伯森後來說，「煉鋼廠的產能是8%。我還記得當時交易市場非常悠哉，交易所大廳甚至有

53　譯注：美國知名神學家，最知名的講道即《落在憤怒之神手中的罪人》。

人在打球，而盔甲公司（Armour）被釘死在一股4美元。」

「戰後，我推銷成長股的時候，今天的績效經理人們還在嬰兒圍欄裡呢。美國普查局（The Census Bureau）預測美國人口會達到1.65億人——在1990年！我當時是激進青年，也許我現在是個脾氣壞的老頭子了——時代變了，經濟情勢也變了——但是另一群人也將在嬰兒圍欄裡長大，而在你捲土重來之前，傷疤得先癒合。」

我說這相當樂觀。

「或許，但常識將會長遠地幫上忙。」

以下是巴伯森的惡棍清單：

（1）企業集團運動，「以花言巧語包裝**協同作用**（synergism）和舉債經營。」

（2）會計師和推銷股票的管理層暗中勾結，把根本不是盈餘的盈餘，歸在利潤的類別。

（3）「摩登的」企業財務主管，把公司的退休基金當成賺錢的新大陸，向他們的投資顧問施壓，要他們隨之起舞，一起投機。

（4）投資顧問屠殺客戶的投資組合，因為他們試圖達成他們為了招攬生意而給予的過度承諾。

（5）新品種的投資經理人，他們購買與炒作史上最糟糕的新發行股和其他垃圾之組合，以及靠著發行新股致富的承銷商。

（6） 一群新手被財經媒體力捧為新投資大師，但他們甚至沒有管理他人錢財最需要的責任感。

（7） 證券銷售員用最棒的消息——或是最大的漲幅——來兜售股票，儘管這些股票一點也不符合顧客的需求。

（8） 大型投資公司偽善的合夥人，對著可恥的事件焦急地搓手，同時卻部署一支未受訓練的銷售大軍，去搜刮受到更少財經訓練的投資人。

（9） 共同基金經理人企圖一夜變成百萬富翁，用盡所有想像得到的花招來製造他們的紙上績效。

（10） 投資組合經理人蒐集「正面我贏、反面你輸」這種無論如何都會賺錢的成功誘因，這在牛市幫助他們致富，卻在熊市讓他們所管理的投資組合變成災難。

（11） 證券分析師忘了職業操守，變成說謊家，讓他們的機構被一群過度自信的人所矇騙。

巴伯森說，這是「我們這一行的人，為40年來最慘烈的大屠殺做準備，所擬的恐怖清單」。愛達荷州波卡特羅市（Pocatello）的醫師不是自己想出購買液體學工業（Liquidonics）和米妮珍珠炸雞（Minnie Pearl）的點子，大街上那位仁兄也不是自己決定要買「新的黃金國（El Dorado）共同基金，這檔基金已經流失了一半的資產淨值。」

好吧，這份惡棍清單相當可觀。我有一種感覺，在巴伯森所在的新英格蘭地區，要你不根據常識買進股票，就像在村子中央的綠地上呆滯躺著的人，讓你渾身不自在。回想起來，巴伯森的清單沒啥毛病，除了惡棍們有所重疊，以及把這一切都視為是這個產業內的暴行。如我們所見，確實有部分大惡棍幫忙推波助瀾：投入資金有去無回的越南戰爭，與隨之而來的通貨膨脹，以及該為此負責的人；還有證券產業的過時結構，以及該為此負責的人。巴伯森11種惡棍清單裡有4種是犯了這種或那種罪的投資經理人，還有一些是證券業裡的其他職務——漠視其職責的合夥人、分析師、銷售員。

我在這裡引述巴伯森的清單是為了顯示這一行裡有許多互相指責的情形，如果你有不為人所知的創傷，許多專業經理人也都有。如果你買了「黃金國共同基金」，你可能也跟那些經理人一樣受傷了。

擲骰子般的基金績效

這就帶出一個重要的論點：假設這些業務都跟聯準會和市場有關，而市場震盪讓你太緊張了；假設你想把一切交給專家打理，你走進你的銀行，讓他們來管錢；或者你買了一檔共同基金。你會怎麼做呢？（必須指出，畢竟，許多基金都不是「黃金國」基金，而且根據市值計算，大多數美國證券公司都是成熟的公司，而不只是推銷哄抬的產品。他們或許不會為投資人創造收益，但這也許跟其他原因較有關係，他們自身的基本特質，以及更廣泛的市場力量。）

一個簡化的答案必須早於根據統計的答案出爐。如果你買了一檔上漲的基金，你做得很好。是有這樣的基金。如果你買了一檔下跌的基金，你表現很差。也有這樣的基金。而有的銀行為人賺錢，有的銀行令人賠錢，投資顧問也是一樣。這個論點帶出了一個明顯的理由：你得拿這些錢做點事，但拿來投資不表示你必須成為中位數或是平均數。有些人在前，有些人在後，而人人都希望更靠進前者而非後者。

現在來說說資料來源。關心這類事情的業內人士很熟，包括公認的：《證交會機構投資者研究報告》（*The Institutional Investor Study Report of the Securities and Exchange Commission*），尤其是卷2；貨幣總稽核辦公室的《總稽核報告》（*The Comptroller's Staff Reports*）；《銀行信託：投資與績效》（*Bank Trusts: Investments and Performance*）；以及幾家學術機構的著作，尤其是賓州大學華頓商學院的金融系。後者以其統計工作最為知名：由20世紀基金（Twentieth Century Fund）出資發行，書名為《共同基金和其他機構投資者》（*Mutual Funds and Other Institutional Investors*），作者是艾文・弗蘭德（Irwin Friend）、馬歇爾・布蘭姆（Marshall Blume）和琴・克羅克（Jean Crockett）。此外，有一些很偏數學與統計的學術論文，發表在專業期刊上，像是《美國經濟評論》（*American Economic Review*）和美國統計學會的報告等等。你也可以從這些基金管理的理博電腦（Lipper computer）抓取你要的樣本，因為這些都已經完成，而魏森堡（Weisenberger）的統計數據來自機械時代。由於諸多理由，這些資料出版時我都已經讀過，而且我必須跟這些作者對談，儘管並不深入。

以下兩段引文是一種防禦性手段，理由是——你或許已經猜到——不算什麼好消息，要是我說一個高薪經理人所管理的基金，績效跟完全隨機的投資組合是一樣的，有些薪資優渥的經理人，可能會在機場轉運線上來堵我。但統計就是這麼說的，而我們和大一課程的老朋友，隨機漫步者，一起回來了。以下是艾文·弗蘭德所帶領的華頓商學院研究的關鍵句：

> 幾乎所有已經發表的政府與學術研究都顯示，共同基金的投資績效，整體而言和股市整體的績效無甚差別。

華頓研究比較了共同基金和紐約證交所隨機的投資組合：

> 1960-68年期間，共同基金整體績效似乎比紐約證交所隨機分配的投資組合更差，但是低風險的投資組合除外，績效比依照比例隨機分配的投資組合更好。

在跟基金比較時，沒必要比較——隨機的投資組合是否經過加權（華頓的人員兩種都試了），以及所謂的貝他（Beta）

係數或波動程度。在華頓研究的某些時間段裡，風險較高的基金——那些巴伯森嚴厲指控的對象——對基金產業的整體績效有幫助。由於華頓研究在1969年9月畫下休止符，就在這些基金遭受最大的交易損失之前，於是有種顯而易見的猜測是，如果你把現在也納入研究中，結果也是一樣。這些統計數據不包括基金的銷售佣金（如果有的話），因此，如果你必須支付佣金，你的績效會落後更多。

換言之，隨機的投資組合，績效和一般的共同基金一樣好。芝加哥的夏里斯信託銀行（Harris Trust）試了另一種方式：拿基金跟道瓊工業平均指數和標普500指數比較，比較到1970年為止共20年的績效。其中有一半時間，普通股基金的中位數敬陪末座，落後指數。「沒有證據，」弗蘭德教授說，「顯示任何類別的基金能夠打敗指數。」

當然，你在現實中無法購買一檔在統計上隨機構成的投資組合，儘管你的投資組合看起來或許很隨機，你也不能購買道瓊工業平均指數或是標普500指數。如果你打算買基金——或是相當於銀行管理的普通信託（common trust）[54]的部分份額——你必須買下來，並期望你的基金或銀行夠頂尖而不是墊底，能協助團隊戰勝隨機的績效。

從潛在的基金投資人觀點來看，華頓研究起碼還有一個重點。經風險調整後，基金績效在某段時期與別的時期相比，相

54 譯注：是一種不同於股份公司的委託經營。受托者占有財產、經營企業，而股東是信託受益人。

關性為零。用弗蘭德教授在這份研究中的話來說就是：「同一檔基金在多段的連續時間裡可能沒有一致性。」

換言之，一檔在1966、1967年績效良好的基金，到了1969和1970年，可能就表現不佳了。

這很重要，因為許多新投資人是在過去的5、6年間，第一次購買或賣掉基金。最快從投資人手中募集最多資金的基金，是那些具有短期最火紅紀錄的基金。在1967、1968年買進前1、2年漲幅最高的基金的人，其表現是不尋常的悲慘，比任何統計權（statistical right）所該期待的績效都更慘烈。蔡至勇的曼哈頓基金在1967年上漲39%，之後一路跌，1968年跌6.9%，1969年10.15%，1970年36.80%。直布羅陀成長基金（Gibraltar Growth Fund）在1968年績效排名第3，1971年是481名；它承認失敗，並由路易達孚公司（Dreyfus organization）接管。保險投資人基金（Insurance Investors Fund）在1968年績效排名第4，1971年是317名。夥伴基金（The Mates Fund）1968年在某些有爭議的績效榜單上排名第一，1971年則是516檔基金中第512名。（統計數據由亞瑟．理博公司〔Arthur Lipper Corporation〕提供）。

結論顯而易見。如果你想買一檔基金，就買了不要賣。有報刊雜誌——其中包括《富比士》（*Forbes*）——針對各種類型的市場，為基金多年期的績效進行排名。判斷績效紀錄，你真的需要多看1或2年。有基金或基金管理公司，多年來都為他們的投資人交出好表現，無論市場好壞，都始終如一。還有獨立的投資顧問，他們的績效甚至更好。確實需要一點調查，但不需要花很多錢。

作為一個團體，專業人士在經歷這一切時並不享受。有些人甚至自己承受虧損，意思是：他們「畢業」了。

3 警世寓言：記住這一切，在你勝利的新時刻

蒙受更多虧損的通常是顧客，這就是那則流傳非常久遠的故事之重點。一位遊客被帶到海邊，並指著遊艇給他看——那是摩根的遊艇，那是顧爾德的，諸如此類——然後顧客說，「那顧客的遊艇在哪兒呢？」經紀人賣股票給顧客與為顧客買進股票，都一樣能賺錢，所以這並不重要。

這回不盡然都是這樣。顧客可能破產、淨值歸零，但有些股票經紀人甚至做到讓自己的資產低於零。

出清紅酒的百萬富翁

警世名單中我個人感觸最深的兩起事件，都沒有股票經紀人參與其中；我只是認識不夠多經紀人，因此不知道當時的經紀人們時運不濟。

某個夏夜，我跟一位男士一起喝一杯，他正要返回德州，他就是從這個地方發跡的，一個以慷慨大膽著稱的地方。短短時間內他就變得很有名，來參加過我們的一次研討會，是個快樂的新百萬富翁。現在他經營的對沖基金似乎已經灰飛煙滅，與其在紐約無所事事，他決定重返德州，看看是否能重新找回自我。我們聊了一些往事，他看了看錶。他說他最好出發去公

車總站了。**公車總站**？我不反對搭公車，但這是一段**漫長**的公車之旅，我提議借他41.05美元，這是搭經濟艙跟公車費用之間的差額。他回絕了。「我不知道還不還得了，」他說，「不管怎樣，這樣也能好好欣賞這個國家。」

不久後，我接到另一位男士的電話，我跟他打過照面但並不認識。他問能跟我私下談談嗎。可以。我聽說他公司發生的事了嗎？我猜是破產了。他說是的，他本人也是，他正在變賣他的藏酒。他知道我一向喜歡紅酒，所以自然就想到我。

蒐集紅酒就跟蒐集郵票、湯匙之類的一樣，是值錢的資產。在意紅酒的人不但能鑑別釀造年分，也曉得哪些酒在公開市場上已找不到。它們早被買走，而且許多都已經喝光，所以用任何價格都無法購得。我仔細聆聽，手上拿著鉛筆。等著他說出他有3箱，還有1箱被扣押之類的話。

「我有4瓶1962年的拉塔希（La Tâche），」他說。

「4箱拉塔希，」我複誦一遍。「很好。你希望用多少錢賣掉呢？」

「不是4箱，」他說。「是4瓶。我希望一瓶30美元。這價格很划算。」

「還有嗎？」我說。

「還有3瓶1964年的香貝丹貝日（Chambertin-Clos de Bèze）。」我開始感到心灰意冷。

「跟我說說箱子，」我說。

「我其實沒有成箱的酒，」他說，「當然，我能湊12瓶裝進同一箱，組成一個混合的酒箱。」

他唸了其餘的酒給我聽。都是好酒，顯然是在過去幾年精挑細選而來，但是都是單瓶。

「聽著，」我說，「這是非常好的組合。但即便把價格定得寬一點，你所有的藏酒也只值大約600美元。」

「650美元，全賣給你，」他說。

「你不可能破產到這程度，」我說。「在德州，一個人只能破產到剩下他的房子跟馬。這個國家應該有哪裡的法規，說一個人只能破產到剩最後20瓶酒。」

「我欠錢，」他說，「你要不要？我或許找得到別的買家。」

「如果我破產到只剩下650美元，」我說，「而他們來查封我的藏酒，在那天之前我會來到我的酒窖，轉開軟木塞慶祝，讓他們講個50年。」

其實我的提議只有：我會帶一大塊布里（Brie）起士，一些上好的法式麵包和瓶塞鑽，我們可以邀請一群好友，在門口收進場費，恰當地處理掉這最後的資產。

這個點子不被接受。有個買家出現，抬高價格——730美元，我信了——這位藏酒家眼看著他的藏酒一瓶瓶離他而去。

享受親子時光的操盤手

「你今天一整天在做什麼？」

我這樣問丹（Dan），丹在一家龍頭證券公司，同時操作機構帳戶和一檔機構內部的基金。他的背景無懈可擊：普林斯頓大學和哈佛商學院。他一直都在這家公司，做了大約7年，遇到大熊市時年近40歲。至少可以說，他的投資組合一直在波動；部分投資在這10年的初期表現非常亮眼，但代價是在更近期的股市裡震盪得更劇烈了。他的個人帳戶顯示真賭徒的傾向：股票槓桿不足（意思是獲利速度不夠快，除非他借更多錢來買）；通常他熱衷於選擇權，偶爾熱衷商品市場。當他是合夥人或者股東時，在公司裡，決議是——「共同的」，他說——他們應該分道揚鑣。

「起初很愉快，」他說，「我從未有這樣的休息時間，除了以孩子的利益為前提的度假等等。現在我每天接送他們上學，並幫忙採買。」眼看華爾街的災難與緊縮，我判斷沒有時間去找另一份工作了。我每天都看《紐約時報》。我是指**詳讀**。過去我花10分鐘瀏覽，現在光《紐時》我就能看3小時。我沒讓很多人知道我離開了——我不覺得說了能幹什麼。

「然後暑假時，我天天帶孩子去公園。暑假是假期，大家不曉得你的假是放在6月、7月，還是8月。所以他們只是以為我在放假。

「我面試了1、2次，但坦白說那個時間點去工作沒啥好處。我永遠都不會知道我有沒有被錄取，但我認為上的機會很高。可是他們要我搬家——一家去哈特福特（Hartford）[55]，另

55　譯注：康乃狄克州首府。

一家得搬到多倫多。我不想搬。此外，我開始自問，我的餘生想做什麼。也許我已經受夠了金融圈。也許我會去公部門。

「秋季有點難受。孩子們返校了，顯然我無法再坐在公園裡了。我又多面試了1、2間沒啥希望的公司。」

我問丹，他當時靠什麼過活，他說他慢慢賣掉部分持股，而且他賣了任職過的公司股票。他在股市裡轉了幾圈。我問丹的太太，他成天都在跟前的感覺如何。

「剛開始我很喜歡，」她說，「整體上來說也仍然喜歡。如果你的丈夫長時間全心投入在工作，偶爾還得出差，能一起吃午餐、幫忙採買和陪小孩很棒。但他有時心情低落，我跟他相處時必須非常小心，他可能會突然低落或生氣。對了，聊到《紐約時報》時千萬別反駁他。報紙裡寫什麼他都一清二楚。」

最後，在他跟他的公司分道揚鑣大概16個月後，丹成為某政府機構的財務顧問。他決定不再重返華爾街。

「那整個地方，」他說，「都是為撈錢而存在。而我想撈得比任何人都多，真正的累積財富。你不是真的需要那麼多錢。那到最後，意義何在？」

成功讓自己的資產歸零，或更少

如我所言，有些經紀人成功讓自己的資產低於零。讓他們顧客比這情況更加破產的唯一方法，就是讓他們能借到的錢比法律允許的更多。原理很簡單。某位男士在某公司上班，他盯著金蘋果，奮鬥多年後成為公司合夥人。他會加班到深夜，帶外地人（out-of-towners）[56]去看曲棍球比賽、土地估價、成立聯合會，或是做任何讓他能在特定領域成為合夥人的事情。到了某一天，其他合夥人們會來到他面前說，羅尼，你成功了，現在你每天上午11:00可以喝到用銀色托盤送來的現榨柳橙汁了。

會有一些法律技術。假設公司價值1,000萬美元，而他們決定讓羅尼成為1%的合夥人，他就該拿出10萬美元入股。之後，他就能開始賺非常可觀的股東分紅。當然，要是他拿不出10萬美元，合夥人會借給他，一種附帶的福利。

在最近幾次爭執中，公司陷入嚴重困境，經常要股東們拿出更多錢來。或是請來各方貸款人，而債權人的債務償還，優先於合夥關係的合夥人。如果心血付諸東流，公司可能會以極其不利的條件被併購，例如每張辦公桌1.50美元、每一把椅子75美分之類的，而合夥人一毛錢都拿不到。棘手的是，10萬美元的貸款依然算是羅尼的個人負債。這要是在古時候，他會被抓去債務人監獄，或是流放到澳洲。

有人引薦我認識一位倒楣先生，他在一家知名企業工作多年。但他的努力沒有獲得金蘋果的獎賞成為合夥人，後來他拿到另一家公司給他的機會，這回是成為古德博迪公司的合夥人。古德博迪欣然借給他成為合夥人的錢，有1、2年的時間，

56 譯注：指紐約市以外的人。

他獲得華爾街合夥人的可觀報酬。然後，如我們所見，古德博迪深陷困境，越陷越深，隨著越來越多的產婆與巫醫出手治療，美林以每桌1.50美元的價格併購了古德博迪。讓我們說快點，人人都巴不得美林這麼做，因為古德博迪規模很大，大到實際上沒有人可以吞下它。

我們的倒楣先生發現他失去工作——他是找到了另一份工作——帶著他簽了字的貸款。「我的生活很簡單，」他說，「我54歲了，有3個還在上學的小孩。我有工作，沒資產，而且還有54.5萬美元的債務。」

這種行為結果可以用一位男士的故事來說明，我們應該叫他菲爾。菲爾在一家零售證券龍頭做研究工作，45歲，年薪7.5萬美元。菲爾表現優異，他們讓他成為合夥人。為了購買合夥人的股份，菲爾拿出6,000美元——菲爾不是出身有錢人家——公司貸款3萬美元給他。公司當時有個資本帳戶，有400萬美元。唯一的問題是該公司的債務以幾何級數增加，數字顯示這家合夥企業的赤字越來越深，菲爾也是。

「我在東城有一間公寓，有3個上學的孩子，」菲爾說，「1970年的2或3月，公司的資深財務主管給我看了真正的數字，就連資深合夥人都不知道的數字。其實這家公司開始賠錢後，我們開始每個月都收到財報，列出每一位合夥人的虧損，底下還寫著**請匯款**[57]之類的話。」

57　譯注：這是個雙關語，Please remit也是「請寬恕」的意思。

菲爾試圖擺脫合約。「那時候，你在華爾街找不到律師的，」他說。「他們都怕被報復。最後我找到一個在《哈佛法律評論》（*Harvard Law Review*）認識的年輕人——他甚至不是律師——但我走投無路了。我欠公司35萬美元，光想到就覺得太荒謬了。我的意思是，我想著這件事，我依然在想；我連1,000元都沒辦法拿出來，更別說35萬美元了。」

這家公司破產了——說是重組了——而菲爾人生第一次發現，他現在無家可歸。

「當你被炒魷魚時，心理上會經歷許多事情。你開始懷疑自己的能力，懷疑各種事情。就算這樣，我還是比一些人好運一點。有一位合夥人已經繼承遺產，他全部的錢都得拿出來給公司，做次級的借方[58]。而過去他靠這筆錢賺進可觀的報酬，跟總裁一起打高爾夫，住在大宅院裡，擁有豪華轎車，還有專職司機，人生沒有一天為錢煩惱過。他太太62歲了，剛開始上班。**這樣的男人，怎麼會開始穿湯姆·麥克安（Thom McAn）[59]的鞋呢？**」

「我找工作找了一陣子，銀行戶頭只剩80美元，我太太休了我——反正她本來就打算離婚——而我開始準備第二位太太的婚禮。然後我為她搬傢俱時臀部受傷了，真是沮喪。不是朋友拋棄你，而是他們不知道該怎麼做。當你回到從前，他們會

58 譯注：指償債順位在一般債務之後，所以會比一般債務的債權人更晚拿到還款。

59 譯注：美國的老牌零售連鎖鞋店。

打電話來；當你破產，他們不會打來，而你也不會打電話給他們，因為你不想讓他們尷尬。曾有一份工作我真的很想做，當我被拒絕時，真的快被擊垮了。我認為面試我的人對我是感興趣的，然後他去問一位前輩意見，而前輩說，不，他已經過時了，也許他說的是陳腐。一直到現在，我聽到「過時」或「陳腐」，都還會感到尷尬不安。

菲爾找到另一家公司的工作，我猜想年薪是在1.5萬至2萬美元之間。他35萬美元的債務還在，但他不再一直想著它了。「我告訴你，」他說，「這就像你的每筆收入都得支付某個百分比，當作贍養費。這會讓你英雄氣短。」

偉大的溫菲爾德買了公共事業股！

偉大的溫菲爾德也在傷兵名單上，儘管他因可觀的財富退休了。溫菲爾德穿著牛仔褲和牛仔靴來到華爾街，有自己的公司，以「地下交易員」打響名號，意思是他看著螢幕上的股票代碼跳動，跳得好的就買進，跳不好的賣出，以此類推。有時他也炒作一些道德可疑的公司，有一回還把我捲入多年前我曾報導過的一起可可陰謀裡。

我想溫菲爾德應該在傷兵名單上，因為沒了他的公司和觀眾，他不再擁有相同的光環，也因為我寄他一份報導，說它的帳戶下跌了90%，即便在那個年頭，也是引人側目的數字。溫菲爾德的樂事購（Leasco）一度大幅上漲，但他的帳戶裡，這檔股票也從67美元跌到11美元了，然後他發現布魯克林有家重新組裝舊空調的公司。不知何故，它重新命名為大氣與汙染控制公司（Atmospheric and Pollution Controls）——淨化大氣與控制汙染，跟空調畢竟是相關的，不是嗎？——股價依然從26美元跌到6美元。多年前，溫菲爾德在科羅拉多州的亞斯本買了一片大牧場，因為他喜歡滑雪，也喜歡西部，如今牧場周圍散落著酒店式公寓——只是靠他的運氣。他在好年頭不斷得分，現在這種手氣已經消失，而根據他的說法，生意也是。

「有段時間那是門好生意，但現在已經結束。結束了，結束了。政府、證交會，他們毀了它。不會再出現像我這樣的人了。」

偉大的溫菲爾德在全盛期，以其熱情奔放的信心而聞名。「這檔股票，」他會說，「會從10美元漲到200美元。」索立電子設備（Solitron Devices）公司就是這樣；新發行股也會得到這樣的背書。偉大的溫菲爾德的理念是，一個人在股市裡應該做的，就是找到一個好手氣的年輕人，一個真正**需要**贏的年輕人，讓他去找一年能漲10倍的股票。這就是他喜歡的：一年漲10倍。

偉大的溫菲爾德離開公司後，我見過他一次。他如今47歲，是哥倫比亞藝術史的研究生，和一名泛美航空（Pan American）的空姐交往——他一向偏愛泛美。我從他書桌上拿起一張清單。

哥倫比亞天然氣公司（Columbia Gas）

維吉尼亞電力公司（Virginia Electric Power）
德州公共事業公司（Texas Utilities）
南加州愛迪生公司（Southern California Edison）
南方公司（Southern Company）
美國電力公司（American Electric Power）
南卡羅萊納電力與天然氣公司（South Carolina Electric and Gas）

「這是什麼鬼？」我說。「**公共事業股？**」

「我的投資組合，」他說。

「偉大的溫菲爾德持有**公共事業股**？」

「別笑我。這個投資組合翻倍只需20年，也許15年。無風險，很穩當。」

「你以前選股都是要求一周內翻倍。」

「局勢變了，我的老弟，局勢變了。當局勢變了，我們得承認它變了。」

電腦操盤手與嬉皮投機客

某次出差，我偶然造訪了艾文教授的辦公室，他是以電腦進行技術分析的大師。艾文的專業包括電腦應用、管理科學和一些高階數學，不過他花在自己公司的時間，比跟學生相處更多。艾文公司名稱中帶有「電腦」、「決策」、「應用」、「技術」之類的字眼，他工作的新辦公大樓，距離大學只有三個街區之遙。艾文的電腦監測股票：股價、成交量、波動的百分比。然後他們研判個股的**行為模式**。電腦知道了個股的行為模式，就知道何時買進或賣出——技術分析與看盤的終極境界。

艾文的電腦具有某些擬人化特質。

「第一次讓電腦運行時，」他說，「我們問它想買什麼，等不及要看它會抓出什麼股票。它說：『國庫券。現金。』看來它不想買任何東西。所以我們把程式再檢查一遍，當我們檢查完，股市已經下跌。然後我們又問了一次，電腦堅持繼續持有現金。我們求它買點東西，我們說：『一定有某檔股票是可以買的吧：』你看，就連電腦人員，都是前電腦時代古老返祖本能的受害者。電腦繼續把雙臂交叉在胸前，不願意買進任何股票。然後，就在我們擔心它永遠什麼都不買的時候，它開始進場買進，股市剛好在底部。股市開始上漲，電腦也繼續買。然後有一天，它**主動找我們，要求增加額度**。它想繼續買，所以我們有再給它一些額度。之後股市又上漲一波，它賣掉一些，再回到滿手股票的狀態。」

有家證券公司已經與艾文的電腦公司簽約，並將這項服務賣給顧客。出差時，我問艾文電腦的投資組合表現如何？艾文說在熊市跌了30%，那家證券公司已經取消服務，傷兵名單上又多一個。我問他電腦怎麼了。

「沒事，」艾文說。「電腦沒問題，問題在照顧它的人。他們一直在干預，他們做出臨時性的判斷，他們無法放手讓程式自己跑。人才是問題所在，電腦不可能自己賠掉30%，電腦好得很。」

我問艾文目前進展。他說電腦程式正在優化中，他整天都在進行調整。同時，他其他的工業電腦程式都很順利。當然，華爾街現在上沖下洗，所以艾文不知道什麼時候才會有另一家券商冒出來，想跟他的電腦連線。

「不過現在我們自己操作這台電腦，」他說，「電腦表現非常、非常好，它的績效打敗大盤。我們的系統也一天比一天更完善，已經幾乎可以排除人為干涉。那些虧損真的不是電腦的錯，電腦會捲土重來的，你看著吧！你擋不住歷史的潮流的！」

西摩頭頭也在傷兵名單上，他賠了1,000萬美元，但他說這沒有令他不開心。這是因為西摩順勢交易，而金錢怎樣都只是一頭喀邁拉（chimera）[60]。

我跟西摩是在墨西哥的群山裡認識的。他是庫埃納瓦卡市（Cuernavaca）的話題人物，或至少是庫埃納瓦卡市裡富裕美國人口中的話題人物。他們很肯定他是個騙子或騙錢的人，或至少是某種超凡的怪人。他說他曾是舊金山受人景仰的律師，但是他已經不做了；他們說，他宣稱前一年交易了3億美元的股票，他宣稱賺了1,500萬美元，並成為紐約證交所最大的散戶交易人，全都是在墨西哥、巴哈馬群島和尼泊爾（他在這裡擁有一間僧院）遠距操盤。

60　譯注：希臘神話中獅頭、羊身、蛇尾的吐火怪物，象徵虛假的幻想。

「如果西摩喜歡你，」朋友們說，「你會得到終極禮物。西摩會叫他僧院裡的100名喇嘛為你誦經一小時。」

於是他們帶我去見西摩，去揭穿這個冒牌貨，讓騙局真相大白，因為這個散發野性——髮長至肩胛骨、穿著連身吊帶褲又不穿襪子——的傢伙，怎麼可能像他說的一樣？一位嬉皮投機客？一個吸毒的套利家？

這一切當然都是真的，有點難以接受，因為那散發的狂熱、蓬亂的長髮和涼鞋，但我人就在群山環繞的貝倫森（Berenson），眼前的西摩是如假包換、備受尊敬的洛杉磯律師，有一個可敬的妻子與孩子，然後他同時發現了套利、會引起幻覺的化學藥物和新生活方式。再見，法律工作；再見，太太和孩子；再見，襪子和領帶。如果西摩要出席紐約的董事會議——因為西摩是多個董事會的成員——祕書會拿出專門為他準備的襪子；西摩會為了開董事會議穿上襪子，開完再脫掉，放回抽屜裡。他說這是他妥協的極限，他不會去過唯物主義的生活；他要去感受美好、做好事、幫助他人，同時玩套利遊戲來為這一切付錢。TPO公司的債券專家大衛（David the Bond）和貝爾斯登（Bear Stearns）的交易員已經習慣了不分晝夜都接聽電話，如果是尼泊爾打來、聲音有點恍神的人，就**接受下單**。

所以西摩借了1億美元，全是銀行的錢，娶了你所見過最美麗端莊的中國女孩，並追尋**內在的平靜**。我們前往西摩在墨西哥租的公寓共進午餐，午餐是一大塊超美味的巧克力蛋糕，一塊能幫助平靜、理解並帶來愛的蛋糕。西摩咯咯笑個不停，像個文藝復興時代的王子看著他的王宮訪客喝醉了，賓客吃著巧克力蛋糕，我們彷彿回到周三夜晚或周二午餐——李莎拉蛋糕公司（Sara Lee）應該有食譜，這配方會影響你的時間感。西摩說這次相處的經驗是美好的，我們過得非常愉快，以至於他要尼泊爾的百名喇嘛為我誦經2小時，這對我的投資組合沒有顯著的加持。

照理說，套利的風險微乎其微，因為你買進跟賣出的，是同一樣東西，不同的只有時間跟交易所而已。假設A公司和B公司即將合併，而B公司股價稍微高一點，你可以買A賣B，全都以融資來做，好讓這力氣花得值得。唯一風險是結果不如預期，而這正是西摩在大筆金額套利時所發生的事。西摩賠了1,000萬美元，但他的生活沒有絲毫改變；總之他不曾開支票或付帳單——他的券商會幫他打理這些事。西摩說反正他太有錢了，心情還頗愉快。他最初累積財富，是靠一種名叫「邱比特箭筒」的陰道灌洗器；顯然是第一種有分**口味**的灌洗器：草莓、覆盆子、香檳等等。廣告登在時髦的女性雜誌上，麥凱森和羅賓斯公司（McKesson and Robbins）拿走了經營權，西摩於是再度浮上水面。

西摩說，同一夥人曾嘗試向同性戀推銷一種風味凝膠未果；我永遠都不曉得該不該相信他的話，但在他的新觀念裡，西摩不認同撒謊。他仍然在亞利桑那州供養一處印度教的靜修堂，而且尼泊爾的僧人依舊必須為他誦經，因為有一次我在法國南部遇見他，他當時穿著一件髒兮兮的白褲子，帶著一把髮刷和一些僧人海運寄給他的西藏藝術品。他說他剛下飛機，這些是他全部的行李——梳子和西藏藝術品——因為他想要做個自由的靈魂。他總是不做計畫，從不答應超過24小時以外的事情，因為他想要活在**當下**，活在此時此刻，心血來潮時，想去哪裡就去哪裡。我們去看了一棟招租中的別墅，那棟別墅曾經屬於亨氏夫人（Mrs. Heinz），番茄醬那個亨氏。然後他打兩通非常長途的電話，再次不見人影。

後來聽說他跑到蒙特婁（Montreal）去借點錢——1,000萬美元之類的——拿去買債券，一樣帶著他的髮刷，反正沒有比錢更髒的東西了。西摩借了錢，然後發現自己連機場都回不去，於是他向銀行家多要了100美元搭計程車。然後我們聽說他正試著成立一檔占星基金，裡頭沒有一般基金會有的「本基金專攻成長局勢」這種東西；經理人的遴選與操盤是根據他們出生的星座。6個月後，我在清晨接到西摩來電：他的套利計畫非常複雜，可能導致永久的課稅損失，但如果你的庫拉索（Curaçao）[61]公司收到來自巴哈馬公司的貸款，你就能核銷巴拿馬公司的貸款並把錢拿回來。西摩說一切都很順利，他之後會再打電話來；現在他正要去厄瓜多觀賞一些哥倫布前時期的藝術品，而且他真的去了。

61　編按：位於加勒比海的小島，為荷蘭屬地。

傷兵名單上還有最後一位人物，就是我。一個人必須參與行動，並對時代懷抱激情，是吧。他所選擇的路徑不重要。做完了黑騎士，我並不打算為自己買炸雞攤、連鎖療養院、異想天開的企業集團、所謂的博弈產業或全國學生行銷。我早就看見這一切——是的，先生——而且我買了任何人能買到的，最安全的股票。我買了瑞士銀行。

4 我的瑞士銀行如何揮霍4,000萬後破產

1970年那個壞年頭的9月初，我搭乘賓州中央碩果僅存的火車進入紐約城，當時《華爾街日報》有一篇報導引起一些潮熱與心悸，這也沒什麼驚人的；在1970年，看《華爾街日報》不可能不感到激動和心悸。這則報導甚至不在頭版，我很肯定這份日報的許多讀者會漏看。我讀著標題：聯合加州銀行（United California Bank，UCB）說**瑞士分行遭受的損失，可能來到嚴重的3,000萬**美元。瑞士分行？聯合加州銀行？是**我的**銀行！

我不是真的指那是我的銀行，紐約銀行才是我的銀行，因為我在那裡有活期存款帳戶，或是有人的朋友在大通曼哈頓銀行，因為他們在那裡有欠債。我說**它是我的銀行，意思是我持有它的股份**。這家銀行並未上市，但它是我所做過最大筆、最穩健、最安全的投資。如他們所說，是閉鎖期（lockup）。而就在我買下這家銀行的一大塊持股後，我的判斷似乎獲得證實。大部分股權都被洛杉磯偉大的聯合加州銀行收購了，這家是全美前15大、西岸第2大銀行，本身就是西方銀行集團（Western Bancorporation）旗下的旗艦銀行。而西方銀行集團是全世界最大的控股公司，是老大哥。

聯合加州銀行副董事長及其母公司西方銀行集團的總裁克里夫·特維特（Clifford Tweter）昨晚拒絕說明虧損如何發生。他說他希望瑞士銀行的查帳完成後，能提供更多數據。他補充道，這只需要再多幾天時間。「我認為我們現在只能說個大概，」特維特先生說。

出問題的機構，瑞士巴塞爾（Basel）的聯合加州銀行，股份中58%為聯合加州銀行持有……剩下的42%則是「由各種投資人持有，主要是散戶，」特維特先生說。

一家瑞士銀行破產了！

我買進瑞士銀行時，是個多頭的好年，我寫了一本上了所有暢銷榜的暢銷書。現在你奪走一個普通美國男士一年的豐收或一筆意外之財，而本來有很多方式可以把錢花在更虛幻的地方的。他可以買艘漂亮的單桅帆船（更別提縱帆式小帆船、雙桅縱帆船和小艇了），在世界各地遨遊。他可以配備倫敦的波迪（Purdy）或衛斯理·理查（Wesley Richards）[62]的.375手槍，在肯亞射殺群體正在減少的大象。他可以買一支職業足球隊——或至少買一部分——並買賣280磅的防守球員，在電視攝影機轉到更衣室、勝利歡呼、香檳與溼毛巾之際，準備好簡

62 譯注：兩者皆英國軍火公司。

短的演講。我都沒有，我只能買瑞士銀行。我猜是讀了太多早期的艾瑞克・安布勒（Eric Ambler）[63]小說，如果你真想知道發生了什麼事，你當然不會看報紙頭條，因為頭條通常什麼都不會說；你看著第納爾升值，德拉馬克（drachma）[64]貶值，而那些很難察覺的心臟小振顫告訴你，彼得・羅（Peter Lorre）[65]和席尼・格林斯德里特（Sydney Greenstreet）[66]正在東方快車的車廂裡，要前往伊斯坦堡。他們去追尋德里特米一世（Demetrius）[67]的腳步，而你記得那條線索直通瑞士，美好的老瑞士。在那裡，間諜大師正在他的古堡裡，用高貴的管風琴彈奏一首巴哈的賦格曲。

所以，吸引我的不全是安全與穩健，雖然還有什麼會比一家瑞士銀行更安全？這是為了對沖美元的動盪，也是歐洲的一個友邦，未來可望很有意思，甚至可能是非常有利可圖的投資之處。洛杉磯聯合加州銀行並不是因為安布勒而買進這家銀行，美國企業正在歐洲擴張，銀行有大量的生意要做。美國銀行正在歐洲攻城掠地——開設分行、特許設立銀行。美元在海外堆積如山，而歐洲美元是一門大生意。美國銀行設法在歐洲開辦銀行，但很困難，要花點時間；如果能買一家，他們就能馬上上戰場。我們這些菜鳥股東很高興聯合加州銀行接管了瑞

63 譯注：英國間諜小說作家與編劇。
64 譯注：希臘貨幣單位。
65 譯注：出身匈奧帝國，後至美國發展的演員，曾演出經典的《北非諜影》（*Casablanca*）。
66 譯注：在《北非諜影》中飾演法拉利的好萊塢知名演員。
67 譯注：西元前的馬其頓國王。

士銀行；顯然我們的銀行將參與在歐洲的大擴張。我們搭上的是順風車。

9月見報的那一天，一抵達辦公室，我就撥打了61 35 94 50的號碼，這是那家銀行在巴塞爾辦公室的電話。我記得我擔心但未受挫。沒人想看他最大筆的投資遇到歹年冬。但是有了偉大的聯合加州銀行當資深的共同出資人，情況真的能多嚴重呢？這就像跟皇后郵輪（Cunard）[68]合夥擁有一艘很棒的船，**鐵達尼號**是不會沉的。如果你聽說鐵達尼號跟一座冰山有一點小擦撞，你頂多是因為有一些漆因擦撞脫落而感到煩躁，等船到紐約時得重新補漆。

沒多久，61 35 94 50便接通了，但是銀行辦公室似乎有點混亂。我要求38歲的銀行美籍總裁保羅．厄德曼（Paul Erdman）接聽。此前有幾次通話都是馬上直通他，隔著大西洋傳來的聲音聽起來比本地清楚。但此時保羅和他的祕書似乎都不在，另一頭有人在用德語聊天。

終於有個男聲說：「厄德曼先生不在。他不在這家銀行了。」

「何時開始？」我想知道。

「昨天開始，」那男聲說。我問要怎麼聯絡上厄德曼，男聲說試試他巴塞爾家中電話，我打了。厄德曼聽起來跟往常一樣愉悅。

68 譯注：擁有百年歷史的英美合資客運航運公司。

「我辭職了，」他說。「但我會繼續留在銀行裡當顧問。有一點混亂，也許你已經聽說。」

我告訴他我剛看到的報導，並問到底出了什麼問題？

「交易帳戶出現3,000萬美元的虧空。」

3,000萬美元？

和美國銀行不一樣，瑞士的銀行還能兼做券商，可以為自己的帳戶交易。我們銀行的資產在1969年底時申報為6,900萬美元，但是當然會有負債來抵銷這些資產。這家銀行的資本不到900萬美元。3,000萬美元的虧空不但會讓銀行倒閉，還會讓兩家規模更大的銀行一起倒，除了我們的巨無霸母公司。我提到這一點。

「聯合加州銀行會讓這家銀行繼續營運，」厄德曼說。「他們不得不——要是關門大吉，會傷害他們的商譽。」

3,000萬美元跑哪去了？我想知道。

「不是消失，」厄德曼說。「我們賠掉了，一位商品交易員賠的。」

「聽著，」我說。「我見過賠掉1,000萬、甚至是賠掉2,000萬美元的人。但是**賠掉3,000萬美元絕無可能**，不可能。」

「唉，就是賠了，」厄德曼說。「聯合加州銀行會填補虧損的。你的股本會被稀釋一些些，但是銀行會繼續營運。」

「那你為什麼辭職？」我問。

「責任總得有人扛，而我是負責扛的人，」他說。

此刻我開始覺得有點同情厄德曼。對我而言這家銀行是投資，對他來說是個人的創業，他花了多年時間打造出來的。我說：「一定很煎熬吧。」

「我沒事，」他說。「明天我會在銀行，幫忙收拾殘局。」

但他沒出現在銀行。沒多久，巴塞爾警方逮捕了厄德曼，以及人在瑞士境內的所有銀行董事。有兩位董事沒被逮捕，一位是董事長法蘭克．金恩（Frank King），他也是洛杉磯聯合加州銀行的董事長，其實也是西方銀行集團的董事長。另一位是洛杉磯銀行副總裁維克多．羅斯（Victor Rose），這兩位人都在洛杉磯。不知何故，把所有銀行董事通通關進監獄，這聽起來很瑞士。我從沒聽說美國有發生過這種事。

厄德曼在巴塞爾監獄裡關了10個月，大部分時間都是單獨監禁。人身保護令是盎魯一撒克遜制度。在瑞士，只要他們覺得恰當，就能為了調查把你關在監獄裡很久。瑞士人說這很有效。

幾天後我打電話到厄德曼家裡，跟厄德曼迷人的金髮妻子海莉（Helly）通話。

「這就像一場惡夢，」海莉說。「沒有人要跟我說話，他們不讓我跟保羅說話。我害怕這間房子遭到監視，這就像一齣糟糕的犯罪節目。」

他們怎麼可以沒有審判就把人關起來呢？

「這裡不是美國，」海莉說。「這裡有個很長的說法，***Verdacht der ungetreuen Geschäftsführung***。我不曉得怎麼翻譯。」海莉是土生土長的巴塞爾人，但她英語流利。「我想，」

她說，「意思應該是**涉嫌對銀行犯罪**。」

我想不出英語中有什麼類似的字眼。

「沒有，」她說。「在瑞士，這是非常嚴重的罪。比謀殺還嚴重。」

順便說，這是真的。長期監禁並不符合瑞士的司法標準。此時此刻，巴塞爾監獄裡有一位男士，以鈍器打凹了妻子的頭蓋骨。他說他太太喋喋不休，喜歡對他發號施令。有一天他覺得受夠了，就殺了她。然後他到市中心去寄了一封信。殺一人，判五年，因在獄中表現良好提早一年半出獄。在瑞士，幾乎人人都能因為表現良好免除刑罰，因為幾乎每個人都表現良好。

1970年9月16日下午2:00，聯合加州銀行在巴塞爾的股份有限公司停止營業，並在其所在地址的雅各布斯街7號（St. Jakobsstrasse 7）貼上公告。據報導，虧損比較接近4,000萬美元而不是3,000萬。洛杉磯加州聯合銀行向伯恩（Bern）[69]的瑞士金融當局提交一份計畫，他們說，會賠償存款戶與債權人。在給股東的內部報告裡，加州銀行解釋，一家大型跨國銀行擁有來自其他大型跨國銀行的存款，如果不履行承諾，就無法繼續經營。報告上說，虧損會被視為一般且必要的業務支出，並向國稅局申請虧損數字一半的稅務減免。此外，保險也能付掉1,000萬美元。在紐約證交所，西方銀行集團跌了2.5點，然後

69 譯注：瑞士首都。

又漲了2點。在1969年，西方銀行集團的稅後淨利比6,000萬美元略高，因此1,000萬或2,000萬美元的虧損儘管棘手，對做生意卻無大礙。

西方銀行集團是上市企業；巴塞爾的聯合加州銀行是私營企業，持有者是洛杉磯的銀行，以及幾個像我們這樣的忠誠的菜鳥合夥人。沒人打電話給菜鳥合夥人——起碼就沒人打給我，而我確定我已經把電話號碼留給夠多的人了。感覺無處打聽消息，我打給一位洛杉磯的聯合加州銀行內部，我認識的專業投資高階主管。他發出表示同情的嘖嘖聲，說他不知道任何報紙上沒講的事情，並暗示我的股票憑證的最大用處，就是成為壁紙。

「一筆勾銷吧，」他說。

「勾銷什麼？」我說。

最後，我開始玩一個小遊戲。我打給聯合加州銀行的董事長法蘭克·金恩，並仔細解釋我為什麼打來，並提到這是小股東打給大股東。法蘭克的辦公室說他們會留下訊息請董事長回電，然後他不會回。我們打了31次後放棄了，我必須得出結論，那就是沒人要跟我們談。我們畢竟是在同一艘船上，但是大難來時，銀行家就緊閉上嘴，這種銀行家的智慧，真是令人瞠目結舌。

電話打完幾周後，保羅·厄德曼的薪資馬上停止給付，由於他僅剩的財產是銀行股票，海莉去應徵祕書工作。查帳團隊進駐了雅各布斯街7號的營業場所，但是沒人搞得清楚4,000萬美元是怎麼從一棟現代的銀行建築裡消失的。尤其這是一家**瑞士銀行**。

保羅．厄德曼被關押在單獨牢房，裡頭有一座馬桶、一張折疊床和一張桌子。

我的銀行破產了。

積極又迷人的說客

保羅．厄德曼來到我的辦公室那天，是1968年的某一個夏日。他那時精瘦、高大，戴著眼鏡。我現在忘了是誰派他來的；我們正設法擴大對歐洲銀行的了解，而保羅．厄德曼要向我們介紹瑞士，這個並不渴望透露自身太多的國家。我們共進午餐，關於瑞士金融圈的部份，厄德曼說得並不多——這部分他會向我介紹一位比他更懂的人——主要都在講他自己在巴塞爾的小銀行，而我喜歡他。

此外，我有個興趣——或者說是缺點——喜歡懷有大創意的小公司。你絕不可能為了**好玩**而去經營奇異，應該是為了別的，不是為了好玩。但你帶著一、兩個人，想出一個點子寫在黃色筆記頁上，這個點子正中紅心，而他們渴望讓夢想成真，渴望打造出會茁壯成長的夢想——這就很令人興奮了。要是成功，那會令人振奮又——儘管這個詞不夠貼切——好玩，是你所能想到最好玩的事情。成功機率令人渴望：點子必須正中紅心，而資金——足夠的資金——必須到位，而且還必須能取得更多資金，然後你還得想出應對之策，在既存的成名公司感覺芒刺在背、大聲咆哮時拿出來使用。最重要的是，人員的組成要正確，他們必須全都使出渾身解數，發揮彼此的正向特質。這是最困難的一環，因為在任何快速成長的營運中，人都是最珍貴的資源，而在黃色筆記頁上首位想出東西的人，他的想像力可能伴隨著非常大的自我（ego）和相對的缺乏體察公司裡的人員需求。

我想我已經親自參與了十幾次這種業餘的創投工作，而且成績不比其他人差。以往創投還比較容易時，早上你會預期你有幾匹小馬陣亡，它們四腳朝天，但有一、兩匹會變成大贏家，十或十五分之一，它們帶來的獲利能彌補虧損。60年代初時我在一家製造雷達天線的公司，它是生意太好導致破產的。它年年銷量翻倍，海軍也喜歡這種天線，但不知何故，其售價低於成本，公司資金也燒光了。破產前該公司勉強僥倖地把股票成功賣給大眾。接著是美國每一間學校都即將採用的電子計分機——在發現機器程式所有錯誤之前，大量機器就已經賣出去——還有一家製造打字機的公司，讓他們的打字機在三歲小孩敲下鍵盤時會回答互動。

有一套裝備是設計來來減輕辦公室的超時工作的。不必再雇用昂貴的臨時工，例如尖峰期的保險工作：你只在話筒上對這個裝置口述指令，電話預錄（Dial Dictation）就會在隔天一早幫你完成。該公司遇到惡劣困境，總裁總是習慣在深液打來加州找我，我當時住在那裡。我終於問他為什麼老是打給我；

我不是大股東，也不是董事。

「沒人跟我說話，」他說。

有一、兩家創投成功了：控制數據（Control Data）買下雷射公司，這家為原子測試製造輻射設備的公司，不但公開上市，還搭上1967年的熱潮。所以——沒有賺大錢，但還是很有意思，我的根本信念也依然堅定不移：持有通用汽車你不會變有錢，因為通用汽車已經太成熟了。對於通用汽車，你該做的事是繼承它。而你該尋找的——起碼在技術成為一個貶義詞之前——是下一家全錄。已經很多人跳下水來，想成為下一家全錄了。

會對三歲小孩回應的打字機，或是電話預錄服務。我從沒想過投資一家瑞士銀行。

我帶保羅去美國證交所的餐廳吃午餐，他告訴我他如何開辦他的銀行。

「瑞士的銀行，」他說。「最常見的概念是守口如瓶——祕密帳戶、逃稅、南美洲的獨裁者等等。但是瑞士的銀行是全世界的銀行，它們到處都有營業據點，一向能處理來自全世界的資訊。但你有跟瑞士銀行做過生意嗎？冷淡、拘謹、傲慢、極度謹慎、非常保守，對吧？我能看見跨國企業的時代來臨，寶麗萊（Polaroid）和IBM正在歐洲蓋工廠，瑞士藥廠正在美國擴張。瑞士銀行提供的服務比不上美國的銀行。我想，那如果是一家開在瑞士的**美國**銀行，**如何**？這家銀行具有美國的管理技術和美國的進取心，但是是在瑞士境內營運，並受瑞士法律的管轄，具有瑞士的普遍特質。或許再加上第一流的英國商業銀行某些動態特質，**如何**？

保羅是美國人，但已經在巴塞爾待得夠久，以至於經常句子經常以巴塞爾人的疑問詞如何（ja）當結尾。想來如果有人在瑞士銀行開辦一家美國銀行，保羅是不二人選，除了事後看來，他對銀行營運程序的認識可能有點不足。《華爾街日報》後來把他描述成「一個人事部專員的夢」。他出生在加拿大安大略省的斯特拉特福（Stratford），父親是美國路德派牧師，被派到一個教區。保羅的父親如今是加拿大路德教會的副主席與管理人員，負責路德醫院與路德保險的事務。保羅14歲時被送到印第安納州韋恩堡（Fort Wayne）的「體操」寄宿學校，然後去上聖路易市（St. Louis）的康科迪亞學院（Concordia College），他就是在此認識海莉，土生土長的巴塞爾人。

他在1953年從康科迪亞學院畢業，進入喬治城大學（Georgetown University）的外交學院就讀，覺得他或許對從事外交工作感興趣。他在《華盛頓郵報》兼差做編輯助理，並於1955年獲得碩士學位。他依然不確定自己想從事什麼職業，但想出國讀書一段時間，保羅與海莉一起回到她的家鄉巴塞爾，保羅在此進入巴塞爾大學就讀；他的一位教授後來回憶起他是傑出的學生。1958年，他拿到第二個碩士學位，接著又拿到一個博士學位。而他談瑞士與美國經濟關係的論文，在1959年出版。他的學歷讓他在歐洲煤鋼共同體（European Coal and Steel

Community）獲得一份工作；他和一位德國經濟學家（是他的朋友）合作寫出另一本書，這本是德文書，名叫《*Die europäische Wirtschaftsgemeinschaft und die Drittländer*》，是一本研究歐洲經濟共同體的書。他知名度大增，帕羅奧圖（Palo Alto）的國際史丹佛研究所（Stanford Research Institute）甚至挖他做歐洲代表。有3年時間，他從巴塞爾通勤到蘇黎世的國際史丹佛研究所辦公室上班，但他告訴我，「我不常待在那裡。我在歐洲跑來跑去，做商業問題的顧問。我們為愛快羅密歐（Alfa Romeo）研究他們的貨車，另一家荷蘭煉鋼廠想知道是否應該、以及如何製造大口徑的輸送管，諸如此類。」史丹佛研究所要他回到帕羅奧圖，但顧問工作開始變得乏味，他想要做更多。透過尼爾．雅克比（Neil Jacoby），加州大學洛杉磯分校（UCLA）的商學院院長以及國際史丹佛研究中心的主管，他認識了聖地牙哥商人查爾斯．沙利克（Charles Salik），他成立了一家投資公司，名叫電子國際公司（Electronics International, Inc）。沙利克派他回巴塞爾監控歐洲企業，然後接受了一個嶄新的點子，一家美國人開的瑞士銀行。

「銀行該叫什麼名字？」沙利克問。在開玩笑地試了幾個名字（例如瑞士、共同、美國）之後，保羅建議叫它沙利克銀行（Salik Bank）。

「不行嗎？」保羅說。「那是他的錢。」沙利克和家族出資60萬美元，剛開始銀行只有兩個房間。

沒人能指控沙利克銀行冷淡或傲慢。保羅在全歐洲奔走招攬客戶，有一度該銀行宣稱是瑞士國際航空（Swissair）的第二大客戶，儘管巴塞爾是多家世界最大藥廠的總部。沙利克銀行不光做存放款——在此是指短期抵押貸款——還跟大部分瑞士銀行一樣，從事投資組合管理、商品與外匯。它的財力快速成長：從1966年底的1,370萬瑞士法郎（350萬美元），到1967年底的3,780萬瑞士法郎（980萬美元），再到1968年年中的1.425億瑞士法郎（3,700萬美元）。

保羅對貨幣投機特別感興趣。在許多方面，這都是所有投機遊戲中最令人興奮的，因為它牽涉到預測各國央行的動向、監看各國貿易的順逆差，以及評估八卦和政治情報。巴塞爾本身就是這類話題的競技場，因為國際清算銀行（Bank for International Settlements），亦即國際間票據交換的機構，就位於火車站對面一棟改建過的舊大樓。投機的熱度來自其中涉及鉅額的資金與高度舉債，因為交易的一方有一個底價。

舉個例子：好比說1967年時，英格蘭銀行（Bank of England）[70]承諾以大約2.80美元的價格來交易英鎊。這就是英鎊被釘住的價格。可是英國有貿易逆差；沒有人想持有英鎊；英格蘭銀行的賣家比買家還多。你判斷英鎊正在走弱，或是之後將貶到國際貿易會再次支撐的價格，再次反映貿易的實況。

於是你賣了價值一百萬美元的英鎊，以待未來交割。你已經賣了，為了交割，你得在未來的某個交割日買回。你已經賣

70　譯注：英國的中央銀行。

在2.80美元；你知道你能向英格蘭銀行以接近這個價位買到。你只需拿出大約5萬美元；你唯一的費用是買進跟賣出的佣金，而利率的計算則根據你的交易合約。當然，你希望買回的英鎊因下跌而更加便宜。

但時機成熟才是王道。利率開始往上爬了。

世界第二次大戰的分析師，喜歡指出**日本劍道**（日式竹棍劍術）對日本軍事戰略的影響。大量的閃躲或架開攻擊，相準完美時機，在一次毀滅性的閃電襲擊中取得勝利——就像珍珠港。

保羅的心理狀態跟這有點類似，他不是那種在銀行庫房裡慢慢、安靜、灰頭土臉地跟人和解還債的人。

1967年秋季，保羅密切注意英國貨幣走勢。沙利克銀行有一些顧客為了在未來交割，出售2.80美元的英鎊。當英國把英鎊貶到2.40美元時，顧客們買了2.40美元的英鎊來交割、結算。有位顧客一個周末就賺進8萬美元。這出乎意料、給人極大打擊的日本劍道一擊，奏效了。保羅評論貨幣的聲譽上升，他很享受貨幣評論家的角色。他寫報告探討黃金和美元，署名是**巴塞爾沙利克銀行總裁，保羅．厄德曼**。不光是貨幣投機令人暈了頭，當有一群終極裁判在對整個國家說：「控制你的通膨，讓你的貿易順差變大，否則就讓你的貨幣貶值。」這個角色不光是巴塞爾火車站對面的國際清算銀行，還包括貨幣的投機者。

保羅還為《國際哈利．舒茲信件》（*The International Harry*

Schultz Letter，HSL）撰文，一封來自倫敦、輕鬆活潑的投資建議信件，帶有溫切爾（Winchell）[71]的語調：

「漲跌比（Hi-lo ratio）是負數，但市場還沒為真正的高潮做好準備……美元在德國交易火熱……商業期待落空，引發民族主義上升。」儘管溫切爾八卦的對象是年輕女明星跟藝人，而舒茲關心的是貿易逆差、貨幣疲軟和世界股市晦澀難懂的新聞快報：

「澳洲：逢高賣出……荷蘭：買，義大利：避開，日本：繼續持有（再讀一遍《舒茲信件》第254頁……）。」

舒茲本來是加州報社老闆，也出版了幾本投資書，包括一本談瑞士聯邦和瑞士銀行的書。

舒茲的讀者群被稱作HLSM，意思是「哈利·L·舒茲的人」（Harry L. Schultz men），是一個忠心耿耿的團體——「帶個HLSM回家吃晚餐」——他們會購買舒茲牌瓷製的袖口鏈釦，花好幾百美元買他在倫敦與丹麥研討會的門票。舒茲喜歡把美國比喻成衰微中的古羅馬；事實上，他在信上的簽名是用拉丁名字斯拉維斯（Slavius）。貨幣貶值是舒茲最喜歡的題材；他認為貶值不只是病徵，還是國家衰退的原因：

「一個民族沒有可靠的儲存價值之處，就只能繼續墮落了。貨幣貶值是美國衰微的唯一源頭——就像有史以來，史冊上記錄的每一個社會一樣。」

71 譯注：美國八卦專欄作家。

《舒茲信件》對保羅來說是一大鼓勵。它連續刊登了他的短篇文章，詳細介紹保羅旅遊與想法的趣聞，銀行甚至還因此多了幾個顧客。舒茲的宗旨之一是，面對美元的疲軟，投資人不該在儲蓄或銀行帳戶裡持有美元現金。反之，他們從更強勢的貨幣的價值中獲利：荷蘭盾、日圓、德國馬克、比利時法郎和瑞士法郎。而在瑞士銀行有一個帳戶，當然可以投資上述任何貨幣，事實上，有個瑞士銀行帳戶，你可以用瑞士法郎計價，用瑞士法郎定存。

由於美元墮落，信徒們也看見匯率管制的到來，你很快就不能攜帶美元出國了。畢竟，英國人曾踏遍全世界，如今在邊境也受到管制，只能攜帶少少幾磅出境，而且幾乎不太能夠帶出國。同樣情況也會發生在美國人身上；信徒們在經濟盛極而衰之前先把錢擺在國外，能確保他們未來的流動性。他們還是能到國外旅行，在法國置產，或是在瑞士買間滑雪屋；他們的遠見會得到回報。信徒們赤裸裸的言詞當然是對的。美元已經貶值，有些人說這不會是最後一次貶值。已經制定了特定的稅目來勸阻美國人在境外投資，而首先發難的、對資本轉移到國外的限制，也已經實施了。只要換成其他貨幣的金額，單筆超過5,000美元，你的銀行就會記錄下來，事實上這樣的換匯，你應該自行向國稅局申報。想必國稅局可以在任何下午查閱所有縮微膠片，感覺就像在找逃逸的資本。

舒茲在他的《舒茲信件》中刊登了一份瑞士銀行清單，其中的沙利克銀行引起注意。在一場倫敦的哈利・舒茲研討會後，組織了一支瑞士旅遊團，由保羅和他在沙利克銀行的員工們在巴塞爾負責招待旅遊團。保羅說他不全然同意舒茲的末日註解，他也藐視某些舒茲信徒，把他們視為「右翼德州傻子，餵什麼吃什麼」，但多了這些客戶他很開心。身為瑞士第二大城市裡的小銀行，這家銀行的德州客戶數量並不尋常，而且根據報導，有些客戶已經成為股東。

保羅來找我時，不是為了多找一位股東，而是為銀行找朋友。他是出於本能這麼做的，他是一個積極的推銷商，一個業務性質的總裁。他到處找朋友，也找到了他們。經濟學家、商學院院長、貨幣專家、商品交易員——全都覺得他很有意思，也討人喜歡。他甚至結交媒體——我很肯定，這不像瑞士其他銀行總裁。其他瑞士銀行家極力避免登上媒體，保羅則為了他的銀行到處獻殷勤。如果有人邀他在雜誌上寫一篇談論貨幣的文章，他會開心地交稿；如果有人要求多提供一點瑞士銀行業的資訊，就像我們會做的那樣，他會幫助我們，跟幫得上我們的人接洽。

但他能感受到我的熱忱。一家強而有力的年輕銀行，藉由一位經營者，不到3年就把該行的資產翻了15倍——讓我興奮的是這個。也剛好，這家銀行成長得非常快，需要更多資本，它正好就在募資。保羅自己寫了募股說明書，而既然是一家瑞士公司的募股說明書，自然不必在華府的證交會登記，「它就像為證交會而寫的募股說明書，因為我們想為一切做好準備；有一天我們可能會進軍美國，已經有一家紐約的律師事務所在搞定這件事了。」

「我突然想到，」保羅說，「對我們來說，你是非常好的股東。」

我說我很感興趣，我們握了手，對彼此都留下好印象。當晚保羅返回巴塞爾，我大約一個月後收到募股說明書。

「從一開始（1965年），」募股說明書上寫道，「沙利克銀行就被視為保守的瑞士銀行業——特色是極端謹慎、穩定，以及在全球經營金融業務的獨門專業——與美國所認同的現代企業、金融管理技術之間的橋梁。」根據募股說明書，銀行招募了資產組合管理、外匯、商品等方面的人才，一家瑞士財經報紙報導，該銀行是瑞士成長最快的金融機構。

募股說明書還介紹，該銀行從事證券、外匯、金屬與商品交易的業務。「該領域的活動，」募股說明書說，「通常只保留給大型商業銀行，因為在這個只有內行人才懂的國際金融領域，瑞士私人銀行鮮少有充足的專業。」「沙利克銀行尋求，」募股說明書上補充，「超越許多更傳統瑞士私人銀行所提供的一般資金管理範疇，並藉由打造比一般股票、債券更多投資類型的能力，來提供『全方位的資金管理』。」

當時的我並不知道這些段落裡可能埋伏著災難。但就像孩子的猜謎遊戲裡隱藏的數字——你能找到多少動物？——我的眼睛只看見好處。

該銀行也即將在布魯塞爾開設子公司；然後再接下來5年內，會有一家國際銀行控股公司，能「在歐洲其他地區做更大規模的其他收購，可能還有遠東，甚至澳洲」。

遠東甚至澳洲！沙利克銀行將成為日不落銀行！

我向一些華爾街朋友求教。我說我有機會用帳面價值四分之一的價格，買進一家快速成長的瑞士銀行，他們會買進這類股票嗎？

「你能幫我弄到多少？」他們說，他們要出價買走剩下所有的股份。他們基本上是西部槍手，當然會被這種情勢吸引。他們一股都沒買到，而這對他們的績效沒有幫助。他們買的療養院和周邊的電腦公司表現很差。我的熱情不斷升溫，我決定要去巴塞爾。

處處都是祕密的美好瑞士

飛機降落在巴塞爾機場時，你會立刻注意到一件事。你不在瑞士，而是在法國。人人都想在瑞士持有土地，因為穩定，而且土地價格看漲。所以巴塞爾機場越過了阿爾薩斯地區（Alsace）的邊境，有一部分在法國境內，就在前往摩洛斯（Mulhouse）的半路上；而且當你出了機場，無論免費或收費的高速公路，在每一邊都設有大路障，往瑞士方向是條乾淨無毒的通道，不受法國汙染。

必須說，作為一座歐洲城市，巴塞爾很普通，但是可愛。到處都是綠色的軌道電車。你可以坐在萊茵河畔看著接駁船，啜飲迷人的瑞士紅酒——甚至更迷人的德國紅酒——還有一些宜人的公園和廣場。以一座主要產業是製藥與化學化合物的城市來說，它看起來相當整潔。你剛走上街道時，看不太出少了什麼，然後你會發現：是垃圾袋，在人行道旁滿溢的垃圾袋，你在紐約或倫敦經常見到。而且，垃圾哪去了？腳下的包裝紙、菸蒂、舊報紙呢？我永遠不會知道是否人人都剝掉菸蒂外層，把小小的細條丟進容器裡，這是他們在迪克斯堡（Fort Dix）[72]培養你的方式，還是只是因為在巴塞爾做清道夫的土耳其、西班牙與義大利人，把工作做得很好。

保羅到機場接我，我們和一位男士一起共進午餐，他餵食我們瑞士銀行業的背景知識——讓我跟保羅志同道合的主題。午餐後我們步行至巴塞爾的一條主要幹道，雅各布斯街。7號全是晶亮的玻璃和金屬，有4層樓——這就是我的瑞士銀行。

保羅和建築師一起設計出連接2層樓的環形樓梯。否則它看起來就像——嗯，還能像什麼呢？看起來就像一家銀行——美國的銀行，開放、明亮、擦得晶亮，有出納員、穿著襯衫袖套的人和操作計算機的人。意思是看起來不像那種有狹長走廊、警衛和通常氣氛肅靜的瑞士私人銀行。

我們在保羅的辦公室坐下，那裡有令人印象深刻的辦公區和會議區——面積都很適合銀行行長——我見了許多人。現在我只記得一位，可能是因為後來又見了他幾次：路易士·索爾（Louis Thole），一個親切、金髮、30幾歲的荷蘭人，阿姆斯特丹金融世家的後裔，將負責這家銀行的投資組合管理事務。

72　譯注：美國一處陸軍基地。

「德國馬克似乎漲更多了，」我們的一位同仁說。

「我們再買100萬德國馬克吧，」保羅說。

路易士·索爾想知道我有沒有看過日本可轉換債券。我沒有。

「日立電器（Hitachi）的債券下周到，」路易士說。「它們很漂亮，很迷人。」

「銀，」保羅說，「銀價快衝破天花板了。」

我知道銀的事。

「我正在寫有關銀價的報告，」保羅說，「美國財政部總有一天會用光白銀，然後，**哼哼哼**。我們有一個很懂銀市的人在貝魯特（Beirut）[73]。」

而黃金——嗯，世界不會長久支持那些偷工減料的紙鈔，只要它們的政府印不停，就會每天都在貶值。

然後一位親切的男士進來，我會叫他艾佛瑞，因為我不記得他名字了。艾佛瑞拿著開戶的表單進來，我說我是要當股東，不是存戶。艾佛瑞說多數股東也是存戶，我不知道在瑞士銀行開戶是好處多多嗎？

我不曉得是什麼讓我遲疑了。在瑞士銀行開戶，聽起來比較適合拉斯維加斯的賭徒、南美洲的獨裁者、黑手黨和一些賺現金收入的人——例如某些醫師——例如在海外有收入、認為海外收入對個人不公平而不想告訴政府的人。我不覺得自己是

73　譯注：黎巴嫩首都。

個祕密帳戶的持有人。我要把號碼記在哪裡？刺在我的腳底板嗎？而且無論如何，我會在戶頭裡存進什麼呢？

「我不需要帳戶，」我說。「我已經有活期存款帳戶了，在美國。」

艾佛瑞看起來有一點不耐煩。顯然我說得不對。我開始想，其他來到這家銀行的訪客，一定都帶著好幾箱塞滿錢的手提箱。

「聽著，」我說。「我很樂於投資這家銀行，但我會乖乖繳稅。」

艾佛瑞面無表情，而我繼續辯解。

「我的收入，」我說，「是完全看得見的，他們會直接預扣。而且無論如何，如果你在美國不想馬上繳稅，也可以合法節稅，這樣就不用繳了——至少那一年不用繳。全都是合法而且是政府核可的節稅手段。」

艾佛瑞被我勾起興致了。

「你瞧，美國國會制定稅法，」我說。「然後特定利益團體為了特權遊說政府。」

我向艾佛瑞講了我的牛。

艾佛瑞喜歡稅務展期的西部趣味，但這並未阻止他說服我。

「你不必持有一個祕密帳戶，」艾佛瑞說。「你想要的話，可以開官方帳戶，我很高興你喜歡繳稅。在瑞士，我們認為一位男士和他的國家的稅務機關之間不管發生什麼事，都是他自己的私事。在瑞士，我們跟其他國家合作追捕罪犯，但是根據瑞士法律，在別的國家逃稅不算犯法。不過，請容我問一句：你結婚了嗎？」

「我結婚了。」

「婚姻美滿嗎？」

「婚姻美滿。」

「所以，」艾佛瑞說，「你婚姻美滿，你房子有保險。你自然相信自己的婚姻會永遠美滿，但你知道統計數據並不支持這個信念，尤其是美國。我們都知道美國離婚率怎麼樣。那可是出了名的。房子會歸女方，她繼續過著原有的生活；律師跟法官會奪走丈夫的收入，只准他過著每周70美元的苦日子。你現在婚姻美滿，但沒有人知道5、10、20年後的未來。你是美國人；你喜歡乖乖繳稅；如果你不想繳稅就餵牛；你認為你的婚姻會永遠美滿。但你不覺得你不該為自己買點保險嗎？」

「你在說什麼？」我問。

「在這裡開戶，你什麼違法的事也不必做。你還是可以繳你的稅，在世界上任何交易所買股票，而且**沒有人知道**。將來有一天，當你太太的律師試著奪走你打拚20年累積的財富時，你會有一筆私房錢。」

艾佛瑞之前一定見過美國人，就像一個保險銷售大師，他成交了。即便是婚姻最美滿的丈夫也會遲疑一下的。

「完全不違法，」艾佛瑞說。「在嘗試跟你太太的律師們談出更公平的條件時，沒有任何違法。這跟你和你的政府沒有關係。」

現在這不是我和我政府之間的事，而是我太太的律師們，那些要讓我一周只有70美元度日的王八蛋。我開始不再擔憂了，我可以想見他們的模樣，長著鼬鼠臉的無賴——巴德爾和匹克威（Bardell and Pickwick）[74]在他們有掀蓋的辦公桌上劈啪作響，派我去某個蟑螂肆虐的閣樓時摩擦著他們削瘦的手掌，有個酒鬼躺在走廊上，販毒的人在10瓦燈泡下快速起身。哎呀！我做了什麼？

「不告訴我太太的律師們，並不違法？」我說，在這個我太太沒有律師、也不需要律師的時刻。

「你不欠你太太律師任何東西，對吧？」艾佛瑞說。他們會努力證明你是罪犯——這就是美國離婚官司的本質：一方必須是罪犯，是官司對手。小說裡的罪犯，請當心——心性殘忍，缺乏關注，諸如此類——會讓歐洲人哈哈大笑。當一位美國妻子（假如她嫁給歐洲人）表現出會導致她被**槍殺**的舉止，美國人會靜止不動，像一頭乖巧的待宰羔羊。

「我看過一些不幸的案例，」我說，「我有個朋友剛經歷過，他們只留給他一件襯衫和一個袖口的鏈扣。」

「另一件事是，」艾佛瑞說。「你的美元正在貶值。你們的越戰正在讓美元淌血。你們的政府財政處理不當，這將使你們公民付出慘痛代價。」

74　譯注：狄更斯同名小說中的人物。

「這話我已經說3年了，」我說。

「很好，」艾佛瑞說。「所以，你繳稅，所以你已經為貴國政府的政治罪過付出代價，但是既然你已經警告過他們，為什麼你還要為他們的財政罪過付出代價呢？你在這裡的帳戶存進的會是瑞士法郎，如此一來，當你的美元崩潰，你還是會持有一些有價值的貨幣。」

「太好了，」我說。

「請在這裡簽名，」艾佛瑞說，遞給我一枝筆。

「等一下，」我說。「我不需要編號（祕密）帳戶，用我的名字開就好。」

「編號是給我們看的，」艾佛瑞說。「沒有祕密。你在美國的帳號是一組數字，所有銀行帳戶都有一組數字，電腦無法處理羅馬數字。」

「好的，」我說。

艾佛瑞遞出筆。我簽了表單。

「不要祕密帳戶，」我堅定地說。

「如你所願，」艾佛瑞說。

我有了瑞士銀行帳戶。我存了200美元進去。

「沒有鬧鐘，」我說。「沒有烤吐司機？開戶沒有紅利嗎？我會拿到漂亮的支票嗎？有冬景的？」

艾佛瑞看起來不知道美國銀行的傳統，開新戶會有2美元的小贈品，他表示只要我的帳戶一直都只幾百美元，我應該不需要支票。這家銀行各種存款與支票的簿記會計的收費，都高於美國。保羅回到房間。

「你多了一名新存戶，」我說。「但不是祕密帳戶。」

「真好，」保羅說。

「現在我算是自己人了，」我說，「告訴我。公司存戶裡，有任何南美獨裁者嗎？」

「噢，看在老天的份上，」保羅說，「我們想讓銀行**上市**耶。」

我們在銀行裡兜來兜去，保羅指出幾位高級職員。一位在小房間裡，用桌上計算器工作。保羅說他來自一個富裕家庭，他本人是千萬富翁。我問，那他為什麼要來銀行工作？

「首先，」保羅說，「在瑞士，人人都工作。我們沒有紈褲子弟。如果你要做紈褲子弟，你得去南法、倫敦、紐約，或任何有這種環境的地方。聖莫里茲（Saint Moritz）[75]是給外國人去的。第二，在瑞士，你絕對不知道誰有多少錢。巴塞爾有許多家族，他們的資產淨值一定有10億美元。但你絕對不知道是誰。如果你進去過有錢人家裡，經過前門時，有時會看到牆上有畢卡索、雷諾瓦（Renoirs）等名家的畫作。當他們去度假時，他們會好好度假——去非洲狩獵旅行、造訪南美等等。但你得離開巴塞爾才花錢。房子都蓋得方正堅固不鋪張。在瑞士，重要的不光是你**有**多少錢，還包括你**賺**多少錢。」

在前往保羅住家的路上，他驅車到大教堂，我們背對大教

75 譯注：瑞士的高檔渡假小鎮。

堂俯瞰萊茵河，在巴塞爾舊城區有山牆的大宅附近閒逛，有些建築是在14與15世紀建造的。

「巴塞爾的技藝來自天主教的迫害，」保羅說。「逃到這裡的新教徒有兩種技藝。一是，因為不是天主教徒，他們可以借錢跟兌換貨幣，這後來演變成銀行業。另一種是染色工藝、為紡織品染色。在19世紀，這種混合染料的技術自然成長為化工業，並在20世紀逐漸過渡到製藥業，這就是為什麼巴塞爾會成為世界最大的化學—製藥綜合體了。」

保羅住在一間舒適宜人的美式郊區風格住宅，有大教堂的天花板，書架上塞滿了3種語言的書籍，房子位於巴塞爾的純住宅區。厄德曼一家過得並不講究，他們有個來自法國阿爾薩斯的女孩幫忙照顧兩個女兒。

「很高興有人一起吃頓晚餐，」海莉·厄德曼說。「在美國這很尋常，在瑞士就是不會這麼做。進到別人屋裡，就是最核心的一家人了。就連見見自己的親戚，我們都會外出上館子。」

「一年一次，」保羅說，「也許你會進到別人的房子——比方說另一位銀行家好了。要穿晚宴外套，提前送花給女主人。」

「對話也非常拘謹，」海莉說。

「就我所知，巴塞爾沒有後院烤肉，」保羅說。「瑞士建立在隱私上。」

我們談著銀行的計畫。蘇黎世會開分行，然後是日內瓦，布魯塞爾則是會開分公司；最後銀行會在歐洲上市、賣出股份，並將業務拓展到瑞士以外的地方。

「保羅一切細節都親力親為，」海莉說。「我不能告訴你——他連樓梯該蓋到銀行的哪裡，都跟建築師爭辯。」

翌日一早，我們回到銀行，我讀了許多歐洲議題和歐洲貨幣的報導，也用了我的新銀行進行投資。

國際清算銀行是各國央行的國際票據交換機構。透過這家銀行，政府發行的貨幣才有互換機制，同時透過這家銀行，當一國政府的國際結算赤字太過嚴重，就會被要求改善。這家銀行的股份由成員國持有：美國、德國、法國、日本、義大利等等。每隔一段時間就會有零星的幾股流落在外，今天也是這樣。我用1,100美元之類的價格買了一股。以後股東們就是美國、德國、法國、英國、日本、義大利和亞當·斯密了。我想我盤算著要去參加股東會，或是跟他們聊一聊，但我一直抽不出時間。

保羅為我準備了一份禮物。是生病的可可豆莢；有人帶來給他，而我的《金錢遊戲》書裡有個章節在講可可，保羅很喜歡。我們在國際清算銀行前面拿著可可豆莢拍照留念，考慮到稍後即將發生的事，這是終極的諷刺。

我搭上前往蘇黎世的火車。瑞士的火車應該跟手錶一樣精準；火車應該在11:59啟程，我剛好戴著瑞士錶。從11:57開始，我就盯著秒針移動。火車早了10秒出發。

在蘇黎世，我跟幾家大銀行有約。偶爾，我會在對話中順帶提到我新銀行的名字，只是為了測試反應。沒有多少人有反應，那些聽說過這家銀行的人，對它所知也不多。有一位銀行家認為這家銀行「非常積極」，這在瑞士可不是讚美的意思。

在蘇黎世，我對瑞士和金錢發自內心的感受開始得到印證。現在，我確實理解花一整周時間泡在銀行裡，也無法歸納出這個國家的廣泛背景。你可以在滑雪場泡一整周，並出現一種不一樣的感受；或是花點時間窩在巧克力工廠裡、跟鐘錶匠或是咕咕鐘同業公會廝混。儘管如此，某種跟瑞士與金錢相關的事物，讓它成為最終的理想或目標，這個國家為這個光譜提供了明確的終點。畢竟，何必一定要是**瑞士銀行**？多數西方工業化國家的銀行系統都已經發展成熟，而一些國家（黎巴嫩、巴哈馬和烏干達）則模仿瑞士的守密制度，黎巴嫩甚至以瑞士銀行的法規為模範。不過，就規模與人均所得而言，瑞士在這個行業還是領先全球。為什麼？這是很瑞士的東西，如果花點時間研究他們如何走出這一條路應該很有趣。儘管我的新銀行一點也不瑞士，但它給我一種能面對未知財政威脅的信心，一種離家很遠的歸屬感。

照理說，瑞士應該是失敗國家才對。瑞士最普遍的形象是群山環繞，而這個形象可說是相當接近事實。瑞士只有7%可耕地，這個國家無法餵飽自己。不像大部分歐洲，它不產煤、石油、天然氣、鐵礦或其他工業設備，也不靠海。當然，它有威廉・泰爾（William Tell）[76]，一個實用主義、技術能力和不願意被擺布的象徵符號。因為多山，瑞士沒有大莊園，也沒有便利的政治區劃。每一個山谷社群都得自己設法生存，這導致一定程度的精明冷靜。大概有個瑞士諺語是這樣說，「如果你相貌醜陋，就去學唱歌」，差不多是這個意思。

在中世紀時，瑞士小鎮發現自己的位置跨著一條「日耳曼—地中海」貿易路線，經銷糖、鹽與香料，懷疑地看著來自威尼斯的黃金和來自萊茵河畔的白銀。根據費倫巴赫（T. R. Fehrenbach）[77]這位作家，瑞士自治市的居民很少信奉中世紀的基督宗教。因為瑞士商販崇敬辛勤工作、個人努力與金錢，而中世紀的基督宗教鄙視這些事物。有句蘇黎世諺語說：「上帝在天上掌權，金錢在地上掌權。就連魔鬼都為黃金跳舞。」

喀爾文（John Calvin）和慈運理（Ulrich Zwingli）改變了瑞士的方向。黃金是上帝鄭重的贈禮，工作是神聖的。喀爾文主義的理想是「一個追求財富的社會，穩重的男士知道要透過勤奮勞動的訓練，獻身於上帝接納的服務。」（出自英國經濟史學家陶尼（Tawney）的《宗教與資本主義的興起》〔*Religion and the Rise of Capitalism*〕，以下引文也是。）喀爾文主義「也許是第一個有系統的宗教教義主體，承認與讚美經濟美德。」從此不再「俗世的經濟動機與宗教生活格格不入」。以下是陶尼引述維思克曼（Wiskemann）、而維思克曼引述慈運理所說

76　譯注：瑞士傳說中的英雄。
77　譯注：美國歷史學家。

的話：「勞動非常美好，莊嚴神聖……使身體健壯，治癒懶惰產生的疾病……在今世的生活裡，勞動最符合上帝的期望。」

於是，銀行業成為新教徒的精美藝術。根據費倫巴赫：

> 慈運理主義並未調和基督與瑪門（Mammon）[78]，慈運理和他理性的宗教後裔從未見到任何衝突。瑞士人不是學習熱愛錢財……瑞士人**尊重**錢財，這是非常不一樣的。因為尊重，瑞士人的目標是追求、處理、節約地使用錢財，這跟德國唯物主義強調的重點截然不同，跟美國追求地位，進而追求權力與名望也截然不同……尊敬錢財，讓瑞士人在處理金錢上，不帶吝嗇的特徵，而更像是一種神職的呼召。他建造舉行典禮的場所和空蕩蕩的懺悔室，一個為它守衛，另一個為它守祕。

400年來，瑞士人信守這句諺語：「金錢在地上掌權。」沒有政治熱情、沒有宗教十字軍。當瑞士人打仗，那是別人的戰爭。例如有200萬瑞士軍人離開瑞士，去歐洲其他地方打仗——肯定是為了錢。瑞士傭兵成為世界傭兵史的一個重要元素。

瑞士人精明冷靜、實用主義和不信任新點子。假如通用汽

78　譯注：《聖經》中的財神。《馬太福音》：「一個人不能侍奉兩個主……你們不能又侍奉神，又侍奉瑪門。」

車是瑞士人的，他們會為查理・威爾森（Charley Wilson）[79]豎立雕像，因為他說對通用汽車好就是對國家好。封建制度、天主教不利商業發展；專制政治、無政府主義、民族主義、強大的中央政府、社會主義、馬克思主義，甚至女性投票權也是。這些風潮全都往山上吹，卻都徒勞無功。（直到最近女士才有投票權，但瑞士依然是一個男性沙文主義豬玀的國度。如果是共有財產制，丈夫可向銀行索要妻子的資訊，但妻子不得以任何理由，在沒有丈夫的同意之下，向銀行索要丈夫的財產資訊。）

在瑞士銀行的法規中，對非瑞士人影響最大的，似乎是兩個因素。一是瑞士人對課稅的態度，在慈運理的新教社會裡，除了誠實為上策，工作與工作報酬也是神聖的。由於沒有強大的中央政府，只有聯邦的州，所以按照任何世界標準，國家課稅都沒有特別高。因此，你賺取所得，繳稅；繳稅是責任的一部分，而責任是生活的一部分。在14世紀，奧地利的哈布斯堡王朝（Hapsburgs）讓威廉・泰爾的生活變得困難，並派出討厭的執法官蓋斯勒（Gessler），至今依然還有學生給他噓聲。瑞士的社會結構讓瑞士保持孤立，瑞士政府從來不曾把逃稅視為犯罪。美國擺脫了英國王室課徵的印花稅與茶稅，繼續自己徵自己的稅；而擺脫了哈布斯堡王朝的瑞士，卻看不出有必要讓生活變得更複雜：他們記取了教訓。

79　編按：美國通用汽車總戴，曾擔任過美國國防部長。

現在世界上多數政府都合作逮捕罪犯——前提是他們都同意那是犯法，或是都同意什麼是犯法。在蘇維埃的俄國或在毛澤東統治下的中國所犯的法，在美國未必是犯法。在瑞士，稅務是州與個人之間的行政瑣事，不是犯法。但如果你搶劫銀行並且把錢寄給瑞士銀行，瑞士政府會樂於合作，打開銀行帳戶的蓋子，確認祕密帳號的號碼，協助把你送去吃牢飯。人人都同意搶銀行是犯法。

1960年代初爆發一件醜聞，跟德州的企業創辦人比利．索爾艾．艾斯提斯（Billie Sol Estes）有關，並涉及大量資產失蹤。有部分人士認為，部分資產可能已經設法進入瑞士銀行了。但美國政府對艾斯提斯的資產處以「欠稅不動產留置權」（tax lien），讓這件醜聞變成稅務問題，就瑞士而言，這件事就到此為止了。

瑞士銀行法規的另一個因素，是外國人都喜歡的：瑞士銀行守口如瓶。但是保密對銀行來說不是新鮮事；事實上，缺乏保密是比較晚近才出現的，是當代民族主義的一環。羅馬的銀行法、德國的民法，以及義大利北部從中世紀晚期開始興盛的各國法律，全都包含保密規定。歐洲人至今對於美國的百貨公司——或者更糟，美國政府——會打給你的銀行並了解你的財務狀況，都感到詫異。一直到1930年代，瑞士銀行都會嚴格保密，但保守祕密主要仰賴瑞士銀行家的責任感。

當德國人——尤其是德國的猶太人——開始把錢寄到希特勒執政下的德國之外——蓋世太保（Gestapo）試圖監看這些

錢的去向。他們有些人單純賄賂或哄騙瑞士銀行的員工，但有些人想出更巧妙的手段：他們假借許多富有德國人的名字，試著把錢存進瑞士銀行。瑞士銀行中了蓋世太保的詭計，收受存款，證實了這些有錢人有瑞士銀行帳戶，這些不幸的德國人火速被帶到集中營，要求他們把瑞士銀行的錢寄回德國，然後再被施加酷刑和處死。大部分被寄出國的錢沒有追回，還留在瑞士銀行裡，現在是屬於銀行的了，因為瑞士法律規定，如果20年內沒有人到銀行領取，存款就不能認領，並被銀行沒收。

瑞士銀行受夠了蓋世太保的計謀，通過了1934年的《銀行法》（*Banking Code*），使銀行守密變成刑法的一部分。洩露任何銀行祕密都會違法，以此來卸除銀行家的道德負擔，並向外國人保證，外國存款受瑞士法律保護。

瑞士銀行最後一項魅力不在瑞士銀行法規裡，而是瑞士的銀行家。700年來，他都在超然、中立的位置上，看著這個世界即將發生的戰爭。城堡在戰爭中被劫掠、首領落荒而逃、國王被廢位、政府垮台、貨幣變成廢紙、家庭破碎、妻子離開丈夫、暴民盤據街頭——這一切都跟瑞士博物館裡的布勒哲爾（Breughels）[80]作品很像。假如政府不貪腐、紙鈔不貶值、徵稅是公平的、沒有戰爭、人類沒那麼容易犯錯——假如這個世界更像瑞士一點——那也不需要瑞士了。但世界就是這德性，而假如瑞士不存在，套用伏爾泰的話，那就得創造出來。銀行裡

80　譯注：文藝復興時期畫家。

的錢是可靠的瑞士法郎，有黃金做後盾。別管是誰帶去的，它是不朽的金錢，像是上帝的受膏園丁親自照料的嬌嫩花朵。即便是這樣的直喻也不太精準，因為把錢好好**守住**比讓錢成長更重要。於是這個神聖的使命：保存增值的資金，證明某地某時某人曾以工作來取悅上帝；而這是他的報酬：管理大筆資金——是一種非常精英的職業。

而且，順便說，非常賺錢。任何賺錢的事，可能全是壞事嗎？

自從去過瑞士之後，有時我會思索新教倫理對監管的影響。顯然，瑞士會計師的能力或瑞士的銀行系統缺了什麼。在某些地方，瑞士並未把處理金錢視為一份高尚的神職呼召。我比較願意被華府的聯準會監管？還是相信瑞士銀行家優良的職業道德呢？棘手之處是，就算在瑞士，也無人真的活在對上帝、喀爾文或是對慈運理的恐懼裡。大部分的習慣都維持住，但新教倫理流失了。

在我第一次造訪這家銀行後不到一個月，保羅和路易士・索爾來到紐約。保羅急切地想要讓銀行參與「股票承銷業務」——意思是，成為對大眾銷售證券的集團之一，在美國這通常是證券行的工作。保羅也想要這家銀行在資金管理上更加深耕，為顧客經營投資組合。

那時「離岸」（offshore）基金的熱潮方興未艾，引領風潮的是柏尼・康菲德（Bernie Cornfeld）的投資人海外服務公司（Investors Overseas Service，IOS）。該基金的總部設在「避稅天堂」，例如庫拉索和巴哈馬。這些國家的法律地位和英、美、西德相當，但法律制度對於課稅、投資政策的管理，以及向基金融資的能力，比那些已開發國家更為寬鬆。保羅和我討論由銀行來經營一檔對沖基金，當作對顧客的額外服務。我們在「實驗」的基礎上短期操作過這檔對沖基金——意思是以少量金額投入，但在帳面上假裝是真正的最大規模。我們在牛市尾巴的某些熱門股中上沖下洗，但事實擺在眼前，市場似乎有些不安定：市場並未展現出任何健康的跡象。幾個月後我們終止了這場實驗，小賠出場。

1969年春季，我收到保羅心喜欲狂的來信。信紙樣式變了：以粗體字印著**巴塞爾的聯合加州銀行**，和「洛杉磯的聯合加州銀行」字體相同。花押字也很眼熟：UCB，我感到熟悉是因為我曾住在加州，UCB在所有電視頻道上放送一則非常琅琅上口的廣告。

「現在我們可以著手開始一些案子了，」保羅寫道。「你會看見我們的新信紙，我們改了公司名稱，而且向前邁出好大一步。聯合加州銀行買下本銀行的過半股權。UCB本身是西方銀行集團的旗艦銀行，而西方銀行集團是最大的銀行控股公司之一。UCB兼西方銀行集團的董事長法蘭克．金恩，已經成為我們的董事長，我是副董事長。我們想出了幾個非常令人振奮的計畫。」

但接下來一年，我們沒有很常聯絡。我們在倫敦的薩佛伊（Savoy）飯店一起舉辦了一場美國投資的研討會，與會者有一些來自英國、瑞士、歐洲、荷蘭、比利時、德國和義大利的歐洲機構、大銀行、共同基金和保險公司。保羅和路易士是受邀來賓，但我沒什麼機會跟他們說上話。

1970年春季，我們的巴塞爾銀行提供股東們額外的股份。我打電話給保羅，他說一切進展順利，還在持續擴張中，但由於證券市場有虧損，1969年是掃興的一年。這並不意外，無論在何處，1969年都不是令人滿意的一年。但現在我們有了一位新的重要股東：挪威卑爾根（Bergen）的維斯塔保險公司（Vesta Insurance Company），而透過他們投資的，可能有20家斯堪地那維亞（Scandinavian）銀行。斯堪地那維亞將成為新沃土，而我們的斯堪地那維亞股東，會為我們帶來許多互惠的生意。

熊市的陰影籠罩著華爾街，券商號子搖搖欲墜。沒太多時間思考巴塞爾或聯合加州銀行，只能預設一切進展順利。我所知道的就這樣了。

年輕有為的團隊與白銀戰役

巴塞爾銀行確實是瑞士成長最快的金融機構之一。在美國，這樣的形象一向受到歡迎；在瑞士，則被視為不可靠而且有點愛出風頭。一則，資格跟能力符合的人才不好找。在瑞士，很難從別家銀行挖走人才。為了管理這家銀行的投資組合，保羅延攬了艾爾弗瑞德．卡爾滕巴赫（Alfred Kaltenbach），一個親切的瑞士人，他穿著時髦，蓄著超長的絡腮鬍。

但是伯納德・庫莫里（Bernard Kummerli）才是挖到寶，他是個熱情、近視、黃褐膚色的外匯專家。庫莫里是本地人，來自萊茵菲爾德（Reinfeld）——巴塞爾附近的瑞士小鎮，這座小鎮以礦泉和中世紀舊城區而聞名，庫莫里的父親是那裡的銀行家。庫莫里在當地學校和一所私立的天主教學校接受教育，然後為瑞士信貸集團（Crédit Suisse，瑞士三大銀行之一）工作。保羅是在霍夫曼銀行（Bank Hoffmann）挖到他的，那是一家規模較小的私人銀行，庫莫里在裡面是貨幣交易部門的主管。庫莫里非常有野心，號稱「行走的電腦」，能在腦海裡處理上百萬的外匯，超酷。據說庫莫里冷漠無情，以他的雄心勃勃來說，這應該不是真的，但是有這樣的說法存在。庫莫里可以不眨眼完成1,000萬美元的交易。有3、4個年輕交易員跟著庫莫里從霍夫曼銀行跳槽過來，其中一位是維克多・澤莫爾（Victor Zurmuhle）。瑞士名字中，字尾-li或-le是「小」的意思；瑞士講德語的人，一大堆名字有這種字尾。當保羅的交易部門開張，庫莫里和澤莫爾成為歐洲金融中心裡知名的貨幣與商品交易員，別號就是「小男孩」（“-li boys” or “Lee boys）。

保羅組建了一支年輕高階主管的生力軍——幾乎都30幾歲——但並非沒有付出代價。瑞士前三大銀行給保羅寫了一封強硬、正式、足足4頁的長信。三大銀行說，挖走員工不合規矩，保羅必須停止。

庫莫里在1968年年中成名，並在白銀期貨中發動一場經典的操作。這家銀行和部分客戶已經涉足白銀，而保羅在5月時出版的信中，暗示著出售白銀。但如果他的生力軍和顧客想要投機——那也沒問題，顧客永遠都是對的。

炒作白銀的基本原理是美國財政部已停止出售白銀，工業對白銀的需求正在成長。所以，當美國財政部停止販售、工業需求又不斷增加，白銀價格是一定要漲的，對吧？

這個推論只有一個問題，就是這個故事老掉牙了，投機者早就預料到所有大事。我自己在挑美元紙鈔，要兌換10或20元的大額鈔票時，會留下寫著「銀貨證券」（silver certificate）[81]的鈔票。事實上，我帶了19張到美國財政部，換回一整袋的實貨白銀。此時已經不再有美元紙鈔是銀貨證券了，而銀價實際上從一盎司91美分漲到1.29美元，財政部就是在這個價格時停止出售白銀，此後白銀又一路上漲到2.50美元，然後巴塞爾的天才們發現了它。但是耐心買進白銀多年的所有人也都發現了，他們就等著這樣的漲勢。到1968年底時，投機者開始獲利了結，白銀價格一路跌到1.80美元上下。在商品交易裡，投資人投入的現金可能只有10%，所以每盎司2.50美元的白銀下跌25美分，就能讓一個帳戶斷頭；而在陣亡之前，應該會有多次追繳保證金通知（margin calls）。

到1969年6月時，銀價進一步下跌，跌破1.60美元，但是銀行透過雙邊快速交易彌補了部分虧損。銀行為自己的帳戶減

81　譯注：美國在1878年至1964年流通的紙鈔，可兌換銀元硬幣或銀條。

少虧損，但它投資白銀還在虧損的顧客，不消說，很不滿，有些顧客跑去向保羅投訴。

從1968年5月起，保羅就不再親自操刀白銀交易。他說，他認為用人不疑，所以給予他的員工完全的自主權。對於某些帳戶的白銀虧損，保羅感覺受挫。「那些人，」他提到他的員工時說，「把一些不該放進去的人放進去。不全是孤兒寡母，但差不多都是。這是不對的。」特別是在他的信件刊物裡，已經預測了這樣的衰退。所以銀行做了一件了不起的事：它終止部分白銀交易，把虧損認列為銀行的虧損。「我們仔細檢查這份清單，」保羅說，「而且我們估算，如果是個有經驗的客戶，他就大到足以承受自己的虧損。但有些帳戶不是，所以我們銀行自行吸收虧損。」白銀帳戶的虧損已逾200萬瑞士法郎。

為顧客承擔虧損的受歡迎銀行

要是我的瑞士銀行保障客戶不必賠錢這件事人盡皆知的話，它很快就會成為全世界最受歡迎的金融機構。然而，這家銀行之後還要再幹兩次這檔子事。

一次是一家名為租賃顧問公司（Leasing Consultants, Inc）的場外交易（OTC）[82]股票，這是一家長島電腦租賃公司，為航空器和電腦設備提供資金。1960年代後期這類公司到處都是；它們生存的基礎是銀行貸款，用於購買IBM-360或噴氣式

82 譯注：指不在正式交易所進行的交易。

飛機等這類很容易租出去的玩意。然後他們把公司經營權賣給大眾。等到艾爾弗瑞德·卡爾滕巴赫發現這家公司時，加入遊戲為時已晚。樂事購、數據處理（Data Processing）、金融通用（Financial General）和列文·湯森公司正在前往巴伯森先生績效最差的名單路上。挪威奧斯陸的一位分析師，向我們蓄著絡腮鬍、衣著光鮮的卡爾滕巴赫介紹租賃顧問公司，證明了遠離長島羅斯林（Roslyn）的距離具有說服力。卡爾滕巴赫為銀行帳戶買進非註冊股票（letter stock），這是一種被限定、而且銀行多年不得出售的股票。買進價位約是每股12與13美元。

銀行不光為自己的帳戶買進租賃顧問公司，還以自己的名義發布一份報告，推薦買進這檔股票。有19位銀行客戶透過銀行買進了。很不幸，租賃顧問跟許多同類型的公司走上了同一條路，它的收入被誇大了，並於1970年初坦承了這一點。股價跌到7美元，到8月這家公司申請破產時，股價是37美分。

再一次，銀行為客戶的虧損苦惱不已。這次損失最重大的是銀行自己的帳戶——實際虧損總計達200萬美元——但是有19位客戶拿回了他們的錢。在《華爾街日報》上，雷伊·維克（Ray Vicker）報導「有一位嚇壞的顧客說：『這是頭一次有人為我的錯誤交易賠錢。』」

同時，庫莫里發現了他施展才華的新領域：可可期貨。不過等庫莫里真正行動時，我們的銀行已經成為偉大的聯合加州銀行的一部分了。

1968年，保羅到西岸出差，同時去了一趟國際史丹佛研究所拜訪朋友。喝了一夜後，保羅去見愛德華·卡特（Edward Carter），百老匯黑爾百貨公司（Broadway Hale）的董事長與執行長，這家百貨公司是美國大型百貨連鎖業者。卡特在聯合加州銀行及其母公司西方銀行集團都是董事。卡特後來打給副董事長克里夫·特維特，後者安排了隔天早上9點開會。時年65歲、銀行的國際事務副總裁維克多·羅斯（Victor Rose）後來也加入了特維特的會議。根據保羅的說法，不到10分鐘，羅斯就說，「我們不能買下那家銀行嗎？」

10月，就在我拜訪巴塞爾後不久，保羅跟聯合加州銀行董事長法蘭克·金恩，在倫敦的希爾頓飯店（Hilton）見面了。金恩當時71歲，他的起點是在伊利諾州斯巴達市（Sparta）的第一國家銀行（first National Bank）擔任助理出納員；在聯合加州銀行當了24年的總裁。「我們想要買下貴行，」金恩說。金恩有三個必要條件：第一，洛杉磯的聯合加州銀行要擁有絕對控制權[83]；第二，查爾斯·沙利克和他的家族不再保留更多股權；第三，管理團隊要留下。1月，金恩到巴塞爾來仔細檢查銀行，他看起來對保羅·厄德曼的魅力毫無疑問。1969年3月，金恩與沙利克達成口頭協議，律師們開始進行併購事宜。交易在5月完成；巴塞爾銀行價值1,200萬美元。聯合加州銀行看上的不是別的，就是要利用巴塞爾銀行在瑞士和歐洲插旗，

---

83 譯注：當股東持有超過公司三分之二以上（67%）股權而在股東會表決時占有絕對多數，等於擁有「股東絕對控制權」，這樣就能藉由控制公司股東會控制董事會，再透過控制董事會控制公司管理層，從而實質掌控公司的決策、執行與管理。

而更重要的是它年輕有活力的高階團隊。「我們為了得到保羅・厄德曼買下銀行，」當時一位聯合加州銀行高層這麼說。根據《華爾街日報》的雷伊・維克報導，金恩對待保羅「幾乎就像親生兒子」。

聯合加州銀行在它新收購的董事會裡任命了兩個人，法蘭克・金恩成為董事長，維克多・羅斯成為董事。加州的銀行對這個收購案很得意，幾乎是馬上就把銀行名字改成「巴塞爾的聯合加州銀行」。在虛有其表的1969年年度報告中，把收購巴塞爾銀行視為該年度的最高成就，並將銀行列為子公司。

保羅曾以為加入一家實力雄厚的銀行會帶來新生意，但顯然沒有。保羅的直屬主管是法蘭克・金恩，在他們的討論中，提及了一個潛在的國際方案。尤其，如今他有了斯堪地那維亞股東，保羅計畫在斯堪地那維亞幾家大銀行具支配地位之外的地區搶灘登陸。斯堪地那維亞沒有美國銀行；有了他在斯堪地那維亞的新人脈，他可以在這些國家會見中小型企業家，趕在他們把錢從國內銀行搬到斯堪地那維亞首都的大銀行之前，招攬他們開戶。

加州銀行接管時，就派出了自己的查帳人員，他們回報了銀行如何承接顧客的白銀虧損，還有在保證金帳戶的潛在曝險，但這並未妨礙兩家銀行合併。事實上，根據保羅的說法，跟母公司之間幾乎沒有聯絡往來。「偶爾，」保羅說，「來自洛杉磯的VIP訪客會打電話來，他們會問哪裡有好吃的餐廳，我們是否能幫他預約法國邊境的二星或三星餐廳。」沒有整體的規畫，也沒有外部預算，只有巴塞爾銀行慢慢地進入加州銀行的報告系統。

同時，伯納德·庫莫里正在買進**全球近半數可可**的路上。

致命一擊的可可交易

到今天我依然不相信這件事會令銀行和個人破產。我收到過吹捧租賃顧問公司的評論，實際上還問過路易士·索爾，怎麼會在這麼晚的時候想到這家草包公司。但沒人跟我說，我們的銀行將要去買**可可**，隨之而來的是目前所見，大自然模仿藝術最詭異的例子。

畢竟，我對可可也一直有點研究。那得追溯到偉大的溫菲爾德發現可可交易的時候。在那些比較悠閒的歲月，偶爾我會跟他一起懶洋洋地坐著看股價走勢，像是一艘小船上的兩個警長，看著田納西河裡的鯰魚。股市暫時平靜，人人都因為某種程度的下滑而疲倦，而不知道為什麼，偉大的溫菲爾德認為全球的可可即將枯竭。

「而且，親愛的，」我記得他說，「當這個世界快要耗盡什麼東西，價格就會飆升。**可可市場**不受監管，價格漲3美分，你的錢就會翻倍。這會一發不可收拾。來共襄盛舉吧。」你為一份可可合約所需要投入的現金，數目也不用多。

這個世界為什麼即將耗盡可可？嗯，因為生產可可的非洲國家遇到政治困境，再加上普遍認為會爆發黑莢果病（Black Pod），一種可怕的可可疾病。農夫們已經遺棄農場，不再進行灌溉。於是我買了一些可可合約，並開始搜尋能導致可可全球短缺的一切情報。是否有未經證實的報導，說迦納內陸爆發黑莢果病？我們歡呼。奈及利亞內戰開打了嗎？對可可價格是好消息——也許可可就無法運往市場了。可可售價為每磅25美分，而我們需要的是農夫遺棄農場、暴動、混亂、不再灌溉可可，以及一些助長黑莢果病的暴雨。等可可漲到60美分，我們全都會變有錢。

我們甚至從布魯克林派出了胖馬文（Fat Marvin）到西非去實地調查。馬文熟知商品市場；事實上，他最近才剛因為類似的交易而破產。我和馬文一起去服飾品牌A&F的門市，他給自己穿上全套的狩獵服，試了一把大象槍，因為你永遠不知道在非洲你會需要什麼。關於我們的投機交易，我們對馬文的消息屏息以待，並收到這樣的電報：

> 降雨斷斷續續
>
> 馬文
>
> 還有
>
> 本地旅館的英國人說，可可樹的數量跟去年相同，卡普西德蠅（Capsid fly）在控制中。

我們不知道馬蠅（horse fly）與卡普西德蠅有什麼不同，但任何會吃可可樹的，都是好東西。

老樣子，儘管內戰、混亂、暴動、沒有灌溉可可樹和可怕的黑莢果病都發生了，可可最後收成還是不錯。馬文回國了，他經歷了一次冒險，被某些當地人全身赤裸地丟進加熱的油鍋中。可可價格沒漲，我們賠掉了賭注。我不光把這件事的來龍去脈寫進《金錢遊戲》，也寫進了《*Das grosse Spiel ums Geld*》（多少算是同一本書的德文版）。事實上，保羅和我曾在國際清算銀行前面，拿著可可豆莢合照。

我們的可可冒險問題（或者諸多問題之一）是資訊及如何解讀資訊。遊戲中有一些認真的玩家——好時（Hershey）、雀巢（Nestle）和M&M——他們買進真正的可可，知道傳播黑莢果病的病媒蚊，我必須假設他們知道的比我們還多，因為他們依然在做可可買賣。於是我寫道，下次感覺可以靠商品交易賺錢的時候，應該找個舒適宜人的海灘躺下，直到這種感覺消失。

可是伯納德·庫莫里沒有讀到這則警世寓言。

當我試著搞清楚我的銀行怎麼會這麼快在溫暖的夏季人間蒸發時，洛杉磯的聯合加州銀行有位副總裁說，「你知道的啊，這一切就像你自己寫的可可經歷。」

它是，肯定是。不幸的是，我沒有全部的拼圖，因為他們在瑞士等待判決，庫莫里還在巴塞爾監獄裡，那裡的當局對於讓我跟他交換線索完全不感興趣。於是庫莫里在相隔了幾年後，走上胖馬文的老路，儘管示警與諄諄告誡的教訓，早就已經出版了。

保羅並未改變他對員工全然授權的政策，就算在白銀交易上跌了一跤也不改。「人人都會犯錯，」他說。

我們的銀行讓一部分顧客帳戶參與了可可交易，「只有少數合約，沒有更多了，」保羅說，而且依據我們銀行的高貴傳統，當市場不利於客戶，銀行當然會承擔虧損。「小事，才10萬美元左右，」保羅說。「我想我們手上只有一些合約。」根據保羅的說法，洛杉磯的聯合加州銀行在買下過半股權時，他們的查帳人員都已經查過這些情況了。

當然，銀行渴望能一舉成功。它有卓越人才與積極進取的名聲，而保羅本人的風格如同劍道一擊，在白銀與證券市場上的錯誤要彌補回來。

一定有人告訴庫莫里，世界就快耗盡可可了。胖馬文走過的路一點都不冷清，庫莫里啟程前往迦納，去成為一個可可專家。後來我問保羅，庫莫里去迦納做了些什麼。

「我最好會知道，」他說。「喝了很多啤酒。我想他結交了一些專家、商品專員、做可可交易的人之類的。」

1969年7月中旬，我們銀行的商品部門，正在進行某種跨部門的陰謀。庫莫里正在度假，而其餘「小男孩」中的一員，維克多．澤莫爾來向保羅報告，庫莫里一直在做投機交易。根據保羅的說法，澤莫爾發現3,000筆可可合約，全都押注在混亂、暴動、未灌溉與黑莢果病。他們怎麼處理？「我們全賣出去。」到目前為止，對商品交易員都沒有設下任何限制；現在，保羅告訴他手底下年輕的瑞士會計師赫穆．布魯特希

（Helmut Brutschi）要開始管控。顯然布魯特希從來都沒有執行管控，就連遠在斯堪地那維亞開拓新客源的保羅，都開始意識到加強交易管控的強烈需要。他從國家收銀機公司（National Cash Register）的一個瑞士單位挖來一個這樣的主管，但「他沒有成功」。而等到又從大眾銀行（Volkesbank）挖來一位類似的主管時，帳本已經被篡改了。

1969年8月，庫莫里收假回來上班時，他立刻炒澤莫爾魷魚。他說澤莫爾一直在做未經授權的投機交易。

接下來的情節勢必會有點朦朧，但可以肯定地說，應該沒有人知道到底發生什麼事。從銀行停止營業以來，查帳的團隊就一直在整理這一團錯綜複雜的混亂，再加上瑞士一貫的守口如瓶。一場審判即將到來，而大部分資訊都屬於檢察官，檢察官即便面對瑞士人或檢察官同僚，也是緊閉雙唇。

沿著這條線索追查，巴塞爾的聯合加州銀行，共買了17,000口可可合約——**1.7萬口，面額1.53億美元**。對一家淨資產為800或900萬美元的銀行來說，這是很大的數目。賣給銀行這些合約的，是大型商品券商：美林、海登史東，以及倫敦的隆科瑞斯（Lomcrest）。通常來說，券商不會給一家淨資產只有800萬美元的機構，提供總計高達1.53億美元的授信，但我們的信紙上說，我們是巴塞爾的聯合加州銀行，而聯合加州銀行本身的資產超過50億美元。

我們的銀行跨足到可可的時機很微妙。它努力買在高點，例如一磅48美分，然後市場就開始暴跌。到1970年6月時已經接近每磅30美分，以10%保證金而言，我們的銀行已經賠掉3或4倍（搞不好更高）的股本，注定無力償還，除非加州的母公司願意幫忙。

不料，沒人知道，此時公司帳簿真的被篡改了。「資產負債表無可否認是偽造的，」馬克思・斯圖德（Max Studer）說，他是瑞士銀行審查協會（Swiss Society for Bank Inspection）的審計師。但是騙局更早開始，銀行並未真的吸收租賃顧問公司徹底失敗的虧損。「這筆錢只是賠的數目太大了，」保羅說。「沒人會在一季之內沖銷500萬瑞士法郎，數字太大了。你會把它分散到更長的會計周期，不這麼做財報會很難看。」卡爾滕巴赫做的事，是收到一封來自挪威公司的信，信中推薦這檔股票承諾以25美元價格買進，儘管當時這檔股票價格已經跌了40%。作為回報，銀行承諾會補償挪威公司的購買損失，這樣他們就不會再在這檔股票上賠錢了。換言之，這兩家公司是互相交易毫無價值的文件。「挪威的保證毫無意義，」保羅告訴加州銀行。「只是要讓查帳人員開心，」洛杉磯這邊這樣回答。顯然，加州銀行認為這沒問題。

負責查帳的是一家公司，名叫銀行審計公司（Gesellschaft für Bankenrevision）；這家審計公司本身由瑞士前三大銀行中的兩家持有：瑞士銀行公司（Swiss Bank Corporation）和瑞士信貸集團。審計人員不但開心，還批准並認證了一份已經短少了大約2,000萬瑞士法郎的資產負債表。

庫莫里和全體工作人員眼看可可暴跌，絕望地進行指定價格交易；有些審計員藉由隱匿不同交割月份的合約、短期的價格波動，企圖縮小虧損數字，但即便是指定價格的交易也起不了作用。可可很罕見的獲利時會記入帳簿；有虧損時，虧損函證（confirmations）[84]會塞進庫莫里的辦公桌抽屜。

後來——事實上，是保羅交保出獄之後——我問他，在這個電腦時代和有組織的紀錄管理時代，這一切怎麼可能會發生。

瑞士史上最大的銀行破產事件

「一個錯誤，」他說。讓商品部門和外匯交易與出納櫃檯，在同一個屋簷下經營，銀行同業存款（interbank deposits）以多種貨幣存入與收受。「三大銀行控制外匯市場，」保羅說。「我們非常積極，我們不斷拓展業務，直到我們成為瑞士第五大銀行，這導致我們一天就要兌換50億瑞士法郎。銀行自己遠期與現貨的各種貨幣頭寸，加起來就超過20億美元。當你有那麼多錢，不會有人在意區區幾百萬美元的。」賣可可合約給聯合加州銀行（UCB）的券商，收到的款項是外匯部門支付的。加州銀行抽查了它驕橫的子公司，並暗示20億美元的外匯頭寸對一家銀行來說有點太大了；他們表示或許只持有10億美元外匯比較洽當。

在巴塞爾一處公寓露台上，保羅和我一起坐著討論，有如

84 譯注：收到函證的人必須直接回覆查核人員詢證函所要求的資訊，或是否同意詢證函所記載之資訊。

我們是管理顧問，在分析這些流程。

「是說，」我說，「你記得我寫過可可的報導嗎？」

「當然，」保羅說。「寫得很精采。」

「你記得你給我一個生病的可可豆莢當禮物，在我第一次來到巴塞爾的時候嗎？」

「當然。」

「你記得報導的最後講什麼嗎？有真材實料的可可專家嗎？好時和雀巢之類的？當你嘗試要做可可投機交易，**躺下直到感覺消失**。」

保羅聳聳肩。「這些人說他們知道他們在做什麼。」

「那庫莫里呢？他讀了報導了嗎？」

「沒有，當時德文版的《金錢遊戲》還沒出版，而庫莫里不看英文書。」

這是第一次，我失去耐心。

「**他是用英文去買可可的，不是嗎？**」我說。

一陣尷尬的沉默，友好的氣氛逐漸消失。

「他是用英文去買可可。」保羅再次聳肩。「我很確定他絕對沒讀過那篇報導。」

我們回頭討論銀行的衰亡。

我問他，在一家現代化、20世紀的瑞士銀行，這麼多錢怎麼可能只因把虧損函證塞進辦公桌抽屜，就憑空消失？畢竟這不是搶劫、也不是盜用公款，到目前為止，我們知道錢並未進任何人的口袋。

「我們不該把商品市場和外匯部門一起合併經營，」保羅又說了一遍。「這太容易隱匿，單靠列出另一家銀行的定存就能做到。當一個部門下單，虧損函證應該寄到別處才能夠覆核。資產負債表上每一個欄位都得核對，但實際上並沒有。」

「外部的審計員不是應該進來查帳，至少一年一到兩次嗎？」

「是應該，但瑞士的審計公司只在乎你們給的數字對不對得上，而不是數字背後有沒有藏匿什麼東西。還有一件事。」

「什麼事？」

「執行長應該知悉一家銀行的營運面——所有程序、會計流程等等。我以為我底下有人把關，但是沒有，而我自己肯定也沒做好這件事。」

我想知道庫莫里的動機為何？我明白為什麼任誰都會因可可的傳說上當，我自己就是。畢竟，無論在哪一年，世界都可能耗盡可可，儘管這件事至今都沒有發生。但是從上當到把虧損函證塞進抽屜，再搞到一家銀行破產，那可是一大步。

「我想一開始，他是想讓他手底下的交易員佩服他。他是個非常自負的人，有非常聰明的名氣在外。當虧損是一百萬或兩百萬時，他只是無法承認。他就像輪盤賭桌上的人，加碼再加碼，等著最後一次加碼能讓他回本。最終——我不知道，也許他看見了這場災難的走向，決既然他某天會被逮捕，就要為出獄那天準備點錢。我不知道。要這麼做，一定要有共犯，某個在商品公司上班的人。」

1970年夏季的某日，保羅正準備去度假。那時，他已經輕饒了租賃顧問公司的震盪，知道商品部門裡正在進行投機買賣，但風暴的嚴重程度還在後頭。他被銀行會計長攔下，說有個問題。那是一張小小的粉紅單，上頭是把2,500萬瑞士法郎記入借方。會計長說這肯定有錯；保羅茫然毫無線索。

「我知道一定有哪裡出差錯，」保羅說。「我知道我應該留下來理順這個問題，但是家人已經很久沒有度假了。」

保羅辦公桌上，有一份公司年報的部分翻譯，是由內部完成的。外匯、外國貨幣與商品交易的保證金部位，被加在一起成為一個大數字。還有一張價值2,500萬瑞士法郎的神祕粉紅單，顯然是已實現的可可交易虧損。保羅刪除了報告中提及「保證金」的部分，儘管該報告已經以德文發布，瑞士銀行委員會（Swiss Banking Commission）也已經批准。「如無必要，何必發布警告？」保羅說，「我們需要時間釐清。」

保羅一家人出發去西班牙馬貝拉（Marbella），但保羅度假並不盡興。

「我睡不好，」他說。「我胃痛。」

保羅這次度假完全無法享受。因為周圍漂浮著懸而未決的問題。為什麼會計長要給他那張2,500萬的帳單，然後問他這是什麼？還有哪裡有問題？

「有哪裡不對勁，而我沒有正視它，」保羅有點吞吞吐吐地說。舉家返回巴塞爾之後，保羅背著庫莫里低調展開調查。看起來，商品部門有鉅額虧損。所以，根據保羅的說法，他把庫莫里叫進辦公室，然後發生了類似以下的對話：

保羅：「發生什麼事？」

庫莫里：「虧損，虧損。」

保羅：「我知道虧損，但是賠了多少？」

庫莫里：「我不知道。」

保羅：「為什麼不知道？」

庫莫里：「我失控了，我就是失控了。」

保羅：「賠了多少？500萬？」

庫莫里：「更多，我失控了。」

保羅：「1,000萬？1,500萬？」

庫莫里：「應該更多。」

保羅：「2,000萬？」

庫莫里：「差不多是這樣吧，我猜。」

然後庫莫里繼續嘀咕著「虧損，虧損」以及「我們失控了」。

2,000萬，不光是這家銀行完蛋，還有1.5家同等規模的銀行會完蛋。保羅判斷他最好親自到洛杉磯報告這個消息，他搭上瑞士航空每日的早鳥班機，從巴塞爾飛到巴黎，再轉乘法國航空的班機飛越極地，前往南加州。

保羅和海莉入住洛杉磯的世紀廣場飯店（Century Plaza），聯合加州銀行的資深副總裁尼爾．摩爾（Neil Moore）來見他們。「別講細節，」摩爾說。「給我虧損數字，要細到幾美分。」

8月30日星期日，法蘭克·金恩率領一群聯合加州銀行高層，跟保羅在比佛利·希爾頓飯店（Beverly Hilton）的會議室見面。根據保羅說法，銀行總裁處變不驚，他說：「有賺有賠。」人人似乎都關切一個問題，就是如何把這件事壓下來，不要造成擠兌。「有多少人知道？」保羅問。「我們壓得住嗎？」

銀行審計長擔心虧損程度。「我們處理500萬美元還行，」他說。「但是2,000萬——2,000萬就算對法蘭克·金恩來說，也是棘手得很。」

2天後，保羅和海莉，以及尼爾·摩爾和一位銀行的委任律師，飛回巴塞爾。「飛越大西洋時，沒人說太多話，」海莉回憶。外部的委任律師去查銀行的帳，虧損似乎比較接近3,000萬而非2,000萬美元。在洛杉磯，保羅已經提出辭呈，但他會繼續擔任高階主管和顧問，以「收拾爛攤子」。他們的想法是銀行應該繼續營業，依然是聯合加州銀行的瑞士成員，母公司會設法保護存款戶與債權人。

9月6日，巴塞爾的聯合加州銀行召開董事會議，但是保羅沒待太久。他被要求離開會議室，並被告知他被炒魷魚了。「我回家，喝了杯蘇格蘭威士忌。」

聯合加州銀行的主管們來到伯恩的瑞士銀行委員會，提出他們賠償存款戶與債權人的計畫。瑞士銀行委員會很自然地擔心起瑞士銀行業的聲譽；巴塞爾議論紛紛的說法是，如果能保護好瑞士銀行的聲譽，他們欣見美國人持有的銀行被打得鼻青眼腫；現在要把外國人趕出瑞士更省力了。聯合加州銀行主管與瑞士銀行委員會之間談了什麼無從得知；再一次，謠傳委員會告訴聯合加州銀行，如果他們好好賠償損失並離開瑞士，會盡力把他們排除在審判之外。9月10日，銀行暫停營業，而9月16日下午2:00，門上貼上公告，宣布銀行破產。

巴塞爾的聯合加州銀行絕對不是瑞士第一家破產的銀行。在1930年代的大蕭條時期，瑞士跟世界各地一樣，前7大銀行倒了3家。瑞士銀行業在德國過度投資，他們的投資遭遇到德國1920年代的通膨、納粹的崛起，然後又受到二戰的衝擊。近年來，德國銀行倒閉是因為不良貸款、埃森銀行（Aeschen Bank）、阿比崔克斯（Arbitrex）的投機交易，以及賽利格曼銀行（Seligman Bank）沒搞清楚建築許可就買下羅馬大片土地，被流動性的堵塞悶死。所以，銀行破產對瑞士來說不是新鮮事。

但是我投資的銀行被載入了年鑑，這是瑞士史上最大的破產事件。

一切與美國不一樣

9月9日星期三，保羅正要下樓吃早餐。巴塞爾警察出現在門口時，他穿得很隨便，腳上是樂福鞋，沒穿襪子，警察說他被通緝審問。保羅有料到這一天，他想他會待上2到3天。巴塞爾警方還逮捕了「小男孩」們，庫莫里和澤莫爾，還有赫穆·布魯特希，會計師比特·史懷哲（Beat Schweitzer）、路易士·索爾和艾爾弗瑞德·卡爾滕巴赫。

保羅被帶到一間有廁所、折疊床和一張桌子的牢房。行程大致上是這樣跑：早上6:30燈亮，門口會遞來掃帚。7:00，遞來一杯可可和一點麵包，7:30來收杯子。偶爾會提供一個半小時的運動場放風；然後門口在11:00遞來午餐。「午餐還不壞，」保羅說。晚餐——湯與黑麵包——在下午5:00透過門送進來，然後9:30熄燈。

每天早上8:00，典獄長都會經過，問一切是否安好。

這座巴塞爾監獄，本身是位於市中心的17世紀陰森建築，窗很小，離地板老高。雖然沒人起訴保羅，他也不被允許會見律師。他獲允每周寫兩封信，以及妻子可以每周探監一次，大約15分鐘。一連好幾周，期待中的審問都沒有發生。

接著，門上有鑰匙轉動，一名警衛監護他到另一棟大樓接受審問。我問警衛是否武裝。「他的配備是一隻狗，」保羅回答，但僅此而已。保羅隔著桌子面對調查的執法官。

「發生了什麼？」調查的執法官這麼問。

對海莉來說，如果有差別的話，就是生活更加辛苦。首先，她沒有收入，因為家庭資產全都是那家破產銀行的股票。她在藥廠找到一份祕書工作，並與女兒們跟她的阿爾薩斯幫手——自願無償留下幫忙——搬到一間小公寓。

「我很害怕，」海莉說。「因為巴塞爾沒有人願意跟我說話，我感覺房子被監視了。大家都害怕用電話打給我，一切就像電視上一齣難看的犯罪節目。」

後來，海莉有一些巴塞爾友人說，嫁給美國人是她的權利，而一個這麼激進的美國人行事不穩當，所以才會罪有應得。有些巴塞爾人暗示這是離婚的好時機。「巴塞爾，」海莉說，「對一個帶著孩子的女人來說，不是個愉快的地方，尤其是丈夫捲入麻煩的女人。」海莉不工作時，就設法保釋保羅，跟律師們商討，但是看來若要設定保釋金數字，那將高達100萬瑞士法郎，或是25萬美元。這遠超出她能籌到的錢。整體上，感覺海莉的丈夫犯下的罪太過惡劣，幾乎無法討論。謀殺至少還能理解，但保羅依然未被起訴。在瑞士，公民可能會被羈押3周，如果當局覺得有額外調查的必要，3周還會不斷延長。保羅在巴塞爾監獄裡蹲了10個月——幾乎都是單獨監禁，既沒保釋出獄，也沒有被起訴。當他的律師詢問有關當局時，被告知可能會被起訴涉嫌「不誠信經營」（*Verdacht der ungetreuen Geschäftsführung*），實際上這句話不是原本以為的「對銀行犯罪」，而是「不誠信經營」。針對不誠信經營的部分，還增加了偽造文書罪。

後來我問一位瑞士律師程序問題。「這裡不是盎格魯—薩克遜國家，」他說。「我們沒有人身保護令（habeas corpus）的原則，也沒有無罪推定的概念。」負責調查的執法官，工作是盡力查明真相，而如果你把一個公民關進牢房，除了負責調查的執法官，不讓他跟任何人說話也會相當有效。」

「萬一，」我問，「公民是無辜的呢？」

「如果他無罪，那他會獲得平反，」這位瑞士律師說。「他會拿到坐牢期間的薪資。假設他年薪6萬，他就會據此收到賠償金。當然，假如他獲判有罪，服刑時間會算進去，如果表現良好刑期會減半，而瑞士的刑期又不像美國那麼長。」

「一開始我很高興結束了，」保羅說。「我真的以為我只會被關一、兩周。我有失察之罪，沒人會質疑這一點。但這不代表我該單獨監禁好幾年，是吧？過了幾周後，我知道如果我只是枯坐牢房裡，生活將有如行屍走肉。所以我建立起嚴格的紀律。打掃完牢房後，花半小時做健身操。然後我要求打字機。我決定只要繼續蹲在牢房裡，就要寫一部小說。」

當然，保羅不是普通囚犯，他是沒被起訴的銀行總裁，巴塞爾的監獄也不是阿提喀（Attica）[85]。它或許像斯巴達那般刻苦、樸素；卻也是瑞士的監獄。在瑞士，你付錢就能買到東西。保羅花錢訂閱《華爾街日報》、倫敦的《金融時報》、《經濟學人》和瑞士報紙龍頭《新蘇黎世時報》（*Neue Zürcher Zeitung*）。他還付錢租了一台電視機。

「在很短的時間內，」他說，「我就吸收了這輩子最多的資訊。除了對未來的不確定性，其餘我都很享受。」

---

85 譯注：古希臘地名，所以後文才會提到斯巴達；但此處亦指1971年紐約州發生知名的阿提喀監獄暴動，暴動原因是囚犯要求更好的生活條件。

那不止是一座17世紀的監獄，也是17世紀的監獄生活，有如《乞丐歌劇》（*The Beggar's Opera*）裡的黑社會老大馬奇斯（Captain MacHeath），他能為了上最好的館子吃一頓，甚至為了女主角波莉而溜出監獄。

「你只能偶爾外出打打牙祭，」保羅說，「如果你付錢。在瑞士，付錢就能買到。」

在此期間，我回到紐約的大牧場，做了權利受到侵害的公民都會做的事。我打電話給一位律師。事實上，是多位律師。我以為這應該很有趣。畢竟，這不光是一筆令人失望的投資、一檔下跌的股票，這是**犯罪**。銀行管理階層全都鋃鐺入獄，既是犯罪，總得伸張某種正義。

華爾街大律師事務所的反應非常有意思，足以激起某種程度的憤世嫉俗，如果你對律師本來就有悲觀的傾向。他們承認確實有一件訴訟案，但是由於他們自己與銀行業的關係密切，一個個都像兔子逃入灌木叢裡了。我在華爾街律師圈裡，就像漫威裡的黑豹（Black Panther）[86]那樣受歡迎。

有個朋友說，「聽著，不要以為我們不接不得人心的案子。唉，我們接過前納粹的委託——出身斯潘道（Spandau）[87]、很有錢的前納粹，我跟你保證。我們也接過逍遙法外的希臘船主，他們甚至覺得法律是一種羞辱。但我們現在說的是對**銀行**

---

86 編按：此文意思是人人閃避。60年代中期至70年代初，以武力捍衛黑人權利的黑豹黨興起，也是漫威人物黑豹的靈感來源。

87 譯注：柏林近郊的小鎮。

提告，我們的客戶中有紐約的一家大銀行，而這是一家西岸大銀行，他們一起合作很多生意。我們的紐約銀行客戶付給我們很多錢，他們不會希望我們接這個案子的。抱歉，寶貝，慢走不送。」

我打電話給亞伯（Abe）。我真該先打給他的。亞伯拉罕·龐莫蘭茲（Abraham Pomerantz）69歲，是個大胖子，留著一頭漂亮的濃密長髮。他也是令銀行聞之色變的名字，更別提共同基金和其他金融機構了，因為亞伯是投資界的拉夫·奈德（Ralph Nader）[88]。當然還是有不同之處，拉夫·奈德住在提供膳宿的招待所，用樓下大廳的付費公用電話工作；亞伯住在頂樓豪華公寓，工作地點是繁華市中心的律師事務所裡，資深合夥人的高級辦公室。拉夫·奈德燃燒正義之火；亞伯認為社會上有許多缺失，可以藉由法律行動來修正，而他在修正成功的過程裡，口袋也賺飽飽。

在1930年代初，亞伯還是個奮進的年輕律師時，高中體育老師的遺孀來找他。這位遺孀蓋琳（Gallin）的丈夫留下國民城市銀行（National City Bank）的20股給她，這檔股票一度每股來到400美元，如今只值20美元。「我記得告訴過她，投資賠錢沒有法條可以告，」亞伯說，於是遺孀蓋琳離開了。然後，參議院的銀行與貨幣委員會（the Senate Committee on Banking and Currency）——他們經常跟首席律師費迪南·裴柯拉

88 譯注：美國知名律師，曾以綠黨候選人身分，參與1996與2000年的美國總統選舉。

（Ferdinand Pecora）合作——開始調查這個國家裡，某些董事會發生的欺騙行為：薪酬過高、公司資產交易等等。查爾斯．米歇爾（Charles Mitchell）和國民城市銀行的幾位董事，似乎在這張清單上排名很前面，而且在別處還有一個記錄詳實的知名訴訟案。亞伯代表遺孀蓋琳對國民城市銀行——以及其他股東——提起股東代位訴訟（derivative action），會稱為代位訴訟是因為，他們因持有該公司股份而獲取權利。提告的股東代表的不只是自己，還包括他的同類——追隨他的股東。

法院判給遺孀蓋琳180萬美元，其中，亞伯——以及參與此案的律師和會計師——總共拿走472,500美元。亞伯成了小股東的鬥士。下一家是大通銀行（The Chase Bank）；葛楚太太（Mrs. Gertrude）的裝訂商判賠250萬美元。

亞伯繼續挑戰利用交易投資組合賺取佣金、來支付基金銷售費用的共同基金，收取過多銷售佣金（sales loads）的共同基金，以及拿佣金來買研究報告等案子。在這些官司裡，他質疑銀行利用信託部門的佣金來為自己賺錢。最後，他甚至讓藥廠為四環黴素（tetracycline）[89]的價格操作判賠1.52億美元。由於不可能一一償還給藥物的個人消費者，這筆錢分給了50州的衛生部門。不過，亞伯主力還是放在證券與投資領域，而這一行的產業結構在亞伯出現的之前與之後，幾乎完全不同。

於是我打給亞伯。照理來說，職涯來到這個階段，亞伯是

89 譯注：一種抗生素。

不會接聽民間人士的電話的，但是在證券業的漫長旅程中，我們的路徑相會了。亞伯已在報紙上讀過相關報導。他請我馬上過去。「這讓我再次感覺年輕，」亞伯說。

我已經列了一張問題清單。如果一家大銀行買下一家小銀行，並因此有權決定人事去留，而且事實上有權提名整個董事會，他們不必為適當程序負責嗎？他們確實有權力；事實上，他們在一個周日只花10分鐘，就把銀行總裁解聘了，而且並未知會我們這些小股東。所以難道這家大銀行沒有涉嫌**不誠信經營**（***ungetreuen Geschäftsführung***）嗎，即便他們並未偽造文書？而外部審計者認證了所有**偽造文書**和**不誠信經營**；普華永道（Price Waterhouse）和畢馬威（Peat Marwick）[90]為省事惹出許多麻煩，審計員不是也該負法律責任嗎？還有董事會：當然了，董事會。

可是當我去見亞伯，他看起來情緒沉重。他閱讀了部分研究，然後從文件上抬起頭來。

「這要是發生在這個國家，」他說，「集體訴訟將價值1億美元。但這發生在瑞士，而在瑞士，每件事都是祕密。我們甚至連股東有誰都不知道。瑞士是非常落後的國家，他們連什麼是集體訴訟都沒聽過。所以你所有的問題，答案是是的。是的，董事會顯然有責任，但是銀行管理階層都下獄了，顯然也都破產了，除了來自母公司的兩個加州人。以及，是的，如果

90 譯注：上述兩家都是國際四大會計師事務所之一。

是在**這裡**，審計員有罪。是的，如果在**這裡**，擁有絕對控制權的銀行要負法律責任。但問題就不是發生在這裡。所以我無法接下這個案子，但我喜歡你，你也喜歡我，而所有那些聯合加州銀行不希望牽扯進來的人中，我們兩人肯定在這張清單上名列前茅。我在這圈子是有名的食人魔，所以我會寫一封食人魔的信給他們，我會以你股份的成本價當條件。或許他們會想要收購一位股東的股權，只為了收拾殘局。畢竟他們的名字遍布募股說明書。」

可是聯合加州銀行似乎不想再買進更多股份了，我們收到聯合加州銀行的美邁斯律師事務所（O'Melveny and Myers）措辭強硬的回信。他們說，我們提及的實體是一家**瑞士銀行**。有趣的是這家銀行有相同名字，但顯然，他們怎麼可能跟這家銀行扯上關係？

「我就怕這樣，」亞伯說。「你瞧，這就是棘手之處。整件事是**在瑞士**發生的，瑞士人連電話號碼都不會告訴你。你必須在瑞士起訴，但問題是瑞士的銀行已經不在了，所以無從起訴。而聯合加州銀行位於洛杉磯。」

「沒有正義嗎？」我問。

「這是個形上學的問題，」亞伯說。「我不知道有沒有正義，但我知道一件事：那個該死的落後國家沒有集體訴訟。你知道，我有個顧客曾經要我加入保證賺錢的商品交易。」

「發生什麼事？」似乎是適當地打聽。

「我賠光一切，」亞伯說。「我投資從沒賺過一分錢。幸好我在法律圈子裡頗會賺錢。」

再一次重溫募股說明書

當我思索正義的變化無常和它在自然界的限制時，保羅正在牢房裡打字。

過了一陣子，嚴格規定稍為放寬。保羅獲准可以去監獄圖書室，但他發現圖書室亂無章法。他獲准找一些囚犯，一起為圖書室整理與編目。「此外，」他說，「巴塞爾監獄裡還有他國人士——南斯拉夫、西班牙、英國人。他們無書可讀。」保羅寫信給13國大使，要求他們捐贈舊書給巴塞爾監獄。有些人捐了。當圖書室的整理完成時，典獄長設宴招待了圖書室的專案小組。

「他和他太太親自招待，我們喝到非常滿意的紅酒，」保羅說。

銀行高層陸續保釋出獄。路易士・索爾精神崩潰，獲釋後前往比利時。1971年初夏，保羅以50萬瑞士法郎保釋出獄，錢是哈利・舒茲、海莉家人和一些朋友湊齊的。保羅後來去了英格蘭，為《哈利・舒茲信件》工作。除了庫莫里，其餘囚犯都保釋出獄了，有人說庫莫里——當然，這取決於他被判有罪或無罪——會被長期拘留。在負責調查的地方執法官面前，保羅跟庫莫里有過一次對質。庫莫里說人人都知道帳本被動過手腳，是洛杉磯直接對他下令。「他可能還說了是聖女貞德或耶穌下的令，」保羅說。巴塞爾有一些猜測，對於庫莫里是否真的在獄中精神崩潰、還是狡猾地在演戲，好讓他被關進精神病院，而不是在監獄服刑。對庫莫里夫人也有一些流言蜚語，她開著奢華的賓士在城裡疾行。瑞士德語中有一種說法，翻譯過來是「綠寡婦」。綠寡婦顯然知道她丈夫坐牢時，某些綠色要去哪裡找。

調查當局向所有幫巴塞爾的聯合加州銀行處理可可交易的商品經紀商，都寄出調查問卷。除了倫敦的隆科瑞斯，其餘問卷都寄回來了。

我再次重溫募股說明書，真是被虐狂。上頭寫著，「保守的瑞士銀行業與美國所認同的現代企業、金融管理技術之間的橋梁」。

> 〔募股說明書上說〕接著是目前的情況，該銀行是洛杉磯的聯合加州銀行的分公司，銀行的總資產在1969年底為52億美元。然後，聯合加州銀行又隸屬於世界最大的銀行控股公司西方銀行集團，旗下有23家提供全方位服務的商業銀行，分散在全美11個西部州。聯合加州銀行本身係由紐約市一家國際銀行全資持有，並在英格蘭、比利時、瑞士、西班牙、黎巴嫩、日本、墨西哥和希臘設有分行、代表處或附屬機構，與全球各地的重要銀行都有直接的業務往來。

音樂再度響起，太陽絕不會沉落在我們快速成長的瑞士銀行。我試著從這次經驗汲取教訓，但我知道如果明天某個人給我捎來瑞士快速成長的金融機構，跟大銀行又有這樣的隸屬關係，加上年輕有活力的管理階層，我或許會重蹈覆轍。這當中有一件事，最令我煩憂。

「我打電話給你，」我問保羅，「問你這家銀行做得怎樣的時候，那時銀行正在籌措更多資本，你清楚情況不是那麼順利，但你一個字都沒說。」

「我們即將在蘇黎世和日內瓦開設分行，」保羅說。「我們即將在布魯塞爾和盧森堡開銀行。我們的資產負債表有點小問題，但誰想過我們會搞不定呢？」

我問保羅接下來的打算。

「我不覺得我會成為某家銀行的總裁，」他說。

「我也不覺得。」

「我打算寫完我的書，」他說。

我讀了保羅小說前60頁，雖然遲了，但或許我確實學到一些教訓。場景設定在不久的將來。世界捲入一場金融危機。來自世界各地的財政部官員飛往一座又一座首都。在這些人物當中，有來自莫斯科國民銀行（Narodny bank）的俄國人，來自英格蘭銀行、有著受封頭銜的英國人，虛張聲勢的美國人，名叫山米的保險箱竊賊，巴塞爾警察，和一位拘謹、嚴肅的瑞士銀行家，他即將發動一場大膽且完全合法的貨幣政變，為他的銀行帶來10億美元的獲利。**10億美元**。史上最偉大的日本劍道一擊。

5 肯定有人做對了：大師的教誨

在我們的瑞士銀行比較清醒的日子裡，我們想做的，是在歐洲創造一些超級貨幣。怪事發生前，我們曾期待計畫會照以下劇本進行：我們的銀行會生意興隆，持續成長，然後將提供一些股份給歐洲投資人（還有美國人，如果他們願意支付政府的處罰性稅率）。然後股份可以上市，可能是在倫敦、布魯塞爾和蘇黎世，我們將擁有超級貨幣。我們可以用超級貨幣取代現金，去購買其他銀行與服務，無論何時，當股東們想要一間瑞士農舍或新的布穀鳥自鳴鐘，他可以從我們的超級貨幣削下一點皮。那也會是**瑞士的**超級貨幣，當美元有麻煩時，**瑞士**的超級貨幣甚至能賣出更高的溢價。

超級貨幣的部分生產者會遭遇不幸，許多交易超級貨幣的人也會。但無論如何，不會是全部。傷兵名單是在所難免的，但不會到處都是。會有人堅守計畫，保持冷靜。

如果證券分析師可以算是一種職業的話，在我們這一行，只有一位教父。班傑明．葛拉漢是無可爭辯的教父，理由是在他之前沒有這個職業，在他之後才有人這樣稱呼這一行。他是在1914年來到華爾街；20年後，他出版了第一版《證券分析》，成為該領域第一本、也是最重要的一本教科書。大開本、黑書皮，令人望而生畏，已經印行到第4版了。一代又一代的分析師隨著葛拉漢和陶德長大，一如它的書名——陶德是指大衛·陶德（David Dodd），本書共同作者、哥倫比亞大學的教授。葛拉漢本人斷斷續續地在哥倫比亞大學以及加州大學洛杉磯分校任教18年。葛拉漢登場時，證券分析師是統計人員，一個有著墨漬的可憐蟲，頭戴綠色遮光眼罩，坐在三腳凳上，把數字交給負責管理當天資金的合夥人。如今證券分析師這一行有認證考試、有學術性的分析師協會，還有特許金融分析師（Certified Financial Analyst，CFA）的稱號。

這讓葛拉漢成為教父，卻不一定能讓他獲得紐約市金融中心的尊敬，因為一般金融系教授很少玩股票，而現代的尊敬是建立在「美元」。可是葛拉漢本身也是一位活躍的投資人，投資年資20餘年，是他自己的投資公司葛拉漢－紐曼（Graham-Newman）的負責人，在上個世代，這家公司是公認非常聰明的企業，而且他非常愜意地以千萬富翁之姿退休了。葛拉漢今年78歲，輪流住在他位於南法馬略卡島（Majorca）和拉霍亞（La Jolla）之間的房舍。這令他除了成為教父，還獲得尊敬。

有一天，我收到這位好教父的來信，他當時在他南法家中。那封信寫得親切，教父人也親切，你或許已經讀過，文字簡短，但說了很多。

「蘑菇」

馬賽市42大道

普羅旺斯艾克斯（Aix-en-Provence）

——1968年9月6日

「亞當・斯密」先生收

藍燈書屋

紐約市

親愛的「亞當・斯密」，

這是你在《金錢遊戲》中稱呼為「證券分析師的教父」那傢伙的感謝信。我拜讀了你的大作，讀得很愉快，欣賞你許多方面的涵養。此外，本書也讓我知道，離開華爾街這些年來的近況。

我認為書中非關英語的部分我都看得懂。不過，你在第25頁的希臘語讓我有點困擾。第二部分顯然是「上帝要毀滅誰，必先讓他發瘋」（Quem deus vult perdere prius dementat）的知名版本（但是你文中的*οταυ*應該是*φταυ*）。前一部分的意思是「當橫梁一垮，人人都會去撿木材」嗎？如果是，那你的*δουος*必須改成*φταυ*。而且這段引文出於何處？

先謝謝你的回覆，並誠摯祝賀你的大作。

班傑明・葛拉漢

附言：第221頁是否應該是雷卡米爾（Mme. Récamier）而不是德斯塔爾（de Staël）女士呢？以及第270頁的menshen應該是menschen才對。提供你再版時參考。

你馬上就明白了什麼。只要大家還在意古希臘羅馬文學，就沒人想惹毛教父。對許多華爾街人士來說，古羅馬詩人賀拉斯是個在牢籠裡工作、在密室記錄保證金帳戶的人。葛拉漢一直在古典文學上頗有造詣；他的《證券分析》開頭的引言便是出自賀拉斯的《詩藝》（*Ars Poetica*）：

Multa renascentur quae iam ce cidera, cadentque
Quae nunc sunt in honore vocabulae . . .
許多該興盛的如今衰敗，
許多該衰敗的如今卻光彩照人。

聽到教父說我好話很棒，即使還是拿了直尺輕輕打手。我們確實得買一台特殊的印刷機來印這句偉大的引言，任何優秀的校對者都能明白*φταυ*應該是*δουο* 。Hinzelmenschen的拼法裡當然要有一個c；你無法抓出全部錯字。（不過，我確實是指德斯塔爾，而不是雷卡米爾夫人。）

在幾回魚雁往返後，這位好系主任來到紐約，我們一起在廣場飯店吃早餐。葛拉漢矮小精悍，跟演員愛德華．羅賓遜

（Edward G. Robinson）有點神似。他說他進城是為了見一位出版商，洽談他剛完成的埃斯庫羅斯新譯，然後他還要去看孫子們。我們見面時，股市正在下跌，熱衷於追逐績效的人正在經歷他們最後的劇烈動盪。我問他對目前情況的看法。

「噢，我早就沒在注意股市了，」他說。「我只有一檔股票，其餘都是地方債券。但這些周期循環以前也發生過。就如曾被寫下的，*hoc etiam transibit*，這也終將消逝。」

「是哪一檔股票？」

「就剩政府雇員人壽（Government Employees Life Insurance）了；我們一度買下所有股份。我連這檔股票也沒在注意了。我已經來到捨的階段，不再努力賺更多。」

誰是巴菲特？

我們談起最新版《證券分析》出版後至今的大新聞。葛拉漢想起他有個想法要跟我說：新版的《智慧型股票投資人》即將上市，這本書有點算是教科書《證券分析》的精華版，寫給門外漢看的。葛拉漢希望我能為這本書工作，大概得跟他遠距通信進行。我可以把相關章節寄到普羅旺斯的艾克斯小城，或是馬略卡島或拉霍亞，然後他再寄回來給我。

「我只想到兩個人選來做這本書，」葛拉漢說。「你是其一，另一位是華倫·巴菲特。」

「誰是華倫·巴菲特？」

事後證明，這在當時是一個非常了不起的問題。了不起是因為那時，現有的專業資金經理人當中，我多數都認識；他們在研討會上發言，描述他們的理論，穿著正式並炫耀他們最喜歡的產業和股票。我不認識華倫・巴菲特。他不在四季（Four Seasons）或偉創電腦（Viatron）、甚至也不在控制數據或寶麗萊的連鎖信（chain letter）中。

當然，這會令他給人非典型的印象，而不是覺得他值得注意。巴菲特值得注意是因為，他輕鬆就成為同世代的傑出資金經理人，更值得注意的是，他是以另一個世代的投資理念做到的。當60年代的殺手還在紐約奧斯卡餐廳喝酒互相標榜，再回辦公室看錄影帶時，巴菲特已經在內布拉斯加州的奧馬哈集滿這個產業的最佳紀錄。沒有報價機、沒有股票行情指示器、沒有奧斯卡餐廳、沒有咬指甲、沒有鎮定劑、沒有健胃仙（Gelusil）、沒有收盤後的西洋雙陸棋、沒有真正的大投機贏家、沒有科技公司、沒有企業集團、沒有「投資概念」，只有純粹的班傑明・葛拉漢，以絕對的一致性——安靜、簡單的股票。好懂，能留很多時間陪伴孩子、玩手球，聽著玉米長大[91]。

這是真的，巴菲特並未管理公共基金（public fund），因此沒有銷售人員想要出售基金的壓力。當他以另一個世代的投資理念達到投資最佳紀錄時，他選股當中的部分大贏家，也符合成長股的概念。他沒有需要交涉的委員會，他也沒有頂頭上

91　譯注：玉米長大時會發出像是玉米爆裂的聲音。

司。他讓自己遠離公眾的注意和審視，儘管無論如何，他職涯裡的多數時間，公眾本來就不會注意到他。如果他買進一家公司太多股份，多到取得公司的控制權，他願意從事該事業。這一切因素都令他從更典型的束縛中解放。

1956年，他的合夥公司開辦，起始資金為105,000美元，多來自叔伯阿姨等親戚。1969年，這筆錢變成105,000,000美元，複合成長率為31%。如果1957年在這家合夥公司投資1萬美元的話，會成長為26萬美元。這段時間，**沒有任何一年賠過錢**，在市場大跌的年頭，包括1962和1966年，這家公司照樣賺錢。巴菲特合夥企業的股東們每年都會收到一封信，說明公司目標，同樣的目標貫穿了這10年來的信件。

60年代的資金經理人習慣擷取1、2年高報酬的投資績效，交給銷售人員，讓他們去找投資人進來。巴菲特的好成績持續了13年，卻從來不曾推銷過他的基金；事實上，當股東們開始看見賺錢，他們想讓親戚加入，但華倫並未通融，因為這是限定成員的私人合夥企業。

要為葛拉漢進行新版出書工作，比起我，華倫·巴菲特是更合理的人選，他也確實已經進行一些作業了，儘管他和葛拉漢，弟子與大師，不是每件事都意見相同，而且華倫受到認可，卻並未共享作者身分。我跟葛拉漢會面後不久，華倫來到紐約，我們一起吃頓飯，後來陸續有幾次類似的會面和漫無邊際的通信閒聊，直到我前往密蘇里西岸，帶著滿是標記的葛拉漢原稿。就在這個美國的心臟地區[92]，華倫和我重溫大師的教誨，看看哪些依然有其價值，就像兩個學究在研究《聖經》經文。

累積卓越的績效紀錄，並讓他自己跟股東們都過得相當寬裕後，華倫又有不尋常之舉：他出場了。他們掛起比賽球衣，還回了球衣號碼。那時他39歲。他說越來越難出現好點子了，當然他的成功多少也令他的動力變得黯淡，因為那時他已經坐擁2,500萬美元，而人生還有其他階段。就在學究般研討經文當下，華倫自己的故事和其餘的金融世界所發生的故事（值得單獨一談），形成了強烈的對比。我在美國中部的這場勝利中發現了某種懷舊之情；那就像發生在另一個國家，而不是經歷過越戰、變遷的道德觀、學生暴動，和迅速成長的軍工業官僚政治的國家。

華倫在奧馬哈市出生，從第一代巴菲特於1869年在內布拉斯加州的這座城市開了一家雜貨店算起，巴菲特是第7代。華倫的父親曾經做過股票經紀人，但主要興趣在政治。1930年代的奧馬哈，從事股票經紀可不是什麼超炫的職業，儘管華倫肯定很早就接觸過這種氣氛：華倫記得小時候在父親辦公室的董事會議上用粉筆畫畫。霍華·巴菲特（Howard Buffett）5度角逐國會議員，做過4屆奧馬哈的共和黨眾議員，12歲時，華倫搬到華府。那時他已對股市產生興趣，就像某些少年對棒球的

92　譯注：密蘇里州位置非常接近美國的地理中心點。

打擊率產生興趣。他對商業也有興趣。當然，他有所有事業成功人物報導的必備元素：一條送報路線；他遞送《華盛頓郵報》，這使得他在25年後得以告訴報社的所有人凱瑟琳・葛蘭姆（Katherine Graham），自己曾經為她工作。他曾跟一位朋友一起經營理髮店裡彈鋼珠遊戲機台的送貨與服務，生意好到每周可賺50美元；送報每月也可賺取175美元，華倫找不到上大學的理由，上大學會妨礙他的生意。他父親勸服了他，他去上賓州大學的華頓商學院受金融教育2年。他並未在此開竅：「感覺我學到的不多。」2年後，他轉到內布拉斯加大學，透過加速課程（accelerated course），翌年就畢業了。

在內布拉斯加州，華倫還有另一項生意：賣高爾夫球。有一次，他給我看他的收支總帳，他仔細計算淨值，橫格線上全都是難以辨認的字跡：他買進的第一檔股票——3股城市服務優先（Cities Service Preferred）——還有高爾夫球生意。帳簿本身就像霍瑞修・愛爾傑（Horatio Alger）[93]可能會捐給哈佛商學院貝克圖書館（Baker Library）的玩意。淨資產剛開始非常、非常微不足道：畢竟剛開始的資本，只有送報、彈鋼珠遊戲機台服務和賣高爾夫球的進帳。華倫也前進股市，雖然因為他未滿21歲，姊姊還得為他簽署撥款文件。

「我所有功課都做了，」他說。「我蒐集圖表、讀了所有技術分析的玩意。我聽內部消息。然後我拿起葛拉漢的《證券分

93　譯注：19世紀知名小說家與教育家。

析》，那就像看到一陣光芒。」

華倫前往哥倫比亞商學院，在這位大師座下學習，畢業後還為葛拉漢工作了2年，從白原市（White Plains）通勤上班。他21歲時和來自奧馬哈迷人的金髮女孩蘇珊（Suzy）結婚。葛拉漢—紐曼公司進一步以相同的投資原則訓練他，但華倫不喜歡紐約的步調，也不喜歡通勤。1956年，他回到奧馬哈，成立他的合夥公司；出資者全是親友。出資者會先拿到6%的獲利，超出的部分則會依比例分配，其中四分之一給無限責任合夥人（general partner）[94]，而他自己就是負責營運的唯一合夥人。

頭6年，辦公室位於華倫家的樓上臥室，就是他以3萬美元買下的那棟規畫凌亂的房子，地點在奧馬哈相當不熱門的地區。「40年前這裡是奧馬哈炙手可熱的地段，」華倫說，那時我們正駕車開出他的房子。「現在什麼都往西發展了。我想我多數鄰居年薪大約1萬至1.5萬美元。你要去哪都可以5分鐘到達。」房子位於宜人、中西部的、有林蔭的大道上；看起來跟堪薩斯城（Kansas City）、印第安納波里（Indianapolis）、第蒙（Des Moines）某些地段沒什麼兩樣；你只需要一台老爺車、一些高中生和那條街、那些樹與那些房子，就能拍出1947年的《周六晚報》（*Saturday Evening Post*）[95]封面。華倫的房子規畫凌亂，而且越來越亂，因為巴菲特一家只要想到，就加蓋一個房

94　譯注：指在有限合夥（limited partnership）中完全參與經營管理、分享利益、分擔虧損，並以個人財產對合夥企業的全部債務承擔責任的合夥人。

95　譯注：美國老牌雙月刊雜誌。

間、一間室內板球場和手球場。屋裡堆滿了書，牆上都是海報（**戰爭不利於兒童與其他生物的健康**[96]）；顯然是這一帶兒童聚會的場地。巴菲特一家有兩個孩子在上中央高中（Central High School，其中一位名字取自班傑明．葛拉漢），華倫的父親和祖父也都上這間高中，還有一個在上內布拉斯加大學。蘇珊充滿幹勁地為美國計畫生育聯盟（Planned Parenthood）和美國專家小組（Panel of Americans）工作。書堆裡有一櫃是羅素（Bertrand Russell）的書[97]。華倫可以信手引述羅素，就跟引述葛拉漢一樣。

顯然，當巴菲特合夥公司成長，華倫在華爾街的聯絡人也跟著變多。有些聯絡人問他為什麼選擇奧馬哈，他的回答顯示人人都想到了這個問題。

「我去哪都能3小時內到達，」華倫說，「紐約或洛杉磯都是。也許會稍微久一點，因為他們取消了直達班機。我在紐約或加州的朋友可能會比這裡多，但這裡是扶養小孩長大的好地方，可以好好過日子。你在這裡能夠思考，能把股市想得更透徹；你在這裡不會聽到許多消息，於是你可以好好坐下，看著辦公桌上你眼前的股票。你能思考很多事情。」

「班跟你說了什麼？」有一天的晚餐前，華倫問我，我正攪拌著我的蘇格蘭威士忌，他攪拌著他的百事可樂。

「他說**不偏不倚最穩當**（*medius tutissimus ibis*），」我說，「他

96　譯注：越戰時的知名海報。
97　編按：英國傳奇哲學家，1950年獲得諾貝爾文學獎。

解釋這是阿波羅告訴他的兒子費東（Phaeton）如何駕馭太陽馬車的話，但這個蠢蛋不聽。你走中間是最安全的。」

「那確實就是班，」華倫說。「哇，班真的懂很多語言。班真的喜歡學東西，他對錢反而沒那麼在乎，我不認為班知道他到底有多少錢。」

想要贏，先想不要輸

想要贏，首要之務是不要輸。這是我對葛拉漢諸多第一原理（first principles）[98]其中一條的精簡版說法。聽起來太過簡單化了。你想贏的話，當然不該輸。但其內涵不光是如此，這是理性世界的理性說法，儘管凱因斯說過，沒有比非理性世界的理性投資方法更失敗的了。而且這句話排除了真正想輸的人，因為他們的父母曾經說他們是失敗者，或是他們在心理上已經獲得某種滿足。

葛拉漢沒有把力氣花在滿足那些人的幻想（例如把5,000美元變成25萬美元之類的）。他的起始假設是你的資金有風險，你該做的第一件事就是不要賠錢，這甚至比你想用這筆錢來賺錢更要緊。如果你能保持你的本金成長，就能享受複利的喜悅。但如果只要有一年損失了一半的資金，若要獲得相同的成長率，你必須把計畫的時間拉得更長。他對人們判斷市場、甚至判斷個股的能力並不懷抱希望。

---

98 譯注：哲學與邏輯名詞，指最基本的命題或假設，不能被省略或刪除，也不能被違反。

人人都知道多數進出股市的人，最後都是賠錢收場。那些堅持不懈的人不是愚蠢、願意為了賭一把的樂趣而賠錢，就是天生就有某些不尋常、難以言說的天賦。不管是哪種情況，他們都不是投資人。

大量聰明人進入這個領域，而無疑地，有些人能成為優秀的股市分析師，靠這個來賺錢。但是認為散戶能靠股市預測賺錢則是可笑的，因為當散戶因特定訊號賣股獲利了結時，誰是買家呢？

太多聰明且經驗老道的人同時在股市裡，企圖在智力上超越別人。我們相信，結果是他們所有的技能與努力傾向於自我中和，或者「互相抵銷」，於是每一個經驗老道又消息靈通的結論，最終都不會比丟銅板打賭更可靠。

葛拉漢對於股市分析師這個群體是否是始終如一的贏家，並沒有太大的信心：

我們曾把股市分析師主辦的活動，比擬為橋牌專家的聯賽。確實人人都聰明得很，但幾乎沒人比其餘的人優秀到一定會贏得獎金。加上華爾街有個怪現象是，知名的股市分析師幾乎每天都毫無節制地放送與交換他們的看法。這有點像橋牌聯賽的所有參與者，把牌都秀出來，聚在一起爭論著怎麼打才對。

> 總之，現代股市的波動，是高超技術人員集中在有限地區的結果，聰明人要獲利，只能犧牲其他幾乎一樣聰明的人。

這個比喻跟凱因斯用來形容股市的搶椅子遊戲非常雷同。你能明白為什麼由我來為葛拉漢做下一版書，是錯誤的選項。在葛拉漢的觀點裡，股市是賽局理論經濟學家所謂的零和二人賽局：意思是有一人贏，必有另一人輸，就像打金羅美（gin rummy）[99]；或是有一組人贏，必有另一隊輸，就像打橋牌那樣。不過我自己學到的投資方法是辨識出小型、快速成長的企業。一家價值2,000萬美元的公司，成長後可能價值6億美元。未必需要有人輸，你才能夠贏。當然，時間跨度夠長的話，加上足夠的參與者，這依然是一場零和遊戲，因為每一位賣家都會有一個買家。（應該補充說明，這個概念是相對於股市。如果整體市場都上漲，那麼輸家的損失只是跟贏家比較的結果；他們還是有賺到價差。反之，如果市場下跌，就連贏家都會賠掉價差。）無庸置疑，各地的數學家都在設法找出這整件事的終極公式。

唉，好吧，**不要輸**是非常好的追求目標。樂觀的年輕勇者很難對此感到困惑，或在股市裡追求為自己加薪的人，也很難獲得理性期待以外的成績。要如何不輸呢？

99　譯注：一種兩人進行的紙牌遊戲。

「有一條重要的但書，」葛拉漢寫道。「股份必須以合理的市場價位購買。意思是，價位必須合理，而合理是由過往經驗推論出一個相當明確的標準。」

這話沒錯。部分批評葛拉漢的人說，這種觀點運用得宜的話，會使他從1949到1969年，幾乎都無法進場，因為當他們依照他的方式來回溯1929到1949年的市場價位，絕對沒有合理價出現。比方說，葛拉漢絕對不會買進IBM；1949年IBM每賺1美元，「價值是愛奇森（Atchison）每賺1美元的3.4倍，大西洋煉油公司（Atlantic Refining）的4倍……IBM本身的價格排除了我們認為真正的投資最基本的要素：**安全邊際**（margin of safety）。」葛拉漢說，買進IBM是投機行為；結果或許是賺錢，但依然是投機。

對葛拉漢來說，股票有其內在價值（Intrinsic Value）。在1930年代的黑暗時代，不難找到內在價值。部分公司的售價低於他們在銀行裡的現金，許多股價都低於他們真正的帳面價值，或是低於他們的現金與淨資產。你可能花10美元買一股，這一股背後還有10美元現金。理想上，你買進一股的價格不超過該個股內在價值的三分之二。這樣你就會擁有安全邊際——以內在價值三分之二的價格售出的個股，會被視為低於一般價位。它或許不會馬上從這個內在價值的折扣價漲上去，但上漲是遲早的事。

可能有人不明白，如果在他買進時，市場低估了股價，市場為何不會無限期地持續低估，甚至提高低估的程度。在理論上，這種討厭的結果的確會發生。對智慧型投資人的安慰與鼓勵是在實踐經驗中找到的。長期而言，證券成交價格的趨勢，不會跟其內在價值不相稱。這個說法在時間上是不明確的；在某些案例裡，獲判無罪的那一天實際上會推遲好幾年。

你能明白為什麼班傑明．葛拉漢的書從來就不像《人人都能賺進百萬美元》（*Anyone Can Make a Million*）或《我如何賺到200萬美元》（*How I Made $2 Million*）那樣暢銷。告訴某個賭徒他可望在2年內賺錢，就像斷定他的玉米能長多高，然後讓他坐在露營椅上看守玉米田。而凱因斯說，「長期而言，我們都死了。」

葛拉漢從不買成長股，或被視為成長股的東西，因為成長股是在賭對未來股市、以及盈餘成長持續性的判斷。成長股終究不會只有一檔，只要看看50年代的「成長股」——化工和鋁——就能理解在許多（也許是多數）企業裡，成長不是一個永恆的階段，而是在發育成型的階段戲劇性爆發。

不過，在其他實例中，成長當然是貨真價實的。葛拉漢不止會避開1949年的IBM，他任何時間都會避開這檔股票，而IBM始終都是許多財富的來源。全錄、寶麗萊和無數其他的成長型企業都是。它們只是看起來不像有那個價值；價值肯定不在資產裡，而是跟市場價值相關；可能是專利保護或商譽，但你要如何衡量？停止成長的成長型企業已經賠錢，而在股市高點，即便是真正的成長型企業，也可能讓你支付過高的溢價。成長型企業在銀行裡鮮少有現金，而且成長越是真實，越是會剝奪當前獲利與當前的資產負債表，好為未來的報酬挹注資金。而當公司越技術化，就越難估值。史拜瑞蘭德公司（Sperry Rand）比IBM更早涉足電腦業，美國複印公司（American Photocopy）比全錄更早進入影印業，在這兩種情況下，都有可能賠得很慘。你只能說有多種理論觀點並存。

葛拉漢的另一個考驗是私人企業的價值。私人企業股票的購買者，支付的價格跟股市相同嗎？在景氣低迷或股市底部，購買未上市股票的人能藉此撿到大便宜。其餘的時候他不會付現或舉債購買；市場分配給未來收益太多的溢價、善意，或是未來有更渴望買進的買家。私人企業主必須自己持有超級貨幣，否則對他不利。

無論任何情況，投資人都應該忽略市場與當前的報價。

> 他需要專注在符合他利益範圍內的事，並根據書中原則行動，沒有別的了。因此，允許自己受制於股價，或是由於不合理的股市下跌而過度擔心持股，是荒謬地把自己的基本優勢轉變成劣勢……股價波動對於真正的投資人來說，只有一個重要意義。當股價大跌，等於是市場給他一個聰明買進的機會；當股價上漲，則是聰明賣出的機會。其餘時間如果他忘了股

市，專注在股利報酬和公司的營運成果上，他的報酬率會比較漂亮。

股利報酬！對50年代的激進投資人來說是髒話，對60年代趕時髦的人來說也是。幸福是當股價下跌！

加上不理會股市！不看錄影帶？不看交易報導？不按報價機上的按鈕？

班傑明．葛拉漢受到幾世代的分析師推崇，卻未帶來風行草偃的影響力。如果不理會股市，那一整天要做什麼？這不會令你致富。有誰能不理會IBM？一個錯過IBM的人能聰明到哪去？——並非他不知道這檔股票，而是因為他考慮過、衡量過並放棄它？

葛拉漢很清楚，他自己是以內在價值打折出售。歷經好幾版的《證券分析》，「普通股估值摘要」的最後一句話，都是警告「我們對這些事情的判斷，未必跟大部分有經驗的投資人或執業中的證券分析師一樣」。

讓複利說話

但是這些判斷，卻跟他某位聰明的學生一樣。華倫坐在他的臥室辦公室裡研讀手冊——穆迪（Moody）和標準普爾（Standard & Poor）的統計手冊。裡頭全是統計數據、資產負債表、債務、應急準備金，以及在森林枯枝落葉層上沉睡的松露（如果你認得出來的話）。

「我一直都知道我會變有錢，」華倫說。「我想我連一分鐘都沒懷疑過。西方保險公司（Western Insurance）每股賺16美元，每股也賣16美元。國民保險公司（National Insurance）售價是盈餘的一倍，怎麼會沒有賺到相同水準呢？」

華倫年年都寫信給股東，內容都符合葛拉漢的教導。「我無法向股東們承諾成果，」每一年，他都這樣寫道：

我所能承諾、也確實承諾的是：

A. 我們挑選投資標的，是根據價值不是熱門程度。

B. 我們的投資將會把本金永久虧損的風險（並非短期行情的虧損）降到最低。

C. 我的妻小和我，將我們大部分的淨資產都投入到合夥公司中。

交易的基本原則幾乎直接出自葛拉漢：**「別靠賣出好價格。要讓買進的價格非常有吸引力，好到賣價普通也能獲得高報酬。」**

葛拉漢說過這樣的話：「當你買進的價格低於真正的價值，當你有了寬裕的安全邊際，你就能睡得更好。然後，當股價開始從折扣價朝著內在價值上漲，你將會獲利，當獲利成長，你的績效會非常漂亮。」華倫寫給股東的信，常有一張小表格，用以顯示複利（資金成長的累積）如何成長。下表是10萬元在不同複利率下的表現。

	4%	8%	12%	16%
10年	$48,024	$115,892	$210,584	$341,143
20年	$119,111	$366,094	$864,627	$1,846,627
30年	$224,337	$906,260	$2,895,970	$8,484,940

如今把錢存在儲蓄銀行生利息都比4%還高。而16%的獲利率——10元股票漲2元再扣稅——設為目標看起來也不會不尋常。但是看看最右邊發生了什麼事！很難相信在60年代晚期掌管數億資金的專業經理人，曾經看過這類表格，否則他們不會自信滿滿地宣稱他們期待一年獲利20%。原始本金的80倍，比我過去30年所認識的金融業的任何專業經理人，績效都更好。重點是16%的複利，可以是非常令人振奮的數字。

時間夠長的話，複利的效果可能會看起來有點扯，你可以玩弄任何歷史遊戲。1626年，曼哈頓的印第安人把這座島以24美元賣給彼得．米紐特（Peter Minuit）[100]。這對誰是筆好買賣呢？嗯，以每平方英尺20美元計算，彼得．米紐特的這座島現在價值124億美元。如果這些印地安人有7%複利，現在價值超過2,250億美元，報酬率會好20倍。或是以法國國王法蘭索瓦一世（Francis I）為例——根據報導，他支付了4,000埃居（écus）[101]買一幅名叫「蒙娜麗莎」的畫作。經過當地學者換算，大約等於2萬美元。假如法蘭索瓦一世能在1540年找到報酬率稅後6%的投資標的，他的資產將超過1兆美元，是美國國

100 編按：1626年登陸曼哈頓的荷蘭商人。
101 譯注：法國古貨幣。

債的3,000倍。（下次你的藝術品業者說藝術是對抗通膨的對沖工具時，試試這樣回他。）

你得活夠久，才能享受複利表的最大利益。華倫為他的股東們寫文章讚揚複利，說明「小小的年收益率，產生巨大的利益……高於平均投資報酬率的每一個百分點，都有實質的意義。」

華倫從合夥公司創立之初，就設定了一個相對而非限定的目標：每年勝過道瓊工業平均指數10%。如果大盤上漲20%，合夥公司就得上漲30%；如果大盤下跌30%，合夥公司只能下跌20%。由於他的投資方法，大盤下跌時，比上漲時更容易打敗道瓊，跟非常激進的活躍經理人正好相反。紀錄顯示：在道瓊下跌的5年裡，他的合夥公司上漲，而且輕鬆贏過道瓊10%，除了平均指數急漲的那2年。

整個60年代，華倫都遠離那些占據金融頭條、提供董事會興奮因素的股票。合夥公司買下一間老紡織廠，名叫波克夏，因為這座工廠的淨營運資本每股為19美元，而買進成本只要14美元；他們後來幾乎持有整家紡織廠，華倫推選了新的管理階層。

「雖然波克夏很難像過度緊繃的股市裡的全錄、飛兆相機（Fairchild Camera）或國民影視公司（National Video）那樣賺錢，但持有它非常舒服自在……我們不會投資那種技術複雜到超乎我的理解、卻又是決策關鍵的企業。」

合夥公司中的部分投資標的，最終確實是由合夥公司控制了這些企業。第二類則是「套利」（work-outs）——意思是已經宣布合併或重組的情況[102]。在這種情況下，股市通常會認可一美元的前95美分，但就算是最後5%，一年2到3倍，經過年化計算後，也能變成可觀的複利數字。

發現被低估的公司

然而，合夥公司最主要的投資標的，是被低估的股票。在此類別，股市會忽視它，除非它以不尋常的價格提供交易機會。葛拉漢曾請他的子弟兵們，把自己想成市場先生的合夥人。每一天，市場先生都會告訴你，他認為什麼企業有價值。有一些日子，市場先生覺得非常樂觀，願意對你的企業報出比價值更高的價格；有一些日子，他非常沮喪，只想以低於價值的價格，賣給你他的股份。你唯一要做的就是，知道企業的真正價值。

「班是對的，」華倫說。「市場是躁鬱症患者。這就是為什麼你不能照他的價格買賣，你得照你想要的價格買賣。」待在華倫身邊一陣子之後，你會開始對企業有感覺，而不是對股價波動有感覺。

我們在奧馬哈一條大街上開車，經過一家大型家具店。在這則故事中，我必須以字母來取代數字，因為數字我不記得了。「看見那家店了嗎？」華倫說。「那是真正的好企業。有a

102 譯注：例如宣布併購後，市價與併購價格存在價差，即可用來套利。

平方英尺的樓板面積，年營業額是b，庫存只有c，資本周轉率為d。」

「那你怎麼不買？」

「那是未上市的私人企業，」華倫說。

「喔，」我說。

「也許某天我會買吧，」華倫說。「有朝一日。」

「那是好企業」這句話，我聽過許多次，總是用來講管理扎實、有安全利基、資本豐厚和有可觀投報率的企業。有時是芝加哥的「民族銀行」，有4、5萬個忠實存款戶，忠實到搬走後依然開好幾英里的車上門光顧；有時是田納西州或伊利諾州，賺取了報酬率非常值得尊敬的銀行。

有個例子恰好能說明股價被低估的概念。1960年代初期，美國運通參與了某些沙拉油的抵押融資，事後證明這些沙拉油根本不存在。許多機構遭到重擊，多家參與其中的華爾街商品部門破產。美國運通的價格從1963年的高點62.375美元，跌到了35美元。

「美國運通——這名字只是個很棒的特許經營權，」華倫說。他走進奧馬哈的羅斯牛排館（Ross's Steak House），坐在一位收銀員後面，看晚餐後會出現多少美國運通的帳單。他巡視奧馬哈的銀行，去看醜聞是否足以影響信心，打擊美國運通旅行支票的銷售。「美國運通在全美旅行支票的市占率是80%，而且沒有東西能撼動這個市占率。」華倫在美國運通最黑暗的時刻買進，而且實際上合夥公司一度持有5%的股份。接下來5

年，這檔股票從35美元漲到189美元。

同樣的思路也適用於1966年的迪士尼，當時迪士尼每股大約50美元。「在此基礎上，整家公司售價是8,000萬美元。但是《白雪公主》、《小鹿斑比》和其他卡通，在帳上都已經勾銷。光是這些卡通就值那麼多錢了，而且還有迪士尼樂園，華特·迪士尼對我來說是免費的合夥人。」雖然華倫買下迪士尼是因為它的基本面，但在股市推動下引領了一波休閒產業熱潮。儘管華倫的推論來自葛拉漢的教導，但是美國運通和迪士尼都迅速成為成長股派的最愛。「如果股票在一種脈絡下行不通，有時在別種脈絡下是行得通的。有時候企業集團會出現，出價要買我們手上的資產價值股。」

到1967年時，華倫開始認為他或許不會永遠經營這家合夥公司。當然他沒那麼渴求了，但同時，就像他寫給股東的信那樣，「我跟目前的局勢想法不一致。當遊戲不再照你的方式玩，人們可能會說新方法全盤皆錯，肯定會惹上麻煩，諸如此類……不過，有一點我很清楚。我不會放棄以往的方法，我理解這些方法的邏輯（儘管我發現很難運用），就算這表示我得放棄顯然能輕鬆賺大錢、但我無法了解透徹的方法，這些方法在實務上並未成功，而且可能會導致本金鉅額的永久虧損。」

華倫把股東的期待值砍掉近半。「達觀地說，我現在住在老人病房，」他寫道。「我們所處的投資世界，居住的不是以理服之才會相信的人，而是滿懷希望、輕信和貪婪的人，只想逮到理由就相信的人。」就是這樣，才會有人期待基金經理人

能實現每年30%的報酬率，以及期待電腦類股、特許經銷的連鎖業者和許多的療養院，能獲利100%，

有個掌管10億美元基金的重要投資經理人，曾發表聲明，說資金管理是一份投入全部時間工作，不止是每周與每天；「證券必須按照每分鐘的程序進行研究。」

「哇！」華倫寫道。「這玩意讓我在出門買百事可樂的時候，覺得有罪惡感。」

在1967至1968年的多頭氛圍裡，許多投資基金的績效打敗道瓊，也打敗巴菲特合夥公司（Buffett Partners）。多數在接下來幾年吐回了多數獲利。巴菲特合夥公司在1969年再次上漲，此時道瓊卻跌了6%左右，但華倫通過考驗了。好點子越來越難找了。

「回想起來，」華倫說，「或許30年代那種市場突然失控的時期，給了班那樣的環境。在證券不得人心的時期，有很多便宜可撿。但如今距離30年代已經過了30年，大家搜索再搜索，我也沒把握現在還有多少便宜可撿了。偶爾還是會發現一些，但如今證券分析師那麼多——儘管他們許多人都結合其他投資理論，證券分析師的陣容，確實在一個世代的時間裡，增加了好幾倍。」

時間的輪轉帶來了另一項差異。起初，葛拉漢把他的投資人分成兩種，「積極型」和「防禦型」。防禦型或被動型投資人在意的是保本和獲得報酬。積極型投資人因為他們對風險的態度而獲得回報。如果防禦型投資人可以期待，假設4.5%的報

酬率，那麼積極型投資人就會期待9%；想必防禦型投資人會結合債券和穩健的股票，而積極型投資人則輕視債券。然而多年來，債券收益率上升，股票獲利的機率下降，縮小了這個獲利差距。

「《財星》500大企業，」華倫說，「投入資本報酬率（Return on invested capital，ROIC）大約是11%。如果你花掉一半、另一半拿去再投資，有40%的投資人報酬率會是6%到7%，你買免稅的地方債券就能得到這個報酬率。」

無疑的，葛拉漢的投資方法是從另一個年代演進得來，是專為那個時代量身設計的。30和40年代的企業經理人不害怕通膨，他們怕的是破產。他們想要的是對抗厄運的緩衝，有時這種推動力會令他們累積超出所需的現金。他們不是不申報他們的全部收益，就是有收益也不申報——這在60年代成為一股潮流——實際上他們是透過各種不同機制來隱藏他們的收益，並存下來，好讓他們在景氣寒冬時有錢撐下去。而現在的公司經理人害怕通膨，也希望每季財報上的收益好看一點，所以會利用他們的企業來進行槓桿融資。同時，已經利用債務槓桿的企業集團，也會設法找出剩餘現金充沛的公司併購。所以今非昔比，已經沒有那麼多葛拉漢概念股了，不過市場還是不時會提供。

華倫介紹我另一位葛拉漢的弟子。

「他沒有人脈，或取得有用情報的管道，」華倫寫道。「華爾街幾乎沒人認識他，沒人餵他任何點子。他查手冊上的數字、郵購公司年報，就這樣。他是很顧家的人：他花在思考孩子的時間，應該比思考股票更多。」

接下來是一張股票清單，裡頭幾乎有一半我沒聽說過。拉特蘭鐵路（The Rutland Railroad）？紐約暗色岩公司（The New York Trap Rock Company）？新貝德福聯合街道鐵路公司（The Union Street Railway of New Bedford）？傑多高地煤礦公司（Jeddo Highland Coal）？

顯然這位仁兄沒去過斯卡斯代爾胖子（Scarsdale Fats）[103]的午宴，收盤後也不會在奧斯卡餐廳盤桓。

投資成績並不亮眼；牛步前進，只贏道瓊工業平均指數幾個百分點，不像巴菲特合夥公司領先幅度那麼寬，但是15年期間的複合成長率在17%以上。我和這位賀伯特（Herbert）共進午餐，我們在衣帽寄放處停留，寄放他的雨衣和公事包。他一直等到公事包被收好才開口說話。他說，再小心也不為過。

「我上不了大學，」賀伯特說。「大蕭條時我去工作，因為我爸媽身無分文了。我在華爾街跑腿，然後在座廂裡清點股票。」

賀伯特晚上去上葛拉漢在金融學院（Institute of Finance）開的課程。「班實在熱愛教學，」他說。「如果他不是對教學那麼熱衷，他可以賺更多錢的。」

賀伯特操作的方式一如華倫所說。他從來不看正在漲的股

---

103 譯注：《金錢遊戲》書中出現過的人物，他邀請的來賓都管理數十億美元的基金。

票，他天天盯著報紙上創新低的股票列表。「看看這些鋼鐵股，」他說。「沒人要。他們會破產嗎？一個工業國家怎麼可以沒有鋼鐵產業？看看30美元以下的美國錫罐公司（American Can）。他們能維持那樣的股利水準嗎？」

「我沒有很聰明，」賀伯特說。「我無法跟所有聰明人競爭，尤其是受過大學教育、上過商學院的聰明人，他們有很多企業人脈，我誰都不認識。我得買我覺得舒適的標的，而這些人買的股票清一色都是寶僑或奇異，為什麼？因為這些股票總是上下波動。如果我持有這類股票，我晚上就會睡不著。」

賀伯特買什麼呢？

「喏，這張是賓州中央債券，」賀伯特說。這實在令人倒抽一口氣，賓州中央有夠慘的，「賓州鐵路破產了，」我說。「股票價值微乎其微，債券價值也有問題，坦白說得花20年才能回檔。你該買進的是謝爾曼．思特靈律師事務所（Shearman & Sterling），這些律師在接下來20年會賺到所有的錢。」

「我知道，」賀伯特說。「但是賓州中央所發行的債券中，有一批是匹茲堡和伊利湖鐵路公司（Pittsburgh and Lake Erie Railroad）的抵押貸款，我寫信問歐文信託銀行（Irving Trust），他們是否持有這批債券背後的擔保品，他們說有。他們不支付債券利息，不過等這個案子解決後，我想他們會支付利息的，同時，存在吉拉德信託銀行專戶裡的利率是12%、13%、14%。或許要等很久，但我晚上睡得著。我不急，事情永遠會比你希望的花更久時間。」

他是否真的持有新貝德福聯合街道鐵路公司的股票？

「喔，是的。他們有很多現金。清算花了點時間，但結果非常、非常好。」

華倫在奧馬哈買了間周報公司，他在那裡似乎像內布拉斯加大學的足球隊剝玉米人隊（Cornhuskers'）獲勝的教練一樣受歡迎。他也買了一部分的《華盛頓月刊》（*Washington Monthly*），一本發行量不大的政治雜誌。他對報業感興趣到出價要買辛辛那提的《詢問報》（*Enquirer*）。考量到這位內布拉斯加州人的成長背景，以及他父親做過共和黨眾議員，發現他支持民主黨多少有點意外；事實上，有一些懷抱希望的民主黨人，已經來過奧馬哈討論重要議題和未來，但華倫說他無意從政。巴菲特合夥公司攢下的數百萬美元，多數都進了一個基金會，因為沒必要留下一筆令人不安的錢，毀了孩子的人生——中央高中的孩子們。有一晚我們就這些錢的用途討論很久，「當你有2,500萬美元，你會做什麼？」他問。他說他已經擁有想要的一切：房子夠住，對孩子們來說中央高中是好學校。他不喜歡旅行、不能說英語的地方，他可能會覺得不自在。他想做點公益，但是當問題都已明確闡述，沒有好的原創解決方案。他在奧馬哈有做一件事，就是加入猶太鄉村俱樂部。

「我在奧馬哈俱樂部（Omaha Club）吃午餐——是市中心的俱樂部——並注意到，這裡頭沒有一位是猶太人，」華倫說。「有人告訴我，他們有自己的俱樂部。猶太家庭定居奧馬哈，至今已有百年之久，他們一直對社會付出心力，和大家一樣幫忙建設奧馬哈，卻不能像聯合太平洋鐵路公司（Union Pacific）的新中產階級約翰．瓊斯（John Jones）那樣，一調任到這裡就能加入俱樂部。這很不公平。於是我申請加入猶太俱樂部，這花了我4個月時間——他們有點拖沓和困惑，而我得設法說服他們。然後我回到奧馬哈俱樂部，告訴他們猶太俱樂部不再全是猶太人了。我找了2、3個猶太人申請加入奧馬哈俱樂部。現在我們已經破門而入了。」

依我看，在把我介紹給賀伯特時，華倫也描述了他自己。「他絕不會忘記，手裡是別人的錢，這強化了他對賠錢正常的強烈反感。他絕對廉正，覺得自己是個務實的人。金錢對他來說是真實的，股票也是真實的——因而對『安全邊際』投資原則深深著迷。」

我們在奧馬哈碰面後，我參加了一場研討會，有大約20名重要資金經理人與會。我提到葛拉漢。

「那都老掉牙了，」一位經理人說。「葛拉漢很OK，但真的都是老生常談，穿插一些40年前的產業八卦。」

然後，在這為期4天的特別研討會節前後，我向華倫報告研討會中提到葛拉漢的內容。華倫理所當然地認為，葛拉漢的投資價值已經不時興了，但是他自己仍深信不移。

「葛拉漢的教導，」他寫道，「已讓許多人致富，而且很難找到他的教導讓人變窮的個案。可以這樣說的人，真的沒有幾位。」

PART 4

這個體制搞砸了嗎？

1 超級貨幣的貶值

班傑明．葛拉漢不用拉丁語或希臘語表達時，他仰賴另外兩種語言：英語和數字。數字——損益表、資產負債表——會告訴你企業的表現，它的強項和弱點是什麼，以及企業的特質為何；簡單來說，數字是企業活動的一面鏡子。一位優秀的分析師能看著現金流量表，就像托斯卡尼尼（Toscanini）[104]看著樂譜——很好，很好，噹噹噹噹……等等！長笛在哪？噹噹噹噹，長笛！不過，當托斯卡尼尼看著樂譜時，他能假設某些情況。如果樂譜上寫升C，那就是升C，不管演奏的是長笛還是低音號（tuba）。貝多芬沒有在樂譜上這樣寫：升C，除非作曲家決定推遲某些音符並漏掉某些音符，因為今年這樣演奏聽起來不優美；到明年這個時候，我們應該會有3名優秀的長笛手（見樂譜附註13）；而法律顧問認為作曲家的實質性答辯得分，而且沒有什麼因素會對這首旋律產生實質影響，除了可能……

現在的投資人有一個問題，比葛拉漢為學生講解資產負債表時更加嚴重。這些數字可能是字面上的意思，也可能不是，語言出現危機。超級貨幣的力量是如此強大，報酬如此豐厚，

---

104 譯注：義大利指揮家。

使得用數字堆砌出的超級貨幣最佳影像，未必像鏡子般如實反映企業活動。

股市裡有形形色色的學生，和五花八門的投資組合策略。讓我們舉一個最誤導人的愚蠢行為，就是尋找盈餘成長股。如果你是成長派，最能讓你興奮的就是如階梯般向上成長的盈餘模式：

1965	1966	1967	1968	1969	1970	1971
0.93	1.25	1.49	1.68	2.08	2.40	2.71

漂亮，真漂亮，多麼協調一致啊。全錄就是這樣，讓很多人賺了大錢。

在過去，投資人並不青睞那些可能會、也可能不會成長為全錄的小型企業。這些小型企業需要他們所能產生的全部現金，所以他們不會發放股利。有些投資人想要股利，退休基金的投資組合裡，股票的占比甚至很低；他們買債券。他們知道債券利率，而且債券會支付利息許多年，這樣當領退休金的人退休時就能照顧他們。

但漸漸地，當小規模的成長型企業不斷成長，較為保守的投資人也開始感興趣。這裡和那裡的某某銀行信託部門顯露出有意接受的樣子，共同基金可能會買一點。不光收益會持續成長，人們願意支付的溢價也是。大膽的投資人會承擔早期風險，然後再賣給比較謹慎、需要更多證明的投資人。

然後會發生兩件事。一是我們在60年代已經看見：謹慎的投資人變得跟過去冒險的人一樣積極。他們沒有等待股票變得成熟、適宜，能明智地信託時持有。瞬間有1萬個證券分析師在偏遠地區搜索這些收益模式，5萬名業務如飢似渴地打電話給每一個人，叫他們買進。

看似成長的虛假數字們

第二件事發生相當神奇。成長？他們要的就是成長？這是價格最高的超級貨幣嗎？就是這樣出現的嗎？哇嗚！

為了滿足需求，成長型企業的供應量成長。現在，偉大的美國式美德會告訴你，全錄只有1家，不是17家，這是普通常識。但不論你往哪裡看，都會看到某某公司有整齊劃一、如階梯般成長的盈餘。有些公司會一路維持這樣階梯般成長的盈餘，直到申請破產的那一天。（懷疑的人可以查查某些熱門的機構持股，例如R. Hoe[105]還有已被巴伯森列入成績最差清單的一些公司。）奇蹟啊！到處都是成長型企業！你要成長型收益嗎？我們有。讓我們的股價上漲，之後我們所有的股票選擇權都會讓你值回票價。

顯然，不會所有盈餘都會如此成長。但這些數字不是應該要精確嗎？難道這些數字不代表現實嗎？在許多案例裡都不是。這個世界不是他們告訴你的那樣，數字代表受歡迎的競技場上大量起作用的夢幻泡影。但你說，這可是**事業**啊。你花X

105 譯注：紐約的輪轉印刷機製造商。

元製作了一種新產品，以Y元售出，就會產生獲利，然後普華永道的會計師進來，在財報上簽名。這表示我們查了這項宇宙新產品的帳，帳目符合美國公認的會計原則。**美國公認的會計原則**。可以肯定地說，有一個世代的人，不知道這9個字是什麼意思。李奧納德·史派西克是安達信會計師事務所（美國八大會計師事務所之一）的資深合夥人和榮退董事長。以下是李奧納德·史派西克談論美國公認的會計原則：

> 我的職業怎能容許這樣的捏造還無愧於大眾，這超出了我的理解範圍。我想答案在於，實際上，如果你靠打撲克牌過活，你很容易就會變成一張冷冰冰的撲克臉。我的職業似乎把財務報表視為跟大眾投資人玩輪盤賭博——如果他不了解我們在會計報告中帶來的風險，那是他的不幸。

這是全球最富盛名的會計師事務所之一，資深合夥人與榮退董事長說的。誰都知道輪盤賭博的勝率是多少。

進一步說明，這表示當你看見宇宙新產品每報告1美元的盈餘，這1美元可能實際上是50美分或1.5美元，就看那周他們怎麼彈吉他。這些彈性做法是怎麼來的？

這個喔，你可以把加速折舊法改成直線折舊法。如果你的折舊費用比較高，獲利就會變低，所以要提高獲利，就要降低攤提。多年前阿爾科煉鋼廠（Armco Steel）就是這麼做的，其總裁威廉・韋若第（William Verity）說：「此舉是防禦性手段，用來讓股票上漲，以趕走渴求資產的企業集團和有意收購的傢伙。」當然，未來某一年，你的煉鋼爐可能會壞掉，而你沒有保留現金購買新煉鋼爐。但反正長期而言我們都死了——現在就先讓股價漲起來吧。

你可以改變存貨估值、你可以調整退休基金收費、你可以為子公司的盈餘預作準備，或是等待子公司上繳股息給母公司。你可以把研發費用資本化，不要費用化。要避免秀出虧損，你不必像巴塞爾的聯合加州銀行裡的男士們做得那麼超過；你手邊就有合法工具。你可以把新專案的成本展延，直到該專案開始產生收入；如果該專案一直沒有結案，你可以等未來某一年再蒙受經濟損失。此外，還有其他「裁量性費用」（discretionary expenses）。

這類哲學有一種說法，叫做**「我死之後，哪管洪水滔天」**，或是《亂世佳人》（*Gone with the Wind*）裡的郝思嘉（Scarlett O'Hara）說的，「明天我再來煩惱吧。」如果你的確在設法讓你的股票上漲，你可以到外面去收購另一家有點資產和盈餘、但股價沒漲起來的公司。然後你可以玩併購和收購，儘管近期不像以往那麼常見。有了新買的公司能遮遮掩掩，你就能繼續玩這個會計遊戲。

上述所描繪的一切手段，都是著眼於股價，而不是為了經濟現實而進行的。股市在乎當前獲利；它玩弄我們古老、沉默的體制，然後做過了頭。「沒人遵守規定，」詹姆士・尼登

（James Needham）說這句話時，是證交委員會的委員，「只要能美化盈餘。如果你用別種方式拍攝X光照片，他們會尖叫抗議。」

反之，如果你今年生意不好，如果帳目勾銷追上你，如果你的股票不管怎麼樣都會跌，那們你就找齊你所能找到的罪惡，全都算在這一年的歹年冬頭上。實際上，會計師們稱此為「洗大澡會計法」（take-a-bath accounting）[106]。其概念是只要你的股價下跌，不如把好幾年來、來自四面八方的壞消息，全都算進來，取消舊的營運計畫，票選出新的，並期待來年股價會再度上漲。

在我們討論會計師之前，要注意兩件事。第一，是企業本身想要這樣記帳。會計師可能以獨立專業人士的身分在財報上簽名，因為他們想要客戶，這是他們的謀生之道。所以，如果你是會計師，並選擇不採用申報所有收入、推遲所有成本的作法，企業主可能會說：「滾開，我要另外找會計師，更合作、更知道我要什麼的會計師。」這稱為「貨比三家會計原則」（shopping for accounting principles）。

第二個要注意的是，一樣，還是有正派的人和正派經營的企業。詹姆士．尼登是會計師，做過證交會委員，現在是紐約證交所主席，他說，向證交會提交的9,000份財報中，有嚴重錯誤的低於50份。《財星》前100大企業中，只有22家公開的財

106 編按：亦稱作「巨額沖銷」。

報與提交證交會的財報，存在不一致之處。

（是的，有不一樣的地方。企業用8K和10K表格向證交會提交財報，是因為證交會不光需要的資訊比公眾更廣泛，還不太一樣。8K表格現在要求企業說明在審計上是否發生任何變化，以及變化是否涉及會計原則上的不一致。被解雇的審計人員應該說明他是否同意另找審計人員的原因。這讓公眾只剩兩個問題。第一，爭端不太可能上達證交會，以及第二，證券分析師——更別說是一般投資人了——很難在證交會圖書館陰暗的地下室儲藏室耗上一個下午。8K和10K報告不容易取得。）

追求超級貨幣的數字遊戲

情況並非總是如此；意思是，不會總是把注意力放在誇大當前收入。在一個世代以前，情況正好相反。那時候的股東比現在少多了，股東們更了解企業，甚至控制企業，並因此認識審計人員。管理層喜歡積攢現金，以備收益較差的年頭之需。他們不想申報收入，股市並不活躍；此外，股市重視資產與股息，而非申報的收入。如果你申報大獲利，你的工會會要求加薪、你的股東會期待更高的股息。

漸漸地，情況變了。1954年的《國內稅收法》（*The Internal Revenue Code*）有一些倒退的特徵：避稅天堂、投資抵減、餘額遞減攤提法。工會不再緊盯公開數據，轉而依據他們能獲得什麼來提出需求，而不是所見可能只是樹，而非整片樹林的數字。多數情況下，他們都得到所求了，而公司就提高價格，我們就此邁向成本推動型通貨膨脹（cost-push inflation）。

股東們開始盤算，如果你能靠著把股息的錢再投入，讓股價上漲，那麼愛股息的將只剩拘謹的老太太。企業發現它們借越多錢，收益就越高，股價也更高，於是他們開始利用槓桿。

當1960年代晚期保守的管理階層開始自責他們的保守主義，此一趨勢達到頂點。如果你的專利通過數字是零，並積攢現金——簡單講，就是你累積了資產——你就容易受到某家無資產、動作快、股價高的企業攻擊。你公司的股價在別人開價時會有一次大躍進，但是等你被別的公司用迷人的文件給併吞了，歷史將證明這些公司都將列入衰退中、敬陪末座的榜單。資產多多的保險公司是首選：所以樂事購接管了信任保險（Reliance Insurance），國民普通保險公司（National General）拿下了卓越美國保險公司（Great American）。吉米·林恩（Jimmy Ling）透過LTV集團接管了知名的老字號包裝廠盔甲公司，和知名的老牌鋼鐵廠瓊斯與勞夫林（Jones & Laughlin）。在這場著名的「資產再配置」時，LTV集團遇上了麻煩。

不是所有企業管理層都樂見這種趨勢，可是這種趨勢一旦開始，很少人強大到能夠逆勢突圍。「我超希望股市別老是想看盈餘成長，」某連鎖飯店業者的董事長對我說。「生意不是這樣做的。每一年不會永遠都比前一年賺更多，我們得用力扭曲事情才能得出好看的結果。」為什麼不照實申報財報？「那股價會跌，我們跟競爭對手相比，在雇用高階主管、新的飯店交易等事情上就會處於劣勢。如果你能讓所有人同時都誠實申報，我們就會照做。」

一些人開始建議，或許不該以公告的獲利來衡量一家公司。也許該用現金流，或是投資報酬率。

對投資人來說，最嚴重的打擊，未必是他買進之前的數字跳躍。對天真的投資人來說，沒有打擊比得上數字的改變具有**追溯性**。「宇宙新產品」說它在1969年每股賺50美分，1970年賺1美元，1971年賺1.50美元。你買進，然後他們告訴你，抱歉囉，我們作帳方式變了，我們根本沒賺到這些。在這些數字之前加上一個小寫d表示赤字。別讓投資人離開一小時吃午餐；這時間，股價可能會突然跳水，只剩一點點樹梢還露出在水面上，與Certain-teed[107]和F & M Schaefer[108]公司一樣。

難道投資人得到的資訊，不該和證交會一樣嗎？部分會計師認為太多資訊會令這些可憐的傢伙感到困惑。八大會計師事務所之一的萊布蘭德、羅斯兄弟與蒙哥馬利（Lybrand, Ross Brothers & Montgomery），其管理合夥人菲利普·迪弗利斯（Philip Defliese）這麼說：「你希望每份年度財報裡裡，都有維修這種東西？或是租金與權利金？外行人已經可以取得——他可以上圖書館，多數商業圖書館都有這些財報。或者，他的股票經紀人可以幫他取得。如果一個人打算投資，並且做了研究，那麼他應該要做的研究，跟分析師是一樣的。」

當內行的投資人也賠錢，他們有部分人開始把槍口對準會

107 譯注：北美建築材料製造商。
108 譯注：紐約的啤酒製造商。

計師。畢馬威沒在中央賓州的財報上簽名認證嗎？名氣響叮噹的普華永道，沒有先後在米妮珍珠炸雞和績效系統公司（Performance Systems）的財報上簽名認證，而兩者後來卻破產了嗎？楊亞瑟（Arthur Young）的名字沒有簽在聯合娛樂公司上嗎？紐約證交所沒有對另一家八大會計師事務所哈斯金斯．賽爾斯（Haskins & Sells）提告，因為它簽名認證的公司裡，有破產的歐維斯兄弟公司（Orvis Brothers）嗎？找名氣響叮噹的會計師事務所為財報簽名認證，意義何在？

「沒有意義，」松頓．歐格洛夫（Thornton O'Glove），他是一位會計師，為華爾街公司撰寫談論會計的時事通訊。「簽名毫無價值。」

這是相當強烈的說法，所以才需要記住，多數公司都是循規蹈矩的。感興趣的人，有大量文章（有些我用在這本書裡）刊登在《金融分析師期刊》（*Financial Analysts Journal*）、會計類雜誌，以及《巴倫雜誌》和《富比士》裡。歐文信託銀行的約翰．柴爾茲（John Childs）寫了一本非常昂貴、高技術性並完整的小書，名叫《每股盈餘與管理決策》（*Earnings Per Share and Management Decisions*）。

國會把一切最終責任都交給證交會。以下是1933年《證券法》（*Securities Act*）第19條的部分內容，光是那《舊約》體的威嚴感，就值得回顧一番。一樣值得回顧的還有標題的表達方式，「提供充分且公平的揭露」。以下摘文中的粗體字是我加的。

為執行本章之條款，委員會有權視必要性，不時制定、修改與廢止這類法規，包括……**界定本章所使用的會計、技術與交易術語**。其中，委員會有權為本章的目的，**明訂表格形式，列出需要顯示在資產負債表或損益表上的資訊、項目或細節，以及編制帳目、為資產與負債估值、決定折耗、區分投資與營業收入以及在準備……合併資產負債表或收益帳戶時，必須遵循的方法**。

委員會或任何因該法而設置的官員，有權實施宣誓與批准，傳喚證人、取證，並要求提供任何書籍文件，或委員會認為與調查相關或關鍵的文件與資料。

以上就是最高管理機關的情形。不過，證交會的薪資總支出跟中央情報局CIA比只是九牛一毛，不可能管得了全美的企業。他把申報責任推給企業自己和會計這一行。

但會計是一門專業嗎？可能因為玩忽職守而被取消執照或被踢出業界嗎？會計師為誰工作？投資人還是公司管理層？

最重要的是：財報的申報有連貫性嗎？1938年，美國註冊會計師協會（The American Institute of Certified PublicAccountants）成立了會計程序委員會（Committee on Accounting Procedur），宗旨是「限縮公司財報差異範圍」。1959年又設立了會計原則委員會（Accounting Principles Board）來接續這個委員會。

支持統一格式的人質疑哪個投資人能在數字差異這麼大的

情況下做決定。為什麼同一架波音727，一家航空公司折舊攤提10年，另一家卻要16年？辯護者說，如何決定是管理層的特權，會計是一門藝術，不是科學，管太緊也不是好事。

會計原則委員會又成立了一個委員會來搞定會計的形上學問題：什麼是「經濟現實」？什麼是「當前價值」？什麼是資產負債表上的「公允價值」？財報的目標應該是什麼？會計能提供所需嗎？是否應該有一個產業標準，並申報不一致之處呢？不同環境條件，能否表示不一致之處有其正當性？

會計原則委員會即便在自己的圈子裡，權威影響力也還遠未穩固；客戶會不會同意這麼做，亦有待觀察。每回對規定進行改革，都會收到各種蒙受損失者的激烈抗議聲，而事實上，早在1972年，會計原則委員會就被自己的客戶們圍堵，當時國會通過投資稅抵免。工業界進來遊說，希望抵免是一年一次，以提升獲利；會計師們希望抵免能分散在設備生命周期裡，但他們很快就敗下陣來。

下一輪爭論是石油產業的「完全成本計算」（full cost accounting）。我們不必調查那些恐怖的細節，楊亞瑟會計師事務所（Arthur Young & Company）的合夥人、也是探討石油會計法的作者史丹利．波特（Stanley Porter）說，「完全成本計算」將為採行的企業製造「立即的盈餘」，相形之下，則是讓更保守的企業面臨「侵蝕投資地位」的情況。於是「完全成本計算」，就像荷蘭榆樹病（Dutch elm disease）般擴散開來。

沒幾個月，會計原則委員會就近乎停擺。美國註冊會計師協會正在設計另一個機構，財務會計標準委員會（Financial Accounting Standards Board）來取而代之，這個委員會納入了一些非會計師、可能是全職或專業人士的成員。因此，整個行業依舊被迷霧籠罩。

普通常識才是真理

投資人該做什麼？當然，要設法引起國會議員關注——這應該不可能做到，因為會計幾乎不曾被列入選舉的重要議題。我問過許多關心這個議題的人，紐約市立大學（City University of New York）教授亞伯拉罕・布利洛夫（Abraham Briloff）認為，會計師應該遵守紐倫堡公約（Nuremberg Code）[109]，拒絕執行錯誤或有倫理錯誤的指令。會計原則委員會的一位成員告訴我：「我們是體制內的奠基者，如果我們不快點改變情況，整件體制將會走向崩潰。」該委員會的華爾街成員大衛・諾爾（David Norr）寫道：「現在的會計允許為達預期目的，而塑造結果。會計作為企業活動鏡子的功能已死。」就連法律圈子都警惕，擔心「美國公認的會計原則」不代表財務訊息的揭露充足。《證券法規評論》（*Review of Securities Legislation*）引述證交會調查邦格龐塔公司（Banger Punta Corp）、西蒙與葛斯托公司（Simon, and Gerstle）和甘寶斯卡莫公司（Gamble-Skogmo）的結果並警告：「律師必須當心盲目信賴財報的適恰性，無論是

109 譯注：指實驗對象必須出於自願、了解實驗內容等與人體實驗相關的國際倫理規範。

整體還是細目都是。這類財報有許多情況是，儘管已經仔細準備周全，而且符合美國公認的會計原則，還是必須有大量補充訊息，以免財報本身成為欺騙的工具。」

還有一位委員會成員擔心拉夫·奈德和「保護消費者利益運動」（consumerism）[110]的勢力可能會利用這個議題，他說，儘管「民眾本身並不在乎。民眾都是貪婪的：給他們兩年股市榮景，他們就會捲土重來」。另一位會計學教授把希望寄託在懂金融知識的專業消費者——除非滿足會計標準，否則拒買產品。

批評者的控訴餘音未消，這些指控包括「財政手淫」、「數字馬殺雞」和「企業愚蠢之舉」。有家大型藥廠首長說得簡單有力：「**一個好會計師，抵得上一千個銷售業務。**」

可是啊可是——所有這些例外，都被視為理所當然，認為這必然有道理，這麼做行得通。就連會計師的批評者有時也能看見情況在進步中，儘管他們說這還不夠快。如果你去看歐洲或日本，會計處理一點都不完整或精確。在大不列顛，那裡的當代會計發展日益茁壯，有些工作甚至做得更好。但那是英國的企業針對自身的問題去解決的成果。

會計學應該標示出企業活動的起伏，讓非會計人士也能覺得理當如此。要人人都當會計師非常不公平，但情況就是如此，將鮮少有投資人能夠釐清這些細微差異。會計專業人士應

---

110 譯注：由拉夫·奈德於1960年代在美國發起。

該要爭取投資人的信心，但同時，散戶也該從賺他們佣金的股票經紀人那裡取得幫助。證券行裡應該要有對相關資訊見多識廣的買家。

你當然可以拿到年度財報，要是有15個附註或是附註看不懂就丟掉。

說到底，只有一種防禦本領可以提供防護力，就是**普通常識**。相信這家香菸公司一年盈餘成長30%合理嗎？相信一個像空屋一樣那麼好闖進的產業，製造商說每年將持續盈餘成長逾50%合理嗎？如果這家公司涉足多種業務，它是真的產生盈餘，還是透過併購獲取盈餘，抑或盈餘其實是借來的呢？

人生已經有夠多事情要憂慮了，但別無選擇，只能保持懷疑態度，小心提防了。

2 超級貨幣生力軍

好吧，數字有時會跳舞，但它也是紐約城裡唯一的選擇了。你還是需要一些M3，因為它的辛烷值[111]遠高於M1和M2。我們所有人都該找到把棘輪公司賣給超級貨幣的大源頭——IBM——的某位祖父。然後一切都會是純理論性質的。我們可以悲嘆自己祖父的無能，但這很難製造超級貨幣，因為你得經歷一家新公司完整的尿布階段。我們也買不到每家公司首批剛出爐的超級貨幣，因為這會出現在內部人士賣給外部人士的時候，而我們就是承接的外部人士。但是在某些階段，我們必須成功地增加一些超級貨幣，才能跳出M1的無產階級。也許我們可以買到會飆漲的東西，畢竟，在1950年投資雅芳產品（Avon Products）5,000美元，到今天粗估會成長至230萬美元，如果那一年投資的是哈羅攝影公司（Haloid Company）[112]的話，5,000美元大約會變成300萬美元。你只需找到一檔這樣令人垂涎的好股票，對一個散戶來說，這還有可能嗎？

如果你在證券業裡問這個問題，會得到兩個答案。

第一個答案來自紐約證交所，以及擁有許多分支機構、直

111 譯注：辛烷值越高，表示抗爆震能力越好。
112 譯注：全錄公司的前身。

接與大眾交易的零售證券行。他們說大眾也同樣能取得資訊，有一些取得資訊的散戶，多年來投資有成，也將繼續這麼做。

第二個答案來自投資專業人士，他們認為散戶的時代已經結束。「以前抵押貸款有散戶，」某一位專業人士說。「你的祖母可能持有一筆房地產抵押債權，抵押貸款仲介知道她在尋找收入，就把別的城鎮房子的抵押債權賣給她。現在沒有這種生意做了。」

我們在本書前面看過整個結構的驟變時期：金融系統吸收了商業票據的擠兌，投資圈則是吸收了——公然地——資本不足的證券行的崩潰，他們都倖存下來了。結構嚴重震盪，但是保持完整，現在已經更加牢固。然而，在這個結構裡，變動還在持續發生。機構繼續提高他們的股票交易量。（要記得，大部分的上市股票是來自家族企業股票轉換成超級貨幣，而且傾向於鎖定在信託中。）以下就是發生的情況，機構的交易量（每日平均）：

1952	800,000
1955	1,300,000
1960	1,600,000
1965	3,500,000
1971	15,900,000

顯然，俄勒岡州波特蘭市的史密斯先生向緬因州波特蘭市的瓊斯先生出售股票的日子已遠去，伴隨而來的是在美國持有公司股份相關的一切。為了增加持股，許多小型投資人必須把

他們的投資機構化（institutionalize）。

當我想到那個年代進場的散戶，就想起一個名叫哈利·席歐弗萊茲（Harry Theofilides）的四分衛。（之所以會想到他，是因為有個體育作家威廉·華萊士〔William Wallace〕為他寫了篇專欄，否則我是不會想到的。）哈利·席歐弗萊茲身高5呎10吋[113]。他一直在紅人隊（Redskins）裡，直到文森·隆巴迪（Vince Lombardi）教練加入，但是隆巴迪不打算留下一個只有5呎10吋的四分衛。哈利·席歐弗萊茲被釋出，去了噴射機隊（Jets），他在對上巨人隊時替補上場，為球隊帶來3次達陣，包括2次傳球達陣，並在隔周對上維京人隊（Vikings）時，全隊9次傳球中完成了7次。

「沒有人能打敗我，」席歐弗萊茲說。然後他被6呎5吋的艾爾·伍道爾（Al Woodall）取代，釋出後去了加拿大愛德蒙頓愛斯基摩人隊（Edmonton Eskimos）。

「從我開始踢足球，」席歐弗萊茲有點苦澀地說，「就一直有人說我太矮，這會讓我被防守前鋒擋住視線。好啊，那誰可以？防守前鋒，**當他們高舉雙手衝著你來時，全都超過7呎**[114]。沒人不被他們擋住視線。你能做的是快速滑進他們之間的間隙，然後觀看。明星四分衛桑尼·裘艮森（Sonny Jurgensen）說他從來不可能看得見；他只是把球扔出去，覺得接球的人應該就在那。」

---

113 譯注：約178公分。
114 譯注：約213公分。

散戶在投資領域裡，看起來就像只有5呎10吋，還有許多配備研究報告、電腦和人員的「長」人，他們雙手高舉時全都超過7呎。自從雙手舉高的7呎高人出現以來，散戶績效優異的機率就被認為顯著減少了。瓊斯先生要靜悄悄地在這個波特蘭市賣給另一個波特蘭市的史密斯先生很容易，他們至少身高一樣。

顯然，對為數眾多的投資人來說，安全與被動報酬是一條路線。不想承接風險的被動報酬率和接受風險的積極報酬率，兩者之間的差距已經縮小了。免稅的地方債券報酬率一直在接近大部分的工業股；公共事業作為遊戲中單調乏味的一環，又面臨融資問題，但依然能確保營收成長。他們當中有一些報酬部分免稅，也有年年提高股利發放的傳統。

第二種路線是買進所謂的卓越企業然後長抱不賣。這是羅徹斯特大學的路線，他們有非常成功的投資組合。這所大學，作為一個機構投資者，把時間看得很長遠；它一直準備好面對股市看壞時的驟跌，因為它覺得長抱超過一個世代，報酬率會更優越。羅徹斯特大學持有很大部位的柯達與全錄，這兩家公司都位於這家大學附近，有些股份還是他們捐給學校的。散戶依然面臨「何謂卓越企業」的問題，因為卓越企業會逐漸成熟，變得沒那麼卓越。初期的成長會招來競爭，而某一代的成長型企業，在下一代未必能繼續成長。儘管如此，專注於以下某些特質，還是可以找到能長期持有的公司的。

這兩條路線都預設，要有把競爭要素拋諸腦後的能力，儘管這樣比較有娛樂性。

最後，有一小群人，有時間、癖好做好他們工作的人，績效可以非常好。對那些舉起雙手7呎高的人來說，人人都是這樣——甚至他們自己——他們能擋住其他人的視線，沒人能越過他們看見。你得快速邁步，在他們之間的間隙看一眼。

預測機構的行為

但或許有一個時代即將來臨，在這個時代，只要使用過去行得通的舊方法，就有可能成功：**預測機構**。儘管機構規模宏大、實力雄厚，他們交出來的績效卻沒啥了不起。此外，他們的經理人像小獵犬般，互相討論，喜歡結夥奔跑。

機構也一樣會被火燒到。他們喜歡盈餘持續成長的領先企業，他們對小型企業態度謹慎，因為他們在規模上無法擊敗、趕走競爭對手。如果你能找到規模較小、持續成長的企業，等他們規模大一點再把它們賣給機構投資者，你就是跨進了他們之間的間隙。這類預先操作表示股票能進入銀行的認可名冊（Approved List），信託主管把它們納入帳戶不會受到非議。

此時，你將開始把注意力放在會計，你將會以最認真的態度傾聽你的普通常識。你將會節約地使用你的時間，不浪費在那些長期而言不具有利特徵的產業——約80%。你找的企業很可能財務狀況很給力，不必出售更多股份或以不利條件去借錢。它的關鍵產品具備重要優勢，並因此有能力透過研發持續加強優勢。它將能控制價格，勞動成本很低，或至少能控制勞動成本。它將落在普通常識告訴你它會成長的區塊。上述這些，都能對漂亮的淨利率與利潤有所貢獻。

所有上述因素，也都可以用來尋找要買來賣掉的、尚未成熟的企業。假如除此之外，該公司還有獨到之處，能增加與之競爭的難度，你可能就找到一家可以長抱的卓越企業了。

1960年代流行在科技股中尋找這些特質和獨到之處，全錄和寶麗萊有專利保護。然而專利保護的領先時間正在縮短；如果某種化合物取得專利，可能會有效果一樣好的相似化合物。另外，投資圈幾乎每一個人，都低估了政府研發金流去向的重要性，僅管一些優良企業（例如上述這兩家）並不依靠政府研發經費的投入。而雅芳的優勢，在於他們的銷售大隊非常難以複製。

我對這個獨特理念懷有偏見，你應該改正，因為這是我初次學習時，效果最好的一個。我們圍坐在成長理論的偉大使徒膝邊，他傾注於共同基金和退休基金，並宣揚真正的福音。從那時起，我們漸漸理解，這些持續成長的盈餘，可能就像買家的安全毯（security blanket）[115]，他們為此付出太多，因此即便階梯式的成長是真的，在股價的擺盪中，買在本益比的低點還是划算的。一家真正的成長型企業，在股市擺盪的低點，價格可能是本益比的20倍，等到股市高漲時，價格變成本益比的45倍，而這樣的過程值得等待。

115 譯注：給嬰幼兒抓摸用，讓其感到安心的毯子。

無論如何，我們坐在這位偉人的膝上，然後我們開始應用這個理論，我們緊張地等待導師在我們的報告上打分數。我提起這個，是因為我記得靠一檔股票賺錢，提供了一個散戶能靠自己做什麼的絕佳例子。導師囑咐我們研究吉列（Gillette）。導師舉起一袋吉列藍刮鬍刀（Blue Blades），非常戲劇性地。「這會翻倍，如果你**知道**會翻倍，你能賺到比雙倍更多。」人們用完藍刮鬍刀，丟掉，然後買更多。吉列以一支銷售大軍主宰市場，其產品展示在每家藥妝店的櫃檯上，而且即將進軍其他清潔用品。

還有什麼公司像吉列？我們出門做星探，我仔細地在藥妝店裡走了一圈，然後我找來許多手冊，帶著我的股票去找導師，等著得高分。

我找了一檔名叫丹碧絲（Tampax）[116]的股票。它沒有債務，沒有優先股，有很多現金，其產品是龍頭產品。它像吉列一樣，是拋棄式產品，用完會買更多。它在價格上具有彈性，獲利年年都成長。我希望這個點子能拿到A。

我只拿到B，我抗議。

「這是一家很優秀的小公司，」導師說。「但我認為金百利克拉克（Kimberly-Clark）或可麗舒（Scott）會跟它競爭。況且它的獨到之處是什麼？」

「獨到之處是當人們走進藥妝店，他們不知道其餘產品的

---

116 譯注：衛生棉公司。

名字，」我說。「就像舒潔（Kleenex）。還有誰跟舒潔競爭，給我個名字。通用名稱比專利更好。」

導師並未把我的B改成A。

「你鐵定是B，」他說。這些公司盈餘可能每年成長15%，但我們尋覓的是一年盈餘成長50%的科技股，製造示波管、粒子加速器，和其他有專利、超精密的東西，有專利保護，還有數百名物理學博士的技術人員。

「你的是人口成長股，」導師說。「我看不出它會再成長得更快的理由，雖說15%可以再增加。德州公共事業和可口可樂也是營收年年成長，而這些個股已經上了全部銀行的認可名冊。」

於是我沒有在5塊錢（分割後調整的價格）買進丹碧絲。在那個時間點，導師是對的：科技股進展比較快。過了幾年後，進度加速，所以他們的專利不再提供保護，部分產品降價了。有些科技股在今天規模變得更大了，有些則被視為景氣循環公司。但是丹碧絲的價格在120美元左右。每次想到它我就覺得無言。

還有許多在發展中的領域裡，因為具備某種優勢，而競爭領先、管理扎實的企業例子。其中有一些在近期有進展很容易理解，例如嬌生（Johnson & Johnson）、邦迪（Band-Aids）[117]和嬰兒爽身粉，以及無處不在的麥當勞。抵押貸款擔保保險公

117 譯注：嬌生旗下的OK繃品牌，商品成功到甚至成為OK繃的代名詞。

司（MGIC）填補了抵押貸款保險顯著的缺口。這些公司不但撐過了60年代與大熊市，也較10年前的低點上漲了1000%。（這並不表示未來10年它們會再次上漲那多。）

你有很多競爭對手，跟你一樣在尋覓傑出的穩定成長股，不過，你唯一需要的，就只有一檔真正成功的個股，而你很有把握，假如你找到了，某個人——或許是一間優秀的銀行——有一天會以某個溢價會向你買進，即便你只有5呎10吋，而其他人舉起雙手時都有7呎高。

3 貝他值風潮

股市沒有絕對的系統，而是有許多能奏效的方法。現在掌控局勢的這一代，時間已經讓他們學到：在未來某個時間點，任誰都可能失敗。這是聰明的一代，所以這項發現傷了他們的自信心。這個世代精力充沛地進入60年代，而他們在華爾街的前輩們，顯然被大蕭條的記憶癱瘓了。當今世代前進股市時，相對地缺乏節制。上一代缺乏真正、嚴謹的證券分析，如今有一萬個證券分析師。上一代仰賴鄉村俱樂部的情報和寥寥幾個套著綠袖套的統計人員；如今可用電腦來掃描與篩選，彙編驚人的各種對照與比率，製作圖表與衡量相對強度（relative strength）[118]。新世代的財務報酬極好，但只屬於受過商學院教育、理智、有勇有謀的先生女士。

接踵而至的，是一場嚴峻的考驗，不但奪走部分獲利，還有整個產業的細緻嚴謹與自信的氛圍。事後證明，證券分析師的判斷，對錯一樣多。

1972年1月至2月發行的《金融分析師期刊》，刊登了一篇文章，是一家大型機構的研究主管，對許多機構進行的研究，

---

118 譯注：是股票價格表現與市場平均表現的比率。

進行了統計評估。這項研究想必煞費苦心，一點也不愜意，目標對準一群精明老練的受眾。結果成績跟標普500指數大同小異，結論是「一貫性的平庸」。有些績效好，有些績效壞，而加總起來，就是不怎麼樣。（這篇文章可能有點不公允，因為其研究是根據已發表的資料，而第一流的證券分析師最好的表現是不會公開發表的。分析師的報酬是間接來自客戶的佣金，而這些客戶很可能會編製一份清單——簡短的清單——內容是分析師和該公司想要獎勵的公司。如果一名分析師有個聰明的點子，他會最先找上他最大的客戶，然後去找第二大客戶，以此類推。等他去找第N位客戶時，或是這點子上了媒體發表，已經失去大部分價值了，但《金融分析師期刊》上的調查與評估，只能來自發表過的研究報告。）

不光是證券分析師追逐股價比研究現實更賣力，多數技術裝置也搞砸了。基金的績效已經討論過，整體而言，這些經理人的表現差強人意。更敏銳機警的資金經理人，是那些忙著自我質疑的人。投資組合經理人的研討會紀錄顯示，在4到5年之間，會議的要旨出現改變。在先前的會議裡，當脫去外套、倒好飲料的同時，問題很快就進入：好的，現在熱門股是什麼？我們現在要買進什麼？需要多久？而近幾次，提出的問題帶有齊克果（Kierkegaardian）[119]的語氣——至少就這個圈子來說——充滿質疑和省思。相較於股票清單，投資組合是什麼？

119 編按：丹麥神學家、哲學家，存在主義的創立者。

投資組合能像文件夾那樣管理嗎？有人這麼做嗎？「買進」是什麼？「賣出」是什麼？你專注於哪一個？有任何人的績效能打敗其他人嗎？風險是什麼？

在某些投資組合下跌40%後，最後一個風險問題經常被提出。畢竟，你何必付錢給一位專業人士，讓他賠掉你四成的資金？也許整個流程裡有哪裡不對勁：評估經濟走向、做出某種股市研判、讓證券分析師挖掘他們的股票，以及建立投資組合，和投資組合經理人一起運用他的經驗、判斷、理智、直覺和**敏銳的鑑別力**（Fingerspitzgefühl）。也許這方法錯了；也許這個流程漏了什麼。也許漏掉的是風險，是賠錢的時機。

風險數字化的熱潮

一場倉促成軍的、把風險因素納入一切計算的比賽，就此開始，就連資深專業人士都習慣談論下行風險。但也許你可以把風險**量化**，這樣你就不必依賴投資組合經理人的判斷了。所謂的「貝他值狂熱」（beta cult）於是誕生，這個名稱取自希臘字母 β 。貝他值代表透過報酬率的變異性（variability）來衡量股市風險，因此可視為資本資產定價模型（capital asset pricing theory）的一個構成要素。貝他值狂熱給了華爾街一個用來丟銅板的新術語。十幾家華爾街機構提供貝他值衡量服務，有一些還在《華爾街日報》和《紐約時報》上刊登全版廣告，宣布他們的發現。數學和電腦人員很快又熱門起來，許多資深人士嗤之以鼻，就像博思艾倫公司（Booz Allen）的李蒙特・理查森（Lemont Richardson），「這些搞數學跟電腦的傢伙，以為他們能把風險的分配，精確到小數點後的第5或6位數，那不過是在吹牛。」

你得找個談貝他理論的起點，而起點通常是1944年普林斯頓大學的約翰．馮紐曼（John von Neumann）與奧斯卡．摩根史坦（Oskar Morgenstern）合著的《賽局理論與經濟行為》（*The Theory of Games and Economic Behavior*），這本書說（包含其他規律）在賽局裡，你必須計算特定報酬路線所伴隨的風險，並判斷此路線的「效用」（utility）。1952年，哈利．馬可維茲（Harry Markowitz）在《金融期刊》（*Journal of Finance*）發表了一篇開創性的文章，改寫自他在芝加哥大學的博士論文。馬可維茲證實分散投資可以降低風險，透過衡量投資報酬率的變異性，你可以衡量風險以及有效的投資組合，而有效的投資組合是所有人願意承擔的風險範圍內，所能提供最高報酬的投資組合。（馬可維茲因此被稱為「貝他值之父」。他現在管理一檔運用電腦技術、但沒有運用太多貝他值的小型套利基金。在一場貝他值的研討會上，馬可維茲說他不是貝他值之父而是祖父，史丹佛的威廉．夏普〔William Sharp〕才是貝他值之父。）

對貝他值的熱情有一個頗逗趣的意外線索。這一切統計工作——以及相關的公式，不管有多精細複雜，都能以某種方式取代經理人——自然會漸漸威脅到經理人。5年前，有一場研討會討論了一整個早上的馬可維茲模型（Markowitz model），並嚴厲指控該模型。馬可維茲搞錯了分散投資的所有重點；一位與會者甚至建議（至今仍保留在油印的摘要中）：「馬可維茲的書應該蒐集起來燒掉。」但不到5年，券商們——其中一位在上述研討會上也曾提出抗議——向客戶提供貝他值研究，作為一種銷售宣傳手段。

貝他理論是根據兩個簡單概念：一，多數股票和類股，與整體市場有相當密切的關聯性；二，想得到越高的報酬率，你必須承擔更多的風險。決定投資組合風險的，是測定其報酬率——資本利得加上股息——並拿來跟容易取得的大盤指數（例如標普500指數）比較。貝他係數是用來衡量變異性的指標，並測量報酬率相對於大盤的靈敏度。依照定義，大盤的貝他係數是1.0。因此，平均來說，一個係數為2.0的投資組合，其波動性為2倍；它跟大盤一樣也會漲跌。（如果你好奇那阿爾法〔alpha〕值呢？它是與大盤無關的剩餘影響，是繪製貝他斜率的垂直軸。）

貝他理論為喜歡敲打電腦鍵盤和計算機的兩種人，提供了快樂獵場，尤其是學界。當《金融分析師期刊》在為風險與報酬製作參考書目時，列出了（當時是1968年）253篇文章與89種圖書。現在總數又更高了。

最力推貝他值的是銀行，特別是銀行行政學會（Bank Administration Institute）。在60年代末期，資金從銀行信託部門與銀行管理的資產流出，流向績效基金和其他的「沸騰年代」形式。把錢轉走的人說這些時髦玩意已經上漲了50%至100%，而銀行管理的資金已經10年沒有動靜了。銀行想找某種統計的形式，告訴大家，這些時髦玩意固然賺很大，但請看看風險。

銀行行政學會出版了一份報告，〈度量退休基金的投資績效〉（*Measuring the Investment Performance of Pension Funds*），具有相當大的影響力。股市統計工作的長期重鎮、不久後將更名為貝他大學的芝加哥大學商學院，提出了進一步的研究報告；而且貝他值在證交會的機構投資者專題研究（Institutional Investor Study）中得到認可。

這一切工作都只是為了讓比較變得更細緻，這樣你就不會拿A基金績效跟B基金相比時，沒有考量到兩者各自的變異性（以及因此產生的風險）。假如所謂的貝他革新是真的，沒有別的統計狂熱了，那麼未來所有的比較，都將包含貝他值調整後的數值，共同基金將揭露他們的貝他預設值，經理人的獎金將由經貝他值調整後的成績來決定。

為了讓你知道那看起來會是怎麼樣，以下是貝他值低中高的三種基金。

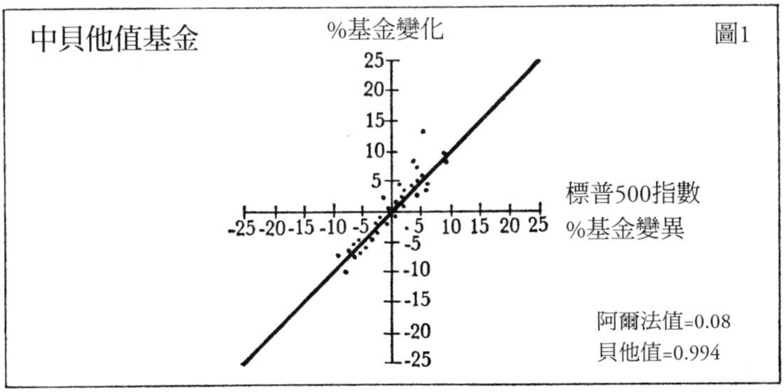

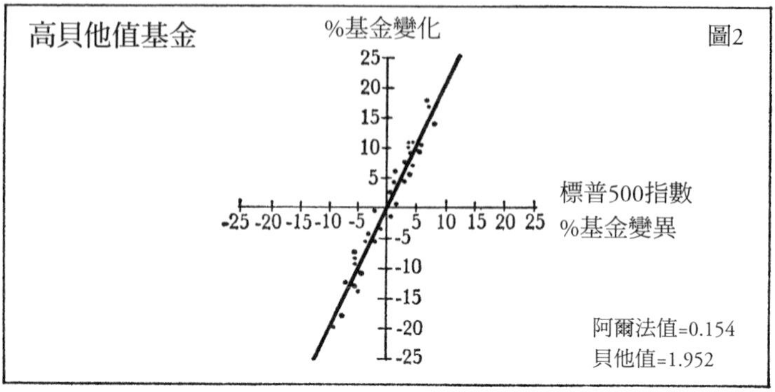

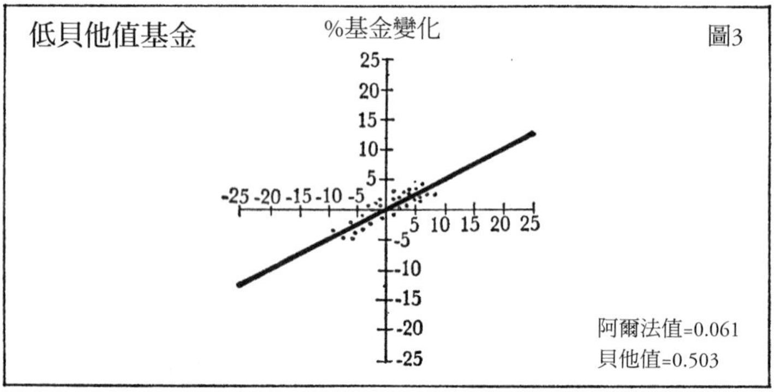

資料來源：美林證券（Pierce, Fenner and Smith, Inc.）

漂亮又簡單，就在幾何學的書裡，y = a + bx。

你可能會想，貝他值依然有很多分歧。報酬率的變異性真的等於風險嗎？也許那只是部分的風險。即便你能用貝他值說明過去的投資組合，但這能幫助你建立未來的投資組合嗎？「價格行為可能是人類行為，但人的行為並不根據熱力學定律，」一位賓州貝他值研究人員這麼說，他的論文表示貝他值在紐約證交所大幅震盪的市場中有效，但在美國證券交易所（American Stock Exchange）似乎沒用——一切得重新再來。（貝他值的擁護者們說，當然有統計上的偏誤，但會很快解決。）貝他值沒有廣泛適用的時間系列，如果只有短期歷史，貝他值可能在投資組合裡行不通。難道有些不懂貝他值的經理人，不會把下跌視為投資的機會嗎？

有一位貝他值的理論家，在經過大量運算時間後，認為獲利的風險與機會，或許跟首度運算的結果不一致。搞不好獲利最高的機會，只能來自強調中等風險的路線，並建議（如果你可以的話）融資買進中等風險的股票。他表示，這是最積極的方法了。於是，統計學家得到的結論，和成績優異的孩子出於本能的做法相同，這是哈佛心理學教授大衛・麥克利蘭（David McClelland）為投環遊戲繪製的統計曲線圖，他是衡量成就動機方面的先鋒。在《成就社會》（*The Achieving Society*）一書裡，麥克利蘭提到，低成就兒童會隨機地、從各種距離投環套圈，但高成就兒童不但會從成功率最高的位置、也會從讓他們最滿意的位置投環。

這個一塵不染、照耀著螢光燈、滿室嗡嗡電腦的世界，是貝他值的世界。當貝他革命到來，你只能決定你想要的風險程度，然後把刻度盤轉到那裡。如果你接受這個概念，你會把刻度盤轉到貝他值為1.8的高風險，或是0.5的低風險，然後回家去。所有的證券分析師也這麼做。「第一步，」芝加哥大學教授詹姆士・羅瑞（James Lorie）說，「是拋棄傳統的證券分析。

它偶然的勝利與災難互相抵銷，平均而言並未產生什麼價值。」

貝他值的擁護者，整體而言，相信股市是一場隨機漫步——《金錢遊戲》、新生課程和本書前面都有提到。隨機漫步者認為解盤毫無意義，因為在我自己的假設裡，**價格沒有記憶，昨日與明日無關**。但是到目前為止，貝他值和所有的昨日一直都有相關性。而且，根據知名的貝他值作者克里斯．韋爾斯（Chris Welles）：

> 跟化學公式不同，投資的公式（如果被廣泛接受）是扭曲取得公式的環境得來的，有自我毀滅的傾向……聲稱有此需求的根基，和這樣的系統的效用，是徒勞地想要打敗大盤，而大盤的基礎是證券市場「有效率」。在這個定義裡，預設大盤有效率，一般來說，是指任何證券價格在任何時間點，都如實反映該證券所能提供的完善情報。
>
> 然而，這種程度的有效率，前提是有大量勤奮工作的證券分析師。要是證券分析師都被派去學校成了金屬配件工人……股市的效率會迅速衰減。

然後，又會有大量情報沒派上用場，碩果僅存的投資組合經理人在選擇採用貝他值後，能以其特定情報超越依賴具體情報的電腦人員。

又是一場數字遊戲

幾年前，電腦圈子曾有一股旋風，是把相對強度當作一種技術分析。根據它的定義，你唯一需要做的，就是堅守在最強勢的個股陣營，因為在股市裡，一檔股票只要開始漲，就會一直漲。其中一人是喬治．伽斯納（George Chestnutt），他販售一種根據動量的服務，他的美國投資人基金（American Investors Fund）從1959至1968年，上漲了398.77%。「機器完成了全部工作，」喬治舉起他的雙手說——看，我什麼都沒做。從1967年12月至1970年6月，美國投資人基金下跌了40%。它有動量，但貝他值太多，阿爾法值不足，而且沒有靈魂。

我是個一絲不苟的人，參加過多場貝他值研討會。以下是其中一場的筆記：

> 任一證券都可能有一個實質的正、負阿爾法值[120]，也能有很低的羅（Rho）值（指個股報酬率與大盤報酬率之間的相關係數）。

針對這一點，我畫了隻鴨子飛上天。

> 當我們分散投資，投資組合的羅值會趨近於

---

120 譯注：阿爾法值是指根據貝他值所計算的預期報酬和實質報酬之間的差距。如果投資組合能提供超越風險（即貝他值）應有的報酬率，則它的阿爾法值為正值，反之則為負值。

100%，阿爾法值則趨近於0。

後來我去跟主要講者討論。有個同事遞給我一張紙條，紙條上寫著：**模擬無法證明**。我畫了艘水上小船。

當羅值趨近於100%，而阿爾法值趨近於0，投資組合的風險因子就決定於貝他值和整體股市平均報酬率，以及報酬率的標準差了。

我又畫了兩隻鴨，漫不經心地尋思著能不能讓那位被爆出曾經作弊的參議員去替我參加考試。

觀眾中有一個人提問了。

提問者：萬一在計算貝他值的等式時設定有誤，以致你的殘差分析（residuals）有一連串的相關性，那怎麼辦？

主持人：你說什麼？

提問者：萬一在計算貝他值的等式時設定有誤，以至於你的殘差分析有一連串的相關性，那怎麼辦？

專家小組成員：我想我可以搞定。這不是大問題。

提問者：你會怎麼做？

專家小組成員：我寫了一份非常複雜難懂的報

告，難到連我都沒把握我自己在講什麼，但我可以告訴你，這不是個大問題。

主持人：這是否回答了你的問題呢？

提問者：沒有。

「你對大盤有何看法？」我說。

他看著我的眼神彷彿我瘋了。我一直在讀許多文獻，所以看起來有一點昏沉。但我一直渴望斯卡斯代爾胖子的午宴上，那些美好簡單的舊時光，斯卡斯代爾總是說：「說說你最喜歡的3檔股票？」然後資金經理人就會彼此推銷。於是我重複了這個問題，他明白了我的意思。

「我的錢全在儲蓄帳戶裡，」他說。

貝他理論將成為好用工具，至少它是說明投資組合的一個便捷方式。也許它能做的不止這樣；有些人非常認真看待它。也許所有證券分析師和投資組合經理人都將離開，去做金屬配件工人。要是沒有，貝他值將會整合到現有系統中，而你會接到這樣的電話：

「這檔股票現在售價36美元，而我們認為它能輕鬆賺3塊錢。賓州非常重視它。該類股的其他股票，售價都在20倍以上。還有，對了，這檔股票貝他值是1.6。是很高沒錯，但這是高貝他值市場；人人都想讓這些貝他值更高。」

而轉瞬之間，會計師就採取行動，決定根據公認的會計原則，個股的貝他值會是0.3還是1.9，端看你想用什麼角度看這檔股票，然後我們都會回到安全、熟悉的領域。

就連貝他值這種複雜的量化，也都假設周一和周五沒有太大的不同，供應給電腦的電力還在，證券交易會繼續嗡嗡作響，它搬到杜布羅夫尼克的念頭只是一場已經消逝的惡夢。可是就像偉大的社會哲學家薩裘．佩吉（Satchel Paige）曾說過的：「**千萬別回頭，有東西可能正在追著你。**」那會是什麼東西呢？

後記

好吧，巡夜者，夜裡怎樣呢？亞瑟·伯恩斯的不安；觀看黑鳥的13種方式；瓦利安特王子傳奇與新教倫理；工作與不滿；通用汽車會相信和諧嗎？奇異公司會相信美與真理嗎？在綠化美國和藍領湖水裡，是卡頓·麥瑟、文森·隆巴迪和奇蹟般的成長；以及周一早晨該辦好的事。

我想那是下午5點左右，雪越下越大，我開始自問，我在俄亥俄州羅斯敦市（Lordstown）的粉紅大象酒吧（Pink Elephant Bar）裡做什麼？粉紅大象酒吧在45號公路上，這條路上還有7哩旅館（Seven Mile Inn），羅德小酒館（Rod's Tavern）也在不遠處。而這條公路通往通用汽車耗資2.5億美元蓋的新工廠，在這家新工廠裡，全世界最自動化的裝配線上打造的，是維加車款（Vegas）。我的朋友比爾和我冷冷地上前，找上這些形形色色的人，他們當中有部分人確實留著大鬍子、長髮和鬢角，而我們則是：年少的社會科學家、業餘的民意調查家。我們可以跟你聊聊嗎？可以請你喝杯啤酒嗎？滾石牌（Rolling Rock）還是吉尼斯牌（Genesee）啤酒？你在維加車廠上班嗎？

在那上班好嗎？我是說，你會叫你兄弟或兒子去那裡應徵嗎？你在那裡做什麼？你太太上班嗎？要再來一杯啤酒嗎？拿到薪水時，你都花在什麼上頭？花在購物上，或者付錢給人——醫師、理髮師、水管工？你覺得工廠裡的年輕人如何？老的呢？黑人呢？工頭呢？經理呢？還要再來一杯啤酒嗎？你這一生想做什麼呢？

一度，這位穿著皮夾克的人來到我們身後，看起來像個鬆懈下來的退役職業足球員——不是防守組：一個進攻前鋒或線衛，可能高6呎3吋、245磅——他說：「我聽見你們在講話。」

我們摒息著，氣氛瞬間緊張起來。

「你們是從西維吉尼亞州來的嗎？」

我們不是。比爾來自底特律，而我是從高譚市（Gotham）[121]的都市街道飛過來的。

「我知道你們不是本地人，你講話感覺來自別的國家。」

嗯，我說，那是另一個國家沒錯。

「讚。請你喝杯啤酒，我喜歡跟外國人聊天。」

你時薪多少？你願意加班還是休假？跟其他世代有代溝嗎？你會買你製造的汽車嗎？工會為你做什麼？你為什麼在這裡工作？你更情願做什麼？你覺得這個國家一切正常嗎？

你能看見所有當代社會學的特有概念：態度／職權？同意／不同意病態社會？態度／工作？

---

121 編按：美國DC漫畫中一座虛構城市，因為蝙蝠俠居住在此並打擊當地犯罪而知名。

我們追求的目標不大。比爾在為報導採訪，也許他想再得一次普立茲獎，再得一次有何不可呢？而對我來說——唔，我只是在尋找線索、瞧瞧**美國資本主義的未來**。我正以一種非傳統的方式，進行一場資金管理的宏觀分析。管理資金的人進入辦公室，戴上綠色遮光眼罩和袖套，並說：今天世界運行得如何？六個月後會如何？一年後呢？但那時他曉得什麼？他閱讀報告和數字，但數字說明了什麼？

我已經跟你說明了一些最近的歷史事件，在這當中，金融系統倖存下來，一些聰明人則是敗下陣來。之後我們真的會回到常軌、鬆一口氣，一切照舊嗎？或者，還有什麼正在發生？也許金融系統正在改變，也許我們對現實的看法始終都是扭曲的。聰明絕頂的人在政府當家，保障世界民主的安全，但其實就連在中央公園和底特律市中心都不安全，沒人想在天黑之後外出。我們把資金投入公營住宅，結果變成災難，就像聖路易市（St. Louis）的普魯伊果（Pruitt-Igoe）[122]，以及看起來像1945年柏林的22個市中心。我們真的把人類送上月球了，但我們真的知道如何管理、如何執行嗎？

白髮蒼蒼、抽著菸斗、值得敬佩的聯準會主席亞瑟．伯恩斯來到國會聯合經濟委員會（Joint Economic Committee of Congress）報告。他手裡握著該年度的聯準會報告，以及聯準會對未來的保證。報告裡有聯準會的所有業務，亦即貨幣與貸

122 譯注：美國都更計畫失敗的縮影。

款，而這位白髮蒼蒼、抽著菸斗、值得敬佩的主席說，聯準會一切都處理得當：他們不會讓貸款匱乏拖慢經濟復甦的腳步，也不會釋放過多貸款，以致再次發生通膨螺旋（inflationary spiral）。可是在伯恩斯報告之前，他必須先發表一些報告中沒有的評論。「老派的補救措施」——指伯恩斯手頭上所能運用的那些手段：債務槓桿——可能起不了作用。商人對這個老法子反應不佳。消費者對這個老法子反應不佳。「我們系統的反應機制出了問題。混亂的局勢在人們心中留下心理印記。美國人生活在動蕩不安的世界裡，他們自己心煩意亂。」

這問題可能多嚴重？嗯，「一場漫長且非常不幸的戰爭」，加上種族融合校車（busing）[123]、青年投票、校園衝突和都市種族暴力，還有「婦女也上街遊行」。天哪，婦女正在示威遊行。

「假如生活能安穩一陣子，」這位聯準會主席說。「**唯有生活能安穩一陣子**，古典經濟政策才會比較有機會起作用。」

聯準會主席這麼說，他不是你們這種丟炸彈的激進派。

我們系統的反應機制出了問題。除非生活能安穩一陣子。

可憐的亞瑟·伯恩斯，你操作槓桿，該產生的反應卻沒有發生，問題出在生活本身。但或許這就是人生，或許從此刻起事態就是這樣。慈愛的上帝，婦女上街遊行，沒人以過去的方式做出反應。太震驚了。

123 譯注：美國為了平衡學童的種族比率，將學童運至外區就讀的制度。

再也無法回到的過去

這就是我在俄亥俄州羅斯敦市45號公路上的粉紅大象酒吧，喝到胃有點脹的原因之一。經濟學家們照常進行他們愉快的預測——哎呀，凱因斯期待有朝一日經濟學家的地位跟得上優秀牙醫的那段時光——分析師們在一場新的「**我死之後，哪管洪水滔天**」遊戲裡，正在追逐年輕嫩妹。但我不必周周或甚至每季展示績效，所以我可以花時間在憂慮這些所有管資金的傢伙，改天再來擔心形上學的問題，這些問題讓亞瑟·伯恩斯拿他的健胃仙發愁。

假如你只讀報紙財經版，會覺得沒有任何跡象顯示有何不同。字體一樣，語言一樣，報導全是報價：債券上漲，美元下跌，零售上升——全是細枝末節。所以一切照舊，我們在60年代的尾聲有一個壞的轉折，我們得稍微屏住呼吸，但我們現在能回到原有的正軌，艾森豪坐上王位，一英鎊價值一英鎊，鐘聲在7月4日的這片土地上響起。1955年7月4日的《時代雜誌》（*Times*）上寫道：

> 從新罕布夏州的弗蘭科尼亞峽谷（Franconia Notch），到加州舊金山，本周，有清晰有力的證據，證明了自艾森豪入主白宮的29個月以來，美國人民的耐心、決心、樂觀精神與信仰，全國發生了驚人的變化……國家的血壓和體溫降了，末梢神經恢復健康了……在城市之中與周圍，推土機、風鑽和釘槍吹奏

著無盡的進步交響樂……辦公室的午茶時間聊天輕鬆而平靜，話題不是即將到來的戰爭或蕭條。

進步的交響曲回來了嗎？或者亞瑟・伯恩斯真的該擔心出事了？

例如，他們說，悠久美好的新教倫理已經消逝。工作發生了什麼事？沒人想要工作嗎？還有成長：整個系統都為成長而運轉，這就是它正當理由，它運作得更有效了。那麼這一切的零成長、人口零成長、經濟零成長，算是怎麼回事？地球表面跟內部只有那麼多資源，依照我們的使用速度，X年內地球就會消失。啟示文學不但來到生態面，在文化面也出現了。「20世紀的革命將發生在美國，」法國評論家尚・方華斯・何維爾（Jean-François Revel）寫道，「而且已經開始了。」「一場革命即將到來，」查爾斯・萊克（Charles Reich）寫道。「它和過去的革命不同。它將從個人發端，伴隨著文化，其最後的行動將改變政治結構……這是新世代的革命。」

如果上述任一說法為真，我們就無法單純回到過去。大部分人很難考慮接受激烈的變動，資金經理人也一樣。他們的態度是：好啊，改變啊，我們會賣掉一些、再買進另一些，以符合這些變化。你說工作即將過時？我們買娛樂股。我有6股閒暇公司（Leisure Time），你再聽我說說我持有迪士尼多久了。資金經理人的操作是根據置換理論（the theory of displacement）：框架不變，但裡頭的東西可以乾坤大挪移。我最喜歡的是我從維加工廠回來後，偶遇的一位男士。我告訴他在某些地區，最大的問題是藥物上癮，而某家工廠的員工吸毒率——這數字對我來說非常之高——據報導是14%。

「喔，」他說，「我很多年不持有汽車股了。但是14%！哎呀，**哪家公司製造針頭？**」

> 由於醫療器材設備整條產線的銷售提升，董事長愉快地報告該年度的獲利大幅升高了。董事長說，獲利創紀錄，歸功於醫療保險、醫療補助計畫，以及快速成長的海洛因成癮市場，使得公司新型的便利拋棄式針頭的使用，得到大幅提升。

現在我們唯一必須考慮的，可能只有置換。哎呀，時代改變了，生活品質受到重視，回到鄉村；有一份10速腳踏車的候補名單，誰製造10速腳踏車？噢，生態學家們的聲量正在壯大，我們水汙染公司的名單在哪裡？

這在戰術層面或許是好的省思，但還有一個策略層面，而策略層面必須考慮更深層的改變是什麼，而事實上，即使沒有買賣這樣相對狹隘的理由，也應該如此思考。

美國車廠啟示錄

這就是我會出現在羅斯敦市的理由，只是逗留，找找亞瑟・伯恩斯憂慮不安的源頭：生活會安穩下來嗎？

對汽車產業來說，暫時考量狹隘的一面，獎勵與懲罰是確實可見的，而且由於汽車產業是美國非常大的產業，會影響我們所有人。通用汽車——我的老天，無人能夠理解通用汽車的**規模**；美國製造業每賺7美元，就有1美元出自通用汽車的貢獻；其營業額比50州任何一州的預算都還要高，也比美國與蘇聯以外的任何**國家**都還要高。但就連通用汽車，都問題叢生。就像亨利．福特二世（Henry Ford II）說的，**日本蓄勢待發**。他說，有一天，日本人可能會在美國製造所有的汽車。

問題（或其一）是，儘管底特律總是堅信：小車，不行！但是進口車數量依然持續上升。美國人不買小車；美國人想要權力、一個性魅力的象徵、賽車條紋、為不存在的空氣所設的進氣孔、為不存在的水所設的汽門；他們想從煞車燈留下兩個大大的黑色輪胎痕，在馬路上跟人拚輸贏。而名字也與技術相應：火鳥（Firebirds）、雷鳥（Thunderbirds）、美洲獅（Cougars）、梭魚（Barracudas）和黑斑羚（Impalas）[124]，其成長都與開一台便利小車無關——所以一輛輛賣出的便利小車，都是外國製造的。

最後，便利小車的銷售額足以讓貿易收支持續朝不安的方向發展，華府開始施壓底特律，而底特律說沒問題，我們會開始製造便利小車。通用汽車不打算再遇到設廠在底特律市區的問題；它把2.5億的維加廠蓋在俄亥俄州的玉米田中央。然後

124 譯注：以上皆車款名稱。

勞動力出現了，到處都是年輕的勞工，而且看看他們——髮長至肩胛骨、留著小鬍子、穿著喇叭褲，典型的打扮；看起來就像來到柏克萊（Berkeley）或哈佛廣場（Harvard Square）。

以下這段話，是一位福特長官寫的，但除了適用於所有汽車產業，可能也適用於多數的工廠運作。這份備忘錄是一位產業關係人員（industrial relations man）寫給上司的，而他所說的是現在與未來。這位仁兄精明機智，他的備忘錄應該收錄在社會學教科書，而不是躺在文件櫃裡。（這份備忘錄被複印了，我有個朋友拿到一份拷貝，又複印了一遍，所以我也有一份，而我猜汽車工人協會〔UAW〕也有一份，因為副總裁肯·巴農〔Ken Bannon〕受訪時逐字引用了內容。透過地下刊物〔samizdat〕[125]交流：想想全錄進軍俄國時會做什麼。）違紀案的發生率正在向上攀升；人員流動率上升了2.5倍；周一與周五的曠職情況驚人。（由此產生一個毫無用處的建議：絕對不要買在周一或周五組裝的汽車。但你的經銷商會告訴你，他的車只在周二與周四組裝。）此外，工人不聽工頭和上級的。怎麼會這樣呢？

> 對許多人來說，就業保障、金錢報酬與個人晉升機會等傳統動機，現已證實是不足的。我們雇用的很多人，發現工廠生活不愉快，短暫接觸後就馬上辭職

125 譯注：俄語，指未經官方同意的出版品。

> 了。在我們的經濟體中，實質薪資水準普遍提升，為滿足經濟需求提供了更多選項。由於他們不熟悉早些年前的惡劣經濟事實，（新工人）不太在意他們請個1、2天假造成的後果……傳統工作倫理——勤奮工作是一種美德、一份責任——將受到進一步侵蝕。

通用汽車即將以最新、最自動化的工廠來包圍攻擊這個本質；機器會取代許多重複性的工作；工廠會蓋在俄亥俄州的玉米田裡，靠近揚斯敦（Youngstown），遠離一切，呃，你知道的，核心城市的問題。羅斯敦市的每樣東西都會是美國製造，不會進口零組件，是美國工業主義的頂點。雪佛蘭汽車公司（Chevrolet）的負責人發表克努特．羅克尼（Knute Rockne）[126]式打氣演說。**美國**即將製造小車，天呀，那是黑森林裡的小精靈，以及豐田市裡黃禍的末日，他們認為只有自己一直在做小車生意。大批記者飛來。這條產線一小時將製造出100輛汽車，產線上幾乎沒有人員；這台機器火熱地把輪胎鋼圈砰地打入輪胎，那台機器呼呼呼地吹出輪胎。

那麼羅斯敦市遇到的麻煩是什麼？這條產線不會每小時生產100輛車——至少大部分時間都不會——還有這些人物，全是汽車工人協會Local 1112的好工人，平均年齡25歲，無論放在哪裡，都是最年輕的勞動力，和平勳章、喇叭褲、頭髮就像

126 譯注：被譽為最偉大的大學美式足球教練之一。

瓦利安特王子（Prince Valiant）[127]，而工會會長才29歲，留著傅滿洲（Fu Manchu）[128]式的小鬍子，就像喬·納馬斯（Joe Namath）[129]剃掉的那種，而通用汽車將怒火中燒。**生產力**在哪裡？標準與方法的指導者柯蒂斯·考克斯（Curtis Cox）十分生氣。「我看見停車場有外國車，」他說。「車主說外國車更便宜，這個國家打算如何競爭？」通用汽車的人一想到日本就快哭了：這些優秀、勤勞的工人，早晨唱著企業主題歌（「讚美你，噢，三菱」）；像七個小矮人般吹著口哨去工作，看在老天的份上——從不罷工，從不說髒話；在公司裡團隊合作；工頭初次見到這女孩，我就請工頭點頭答應讓我跟這位超級好的女孩訂婚。

所以我三不五時就問通用汽車，我能不能去看看這個美國工業主義的頂點，例如周二好嗎？而通用汽車總是說**不**，絕不。

我坦言我有點不可置信。不老是有一堆記者飛去採訪嗎？難道通用汽車的罷工結束時，他們沒有聲稱飛來了那麼多記者，還招待他們適當的茶點飲料，去觀摩產線成功製造出第一台維加車款，並發給他們傳單，傳單上說明維加車即將交車給伊利諾州的哈克貝利·費恩（Huckleberry Finn）[130]的圖書館助

127 編按：創作於1937年的美國漫畫人物，為亞瑟王時代的英勇王子，髮型為今日的妹妹頭樣式。

128 譯注：推理小說中的虛構人物，是西方人對黃禍恐懼的代表。

129 譯注：前美式足球四分衛。

130 譯注：馬克·吐溫的《頑童歷險記》（*Adventures of Huckleberry Finn*），英文原書名即「哈克貝利·費恩的冒險」。

理莎蒂・艾波派（Sadie Applepie）夫人：「噢，我一直期待我的維加車，不敢相信它終於到了，我超激動的。」難道他們沒有這麼做嗎？不，這傢伙不能來，他們這是什麼意思？他們以為我是誰？拉夫・奈德嗎？我開始翻我另一本寫有奈德住處樓下大廳付費電話號碼的筆記本，就出發前往羅斯敦市。即便有工廠警衛，通用汽車也不是俄羅斯，從優秀美國陸軍畢業的任何人，都知道怎麼跟大官僚體制的低階人員打交道。（你拿著這個耙子要上哪去？先生，您說什麼耙子？**那個**耙子。喔，**這個**耙子啊，是長官，先生，他說拿去那邊。**什麼**長官？另一位長官。另一位什麼長官？打敗我了，我不知道，他們只說叫我拿耙子過去。）

於是我們在羅斯敦市四處逛，這2.5億美元打造的一切非常醒目，就像一座鋼鐵熱帶雨林，電鑽像鸚哥般大叫，焊接機器人（Unimate robot）[131]正如大母鳥般俯身在維加車上，而汽車工人協會Local 1112的瓦利安特王子帶著他們新穎又昂貴的電子設備工作中。維加在你眼前茁壯，漂亮。下回你住進豪生飯店（Howard Johnson），旅遊穿越自由之地時，我推薦這輛車。

但這些待修的汽車是怎麼回事，上頭標示著：**缺遠光燈、頂燈運作不正常、缺煞車**……缺煞車？**沒有煞車**。這布告欄上寫的是什麼？

131 譯注：1950年代發明的第一代機器人，實際上只是機器手臂。

管理階層曾因為做工品質低劣、刻意限制產量、未能或拒絕執行工作分派與破壞，而經歷嚴重的生產力降低。

透過實施懲戒來防止這類行為的努力，始終不見起色。於是，任何這類近一步的不端行為，都被視為將引起嚴厲處分，包括解雇。

「實施懲戒？」我的老天，在這是可以被送上軍事法庭的。他們該請一位產業心理學家來讀讀布告欄上的語言。我可以聽見合唱團漸強的歌聲：「讚美你，噢，美好的豐田。」

你好。

你好。

那是什麼？

那是窗緣裝飾。

這裡是個上班的好地方嗎？

嗯，會是的，只要我們振作起來。

你會買這裡的汽車嗎？

當然啊，不會很貴；這是輛設計精良的小車。

你不會想要出去自己做嗎？例如，開一家汽車修理廠？

不，開汽車修理廠沒好處。

呃，我不想打擾你，剛有兩台維加車經過，都沒有窗緣裝飾。

嗯，這些汽車全都缺了點什麼，這條產線移動太快了。

這就是生產力呀。

噢，他們是這樣稱呼的嗎？

我可以給你一些我們在羅斯敦市超級不科學的調查紀錄，但也就這樣了。我們的汽車工人寧可休假也不要加班，但是他們的太太都上班，因為需要更多收入。他們會叫手足來這裡找工作，而且事實上，有些人真的這麼做了。監工惹惱每一個人。破壞？啤酒罐焊接在汽車防護板裡面？嗯，是可能有一些急躁的人，但那很愚蠢，先生，維加是我們的衣食父母——維加賣得越多，對我們越有好處。如果工頭讓我們太火大，他們大可另謀高就；他們理所當然地認為一定會有這種工作。

我們問老一輩的人，年輕工人有何不同。他們說：「有的。他們比較聰明，他們無法忍受我們過去忍受的事情。」

我們最喜歡的瓦利安特王子說：「我不會為任何人賣命。我甚至不為自己賣命，你知道的，為買房而努力。」

但請注意。考量到任何這類報告，無論是由記者還是社會科學家完成，你都得是認識論中的不可知論者。我們如何知道跟我們對話的人能代表一萬名勞動力？此外，記者和社會學家是字面上、概念性的人。他們在房屋的電器維修方面表現很糟；他們下意識地覺得：他們怎麼受得了？我才不願意在這裡工作。他們不會一路睡到高中最後一年都不醒來，在瑪麗亞·德蕾莎（Maria Theresa）修女低沉單調地訴說著華滋華斯

（Wordsworth）[132]時，把這家工廠視為一種解脫。我的朋友比爾曾在《紐約時報雜誌》上寫過一篇有關勞工的報導，其中一些段落，被一位社會學家摘錄在他寫的一份研究報告上。當他為了一本書做研究時，出於對學術來源應有的敬畏，發現這些來源都是引述他的報導：第二位社會學家引述第一位，並加上適當的註腳，而第三位引述第二位，加上註腳與注釋，以此類推——這就是傳統的引用方式，但這不表示這項工作無法完成，只是需要大規模、徹底、資金充裕的努力，加上適當的統計學和所有適當的做法和變異數。

所以，沒錯，對統計學有異議是合理的，但有什麼事正在發生的感覺還在：世界未必會回到7月4日、艾森豪執政，外加生活全都安穩下來。關鍵說法來自福特機密備忘錄的影本的影本的影本；下一個關鍵說法來自查爾斯河（Charles River）[133]的銀行們。羅斯敦市是工業美國最大與最好的樣本，而哈佛商學院是資本主義的西點軍校，或至少裡頭的人是這麼說的，而且這裡肯定提供了現代最卓越的老同學關係網。讓一個商學院的人在世界上的某處搞砸了，他不必害怕：另一個商學院的人會來拯救他，他們稱之為合併、調整資本結構（recapitalization）或綜效（synergy）之類的。我要提一下兩個來自資本主義西點軍校的徵兆。

132 譯注：英國浪漫主義詩人。

133 譯注：沿途流經哈佛、麻省理工、波士頓大學等知名學府。

來自商學院的反動徵兆

不可否認，這些徵兆來自一個不尋常的時期。就像我前面說過的，2年前，投資管理界貪婪的小壞蛋們，迫不及待地要邁向他們的第一個500萬美元。如今，又有一批新的貪婪小壞蛋；當然，這個路線依然廣受歡迎，但在外部，入侵柬埔寨（Cambodian invasion）[134]和我的春季造訪，時間剛好一致。世界諸事不順的感覺，甚至在本書的第3部裡密布著貪婪的陰雲。哈佛廣場周圍的塗鴉越來越政治了；已經很久沒人在寫**哀綠綺思愛阿伯拉**（Heloise Loves Abelard）[135]了；反而有三分之一的牆面上，到處都以大寫字母寫著：**約翰・漢考克（John Hancock）**[136]**是革命家，不是可憎的壽險業務員**。但這當然是在查爾斯河的那一側校園，那裡的生活風格截然不同——鬍鬚與窮男孩的衣服，和上一代的灰色法蘭絨夾克和卡其褲一樣，差不多算是一種制服了。但是在對岸的商學院，初出茅廬的**官僚主義者**穿著布魯克林兄弟（Brooks Brothers）的西裝和有扣領的襯衫前來上課，看起來就像尼克森政府裡助理祕書的副官。

商學院的課程簡介中沒有革命的長篇大論。你會發現簡介中的主要焦點之一，是控制：「控制的範疇是關於蒐集、處

---

134 譯注：指1970年南越和美國在柬埔寨東部進行的一系列簡短軍事行動，是越南戰爭和柬埔寨內戰的延續。

135 譯注：名著《阿伯拉與哀綠綺思的情書》（*The Love Letters of Abelard and Heloise*）一書描寫師生戀的禁忌之愛。

136 譯注：保險公司名稱。

理、分析與使用商業中的量化資訊。」之前有一年，學生爭取民主社會組織（Students for a Democratic Society，SDS）的小團體接管了校園裡的大學禮堂、大鬧一場後，大學作為一個機構，看起來十分混亂，但商學院有一個應變計畫，在一個有彩色索引標籤的厚活頁夾裡。當時我在那裡也有授課，一位商學院教職員害怕會上演1789年巴黎街頭狄更斯式的革命歌舞，在提到異議份子時說：「他們絕對到不了河的這一岸。我們會先把橋炸了。」

所以，這裡不是「最後的堡壘」（Last Bastion）[137]，不是鮑伯．瓊斯大學（Bob Jones University）或甚至是猶他州；而是他們培養**官僚**的地方，從這一代起，技術人員一直在爭奪最高位置，如果還有什麼事發生，這一類的人不是領導、反抗，就是在事發之後嘗試接管它。

第一個徵兆是**上課筆記**。

客座講師提出一個案例。你經營一個1億美元的投資組合（嫩嬰等級的規模），你所面臨的競爭，和大通曼哈頓彼此競爭的資金經理人大同小異。在指定時間到達時，績效最差的投資組合經理人會被炒魷魚，績效最好的人則分到更多資金，想必也會有適當的獎金予以獎勵。

A公司是惡名在外的汙染源，但它的獲利毫髮無傷；B公司正在購買環保設備，而這會壓低它的獲利好幾年。其餘兩者

137 譯注：一款桌上遊戲。

的條件相同，請問你會買哪家的股票，A還是B？這個案例並未離現實太遠。拉夫·奈德的企業責任計畫（Project on Corporate Responsibility）嘗試著把某些人塞進通用汽車的董事會，而哈佛持有30.5萬股通用汽車。報導說，哈佛財務主管表示他會投票給管理階層，「因為他們都是我們這類人，」此後教職員跟學生都發起激烈的辯論。個案不限於環保；有關投資的社會使命，相同原則也可適用於國防承包商、凝固汽油（napalm）[138]的製造商、在南非有投資或分支機構的企業等等。

好啦，你想要達成你投資組合的績效，而績效會被拿來跟別人評比，這會影響你的職涯發展。你會買賺錢但造成汙染的A公司，還是不賺錢但環保的B公司呢？

學生1號：我會評估長期效益……因為長期而言，B公司的形象會比較好。

學生2號：但長期而言你會失去客戶，我想你得了解客戶的心願。這是基金，那些基金持有人會怎麼想？他們想要的是什麼？

（出現零星的噓聲。班上開始反覆說著「A或B，A或B」）

許多學生紛紛提供意見，全都設法對沖，既保留獲利又兼

138 譯注：用於製造炸彈。

顧社會使命。

學生3號：我買汙染公司。（歡呼，然後出現零星噓聲。）基金經理人的職責不是為社會做決定，或是根據自己對某些社會使命的想法，對這些企業有差別待遇。這可能會很危險。如果我們要反對汙染，讓社會為此投票並達成共識，我懷疑消費者真的想付出這個代價。你不能要求營利組織補貼社會。

激進的學生（激進的定義是根據靠河這岸的標準，亦即他鬍子刮得很乾淨，但穿著彩色襯衫，繫著比1955年的寬度還寬的領帶）：也許這就是問題所在。商學院的一切都是為了企業的目的做準備，而這個目的是尋求獲利的最大值。

我們問那位激進學生：「如果企業不追求獲利的最大值，那麼目標會是什麼？」

教室裡一片靜默，一陣紙張的沙沙聲。思緒非常混亂。

如果不追求獲利的最大值，一家企業的目標會是哪些？

沒人舉手。這問題太令人不快。我們又問了一次。更多的吞吞吐吐，只有一隻左手不經意地從袖口露出腕錶。

激進的學生：你知道棘手之處在哪裡嗎？我們看待企業的方式。我們在意產權。

例如在法學院，他們討論的是公民權。我們是客觀的，但可能客觀過頭了。衡量事情的是我們的使命嗎？

我的第二個徵兆是**決議**。正如我說過的，這是一個情緒激動的感人時刻。商學院投票並通過了該決議，然後在《華爾街日報》買廣告來宣布這件事。該決議呼籲美國從東南亞撤軍，在當時學生有這樣的決議並不令人吃驚。但那是商學院耶，在1968年一面倒都是共和黨人，令人吃驚的是措辭的來源與選擇：

我們譴責尼克森總統當局的人類觀（**人類觀？**）和美國社會的以下看法：

1. 將我們當中的焦慮與動亂，視為「懶鬼」與「軟弱的勢利小人」的行為。
2. 不承認對美國黑人和其他受壓迫的團體之獲得正義，存在著真實的質疑。
3. 不願意為了符合人人實現最大成就的目標，以及人類與自然之間的和諧，而推動美國社會轉型。

人類與自然之間的和諧？

我問招生辦公室的前主任，什麼是人類與自然之間的和諧；這玩意是何時悄悄出現在商學院的？

「我不知道，」他說。「我猜這意思是他們不打算為寶僑工作，製造那些不會分解又會讓湖泊缺氧的洗碗精。反正他們不想為大企業工作，他們大概就是這麼說的；我就看幾年後他們會怎麼說。他們說，大公司把他們當目標。在50年代，這裡的學生全都想登頂上寶僑。到了60年代，變成金融業。」

「去年，」我說，「我的班都想直接去對沖基金上班。你甚至不能給他們2萬美元的年薪，因為他們要管理的是一年500萬變成1,000萬的資金，再領到獲利的20%。我常對他們說，『早安，貪婪的小壞蛋』。」

「50年代的學生，」前主任說，「想要經營大企業，而60年代的學生想做丹尼．洛夫金（Danny Lufkin）[139]，在40歲前大賺一筆，然後去忙別的。」

「現在呢？」

「現在，他們只有迷惘，我從沒見過這樣的失落感。我不認為大企業已經獲知這種狀況，但或許《財星》500大企業沒有哈佛商學院也能經營得很好，不過，我感覺一方或另一方將會有所妥協。」

近來，我又跟同一位前主任聊了一下（他現在教授一門熱門課程），並問他近來有何變化。流行的報章雜誌說情況將「回到常態」，不管「常態」是什麼。在充滿激昂情緒的數個

139 編按：畢業於哈佛商學院，因創立投資銀行致富，後來全心投身環保運動。

夏季裡，奈德特攻隊（Nader's Raiders）[140]的申請者多到主辦單位疲於應付，現在年輕的法學院學生在面試隊伍裡扭打，因為他們看見連蘇利文．克倫威爾律師事務所的人也來面試了。據說公益性的法律服務（pro bono）已經完了，法學院學生甚至不想再上社會課程；他們想要學稅務、信託與公司法。如今的商學院課程是否依然偏向大企業？大企業全都妥協了嗎？

「他們在某種程度上妥協，已經不會跟員工的太太們面談，告訴她們必須為了先生適應企業生活，15年搬家14次，」他說。「但除此之外，你只能說他們意識到一些變化。至於我的學生，我認為他們接受企業生活，也同時追求精神生活。我聽說許多生活方式，他們想過著不焦慮的工作生活。他們沒有人想被說成過著啞鈴般的人生，意思是一端是工作，另一端是家庭生活，連接兩端的是鐵路或高速公路。有很多東西，像是沙灘散步、最有價值的事業是他們自己，以及工作應該適應生活，而不是反過來。他們談了很多親密關係、妻子小孩等等。

「所以，若我得再次以10年分期，我還是會說50年代製造了企業人（corporate man）[141]，他們願意登上高位，並在退休17個月後死去，留下很多遺產；60年代的學生也想分一杯羹；而現在的美夢是平衡的生活——當中只要有**足夠**的成就就算是了；他們想要掌舵，但不想付出任何代價；他們依然想要權

140 譯注：1968年，奈德招募了7名法學院的志願者，來評估聯邦貿易委員會，被華府記者團取名為奈德特攻隊。

141 譯注：指忠於企業，願意為企業赴湯蹈火的人。

力，但現在他們也想要愛。

人人實現最大成就？人類與自然之間的和諧？這不是**以前的**商學院。你要怎麼把這些填進資產負債表？我們能在沒有客觀性的前提下經營企業社會，或至少放掉以前為客觀性所做的事情嗎？

我在我的筆記本寫下：**通用汽車相信人類與自然之間的和諧嗎？奇異會相信美與真理嗎？**

將生態永續納入經濟發展中

在美國資本主義的有限歷史中，以低於追求獲利最大值的方式製造產品，當然不是革命性的點子。首先，獲利未必是可控的；它就像落在玉米田中的雨點，散落在成本與市場之間。此外，當事業主體是家庭持有，它的使命將會是照顧家族——子孫侄甥等等——以及產品的聲譽（假如聲譽有價值的話）。所以一個運貨馬車製造商可以單純製造優良的馬車，一個書商可以隨心所欲決定為哪位作者出書。我們所謂的社會使命跟個人誠信有關，是隨機而偶然實施的。

問題是這些企業會賣給更大的企業，讓大企業變得更大。**超級貨幣**！在紐約證交所掛牌上市，股票以夢幻倍數出售的廣大市場，擁有加勒比海遺產的創辦人後代，還有躺在軟墊上的孫子們，全都可以無憂無慮地玩著他們的3K電子吉他設備，不必擔心工作，因為超級貨幣已經調好味，放在數百個信託當中，好讓稅務人員無法得逞。唯有超級貨幣繼續保持超級，獲利才會持續成長，股價倍數才會一直上漲，會計師無法做到這一切。

價值好幾百萬美元的事業，不能由仰賴直覺或經驗的處理方式來經營。必須要有客觀性（無論那是什麼），並加上持續量化的成果；我們必須取得學校課程簡介中所謂的「嚴謹與系統性的方法」，亦即蒐集、處理、分析、描述和使用量化資訊。但也還有競爭存在，還有紐約那些瘋狂賭徒的判斷；要是盈餘下降他們的股票將會慘敗，這樣的話，我們身為一個經理人的成績單，看起來會如何？

對那些戴著綠色遮眼光罩的人來說，問這世界如何運轉、人類與自然之間的和諧將怎麼進行，是一個重要提問，而不僅僅是一個心靈上的問題。

沒人反對這樣的和諧。當生態學首度出現時，產業界抓住它，把它當成一個廣告機會；購買過濾器，是因為買家看到清潔河川的廣告。事實上，有一陣子，有人發現業界花在廣告清潔環境上的錢，比花在設備本身上更多。產業開始意識到，多即是美的普遍觀點已經開始消失。聯合碳化物公司放棄它的廣告標語：**每個人家裡都有一點聯合碳化物**。他們希望你想到塑膠與三明治包裝袋，取代**一點聯合碳化物**實際代表的：風向變了，再一次，關上門窗，你知道上次清理窗簾花了多少錢嗎？尼克森總統發表了生態演說，有人塞給他一句艾略特（T. S. Eliot）真正的好詩。「清潔空氣！清潔天空！洗滌氣流！」——總統說，我們正打算這麼做，沒意識到這首詩後面接的是：「從石頭中取出石頭，並洗滌它們……洗滌石頭，洗滌骨頭，洗滌大腦，洗滌靈魂，洗滌它們，洗滌它們！」這是在說教堂裡兇殺案的血跡，跟生態學無關。

可是儘管人人都同意，人類和自然應該和諧共存，卻很少人同意實踐的方法或是該承受的代價，他們並未改變他們思考方式的意識。以科羅拉多大學經濟學家肯尼思·博爾丁（Kenneth Boulding）的話來說就是，人類在歷史中過著「牛仔經濟」的生活，有著「無邊無際的曠野」和「魯莽、剝削、浪漫與暴力的行為」。消費是「線性的」——意思是，在資源無限的前提下利用資源，垃圾則是被丟進無限的垃圾場。但我們正在轉型成「太空人經濟」。「地球變成有限，就像關起門的太空船；消費必須變成『循環的』——意思是要節約使用我們擁有的，資源必須透過這個系統不斷循環再利用。空氣和水一直都是免費的，很少人意識到我們正以牛仔的方式，即將把地球的生態折磨得面目全非。在《封閉式循環》（*The Closing Circle*）一書中，生物學家暨生態學家巴瑞·柯蒙納（Barry Commoner）寫道，我們必須重新思考透過經濟系統的活動，傳統資本累積的真實價值：我們並未考慮真實的成本。

> 該系統活動的成效對自然財富（biological capital）的價值，需要納入考量，以獲得對整體財富製造能力的真實評估。環境惡化的過程顯示，當傳統資本累積，例如美國從1946年以來，自然財富的價值正在**消**

> **減**。的確，如果這個流程持續下去，自然財富最終可能會被逼到徹底毀滅的地步。既然傳統資本的有效性，取決於自然財富（生態系統）的存在，那麼當後者被破壞，前者的有效性也會被破壞。於是，儘管外表看起來蓬勃發展，但是實際上這個系統已經被迫破產。環境惡化是經濟系統的活動中，一個相當關鍵、可能致命的**隱藏**因素。

所以，我們甚至無法真正理解我們在經濟上表現有多好。這樣的論點跟英國經濟學家艾茲拉．米尚（Ezra Mishan）相仿。假如一個領薪水的工人死去，是因為接觸了水銀、輻射和農業殺蟲劑DDT，即使沒有額外的醫療費帳單，但是因為去世而少賺幾年的收入，不是仍然是成本嗎？它們必須被賦予一個價值，即便少賺幾年的人類痛苦被忽略不計。

根據柯蒙納，美國嚴重的環境汙染是隨著二戰以來製造系統（productive system）的技術革新而來的。以新技術為基礎的製造成果，獲利高於被取代的舊技術；也就是說，更新穎、製造更多汙染的技術，產生了更高的獲利。當然，我們可以用新技術、新系統，讓汙水和垃圾重回土地，讓農地休耕、用生物殺蟲劑取代合成的殺蟲劑、回收可利用資源並節約用電，來讓我們生存下去。這大約會花掉6,000億美元，或是我們目前設備投資的四分之一。

用分析師協會會用的那種術語來說，這種對大自然的欠債，意味著資產負債表上，突然出現了我們過去不知道的債務。它肯定是躲在註腳裡，用小號字體印刷的附屬細則。我們一直很賺錢，但是工廠正在傾倒。我們可以蓋新廠，但我們不得不長期攤銷這筆會抵銷盈餘的費用。

哎呀，但是我們已經有出色的新工廠了。這還不夠好嗎？一定不是我們一直以來認為好的那種好。當然，如果我們活下來了，那很好。搞不好還能保護生活讓環境不再變得更有害，那也很好。問題是我們一直是以有沒有獲利來衡量好不好。某種程度來說，新的資本支出應該要提升獲利。這就是為什麼在問到企業的目的時，班上會這麼困惑了；能帶來獲利的是新技術；而新技術會造成汙染與獲利。殺鯨魚很賺錢，直到有一天再也無鯨魚可殺，因為我們只攤銷船隻、雷達、深水炸彈和魚叉的費用。我們沒有攤銷鯨魚，而且不管怎樣，你要如何置換鯨魚呢？

但是欠大自然的債，支付了，並不會增加生產力或獲利能力。所以，除非社會強迫、勸說、誘騙或以其他方式促成，否則企業大概不會支付這筆帳。要為了這個良善願景，撼動運行了數百年的牛仔經濟學的完美願景，還早得很。

不只對美國和資本主義是這樣。蘇聯的纖維素、紙張與紙箱管理局的木材、造紙和木工，也會有它自己的問題。它有限額，管理局的小伙子滿足於大量生產這些玩意，而生態的狂熱愛好者無處不在。以上來自馬歇爾．高曼（Marshall

Goldman）[142]教授對貝加爾湖汙染的評論，這座湖是世界最古老、體積最大的淡水湖。勃拉茨克（Bratsk）[143]工廠管理者被問到為何沒有安裝新的廢料過濾器。他回答：「很貴。纖維素、紙張與紙箱管理局正在努力降低對造紙與木材企業建設的投資，好讓每一盧布的資本投資，指標變得漂亮。這些指標之所以漂亮，是透過拒絕建設淨水裝置得來的。」

地球資源有限論的主張，很難不導致呼籲停止人口與工業產出的成長。工業產出的成長是資本主義與社會主義捍衛自己存在的正當理由，兩者對彼此都是。當赫魯雪夫（Khrushchev）說要埋葬我們，他是在吹噓工業製造力的提升。美國的國民生產毛額（GNP）提高，一直被視為我們體制的一大勝利。（GNP衡量什麼且先擱置。它確實只計算「量」；所以要是人人都因為犯罪率變高而買了三倍的鎖，GNP就會上升，即便生活品質是下降的。有些人相信我們應該試著計算這類的「質」。）

追求成長的是與非

對成長最猛烈的抨擊，來自麻省理工學院（MIT）以丹尼斯・米道斯（Dennis Meadows）為首的一個小組，他們為世界的系統打造了一個數學模型，其中包括人口、糧食供給、自然

142 譯注：是經濟學家也是蘇聯專家，曾任哈佛俄羅斯研究中心副主任。

143 譯注：俄羅斯西伯利亞南部的城市，該地環境污染嚴重，被評為世界上最髒的30個地方之一。

資源、汙染與工業製造的相互關係。米道斯小組製作出一條末日公式：再過不到100年，世界就會停止運轉，除非「決心」出現，展開「一個可控的、有序的，從成長到全球均衡過渡期」。該小組表示，就連新科技，例如核能資源，也於事無補。該小組把資源加倍、把回收利用砍到需求的四分之一，卻發現就連最樂觀的估算，世界末日都不會拖過2100年。該小組說，我們無論如何都將必須停止追求成長，否則資源耗盡將使工業基礎崩潰，進而導致糧食與醫療服務的匱乏。

這份報告不乏批評者。有位經濟學家說它是「有電燈和電腦的馬爾薩斯（Malthus）」；其他人則說預設的基數太小，而且未來科技還是未知數——如果你在1880年假設我們的人口成長，卻沒把汽車納入考量，你可能會得出我們會被馬糞窒息的結論。如果可以預見資源將變得不足，難道價格不會對預期不足有所反應嗎？難道不能開發新材料與新電源嗎？在史密森尼學會（Smithsonian）的研討會上忖度這份報告的低度開發國家代表們特別擔憂，因為凍結成長而沒有某種全球性的所得分配，將使他們維持當前的經濟水準。印度大使說，比較貧窮的國家將「陷入挨餓」。在另一場國際會議上，馬來西亞人說：「我們當中有部分人，比起沒有工廠，寧可看見工廠煙囪冒煙、勞工有工作」，以及「我們不在意汙染，只在乎生存」。

在自由放任主義（laissez-faire）[144]這一端，經濟學家如芝

144 譯注：指政府對工商業的政策。

加哥大學的米爾頓．傅利曼認為，在所有社會議題的論點中，「人們有種強烈的傾向，要用自己的價值觀，取代別人的價值觀」。目前的汙染問題是「一種較高收入的需求──高收入者要低收入者為高收入者的價值觀支付代價……人們從空氣好、無汙染的鄉下搬到受汙染的城市居住──而不是反過來──因為住在城市利大於弊。」全都住在城市裡，「人們比較可能根據他們自身的利益行動，去評估他們自身行為的代價與利益」。

當然，很難透過立法來改變集體的觀念。但多數經濟學家都不願意放棄把經濟成長率視為一個目標，世界人口在未來勢必會繼續成長，在1960至1975年之間多10億，在未來25年再增加30億人口。但是就算人口增加的速率變慢，你還是需要經濟的成長齊步並進。在一個經濟沒有成長、只有人口變多的世界裡，你要實現某人或某國的福祉，就只能以另一人或另一國為代價。這是一種當我們有剩餘財富可以用來利滾利時的財富再分配，在此之前，穿著獸皮的人們是以長毛象的大腿骨互毆，來達成再分配。想來我們直到近期才因長大成熟而放棄這種行為，但是社會成熟的紀錄，並不是人人都會深信不疑，甚至用它來處理經濟問題。因此，末日公式至少具有一個優點：促使人們思考地球資源的有限性；不管怎樣，人類都需要夠長的時間來有所作為。

緩解貧窮問題，滿足社會目標，要靠增加的量。如果有社會問題（例如汙染），可以透過定價的方式來滿足：例如對製造汙染的人罰鍰，或是給予稅務誘因來達成期望的成果。這個增量並非我們以傳統方式衡量成長時的成長淨收益，因為投資於控制汙染的刺激，會超越終端產品的價格上漲，而抑制了總需求。一份為政府的環境品質諮詢委員會（Council on Environmental Quality）而編纂的研究指出，每年GNP的百分之幾（低於1%），就能改善空氣和水。

這些戴著綠色遮光眼罩的人的想法，對這世界的運轉會有什麼衝擊？短期而言——許多戴著綠色遮光眼罩的人只考慮短期——他可以繼續玩置換遊戲：誰製造了針頭。（如果米道斯模型真的會發生、我們都離世界末日越來越近，又不管價格機制，那麼戴著綠色遮光眼罩的人可以藉由商品消失前夕大舉買進大宗物資，來謀取暴利。）但是長期而言，社會使命的需求，無論是控制汙染，或是醫療、教育與福利，都將出自儲蓄流（savings flow）。（《機構投資者》雜誌對全國41位在學術、政府與商業領域重要的經濟學家進行問卷調查，他們當中有三分之二認為：〔a〕經濟應該繼續成長，但是優先順序應該有所變動，以及〔b〕需要進行額外的「收入—財富」再分配。）假如政府向資本市場借錢來兌現，就會推翻我們前面章節所討論的平衡。如果是加稅來兌現，那實際上就是印鈔來兌現，如此一來，通膨將擾亂獲利。正如這類討論裡常說的，天下沒有白吃的午餐。

這些觀點也需要與其他因素進行平衡。一是在一個一兆美元的經濟體中，其複利效應的價值。一是服務業在經濟體中扮演的角色持續變大；美國勞工部說，到1980年時，服務業就業人口就會超越製造業。服務業不會製造汙染，但生產力曲線也會開始趨於平緩，因為醫師、教師、理髮師與弦樂四重奏，是沒有規模經濟可言的。

戴著綠色遮光眼罩的人是一位資本家和管理者：「資本家和管理階層或許會看見，」勞勃．海爾布魯諾（Robert Heilbroner）在《在資本主義與社會主義之間》（*Between Capitalism and Socialism*）寫道，「生態危機的性質與迫切性……或許將導致人們願意接受較少的國民經濟盈餘，只因他們體認到別無選擇。」

有些結論是不可避免的。即便生態危機太被誇大又沒有發生在眼前，即便可以用現有機制來解決社會問題——這兩點都還可辯論——股市（等同決策者）和商業社會，正在令輿論轉向。只要你了解了「目標」與「優先順序」之間的所有關聯，你能從依市場決策轉向依政治理念決策。（此概念是丹尼爾．貝爾〔Daniel Bell〕[145]在《意識形態的終結》〔*The End of Ideology*〕和《後工業國家》〔*The Post-Industrial State*〕二書，以及其他著作中發展而來。）「對通用汽車好就是對國家好，」查理．威爾森說，他是艾森豪商人內閣的一員。年復一年地看著，有多少百分比的人同意這一點，並注意其變化，是件很有趣的事。

145 譯注：美國社會學家。

所以戴著綠色遮光眼罩的資金經理人，將不再繼續在一個完全由股市決定（並催生）要製造什麼的世界裡交易，也不在一個由商業決策來運行的社會裡操盤。資本稀缺，獲利會更加貧乏。他依然尋覓能翻倍的3檔股票，但能選擇的範圍變少了。他始終不止看獲利，E，而是預估獲利的變化率，E + ΔE，而長期而言——在廣泛、宏觀的事件情境中——**他的期望值會降低**。

開放式的期望值，是我們逐漸認識股市時，不可或缺的一環。沒有這些期待，只要計算機就能計算報酬率，人人在上午10:05也都能在返家路上，思考如何消磨時光，或者更可能的情況是，去參加某些設法消耗剩餘時間的委員會會議。凱因斯把這些期待稱為「動物本能」（animal spirits）[146]：

> 我們大部分的積極行動，仰賴自發的樂觀精神，而不是數學上的期望值。可能，我們想要做點積極的事的多數決定，一切後果會經過許多日子之後才顯現出來，這只能視為動物本能的結果——一種自發性的、比起不作為寧可採取行動的衝動，而且不是把量化的利益乘以量化的機率後得出的加權平均數……因此，假如動物本能黯淡，自發的樂觀精神畏縮，以致

146 譯注：是凱因斯在1936年發表的《就業、利息和貨幣的一般理論》一書中提出的經濟學術語，用來指影響與引導人類經濟行為的本能、習慣與感情等非理性因素。

> 我們唯一能仰賴的，只剩下一個數學上的期望值，則企業將會逐漸消亡——雖然對虧損的恐懼，其基礎並不比先前對獲利的期望更合理……個人要有足夠的自發精神，必須有合理計算的支撐和動物本能的加持，因此，經常侵襲拓荒者的終極虧損念頭，就像經驗肯定地告訴我們和他們的那樣，要擱置一旁，就像健康的人擱置人必有一死的預期。

這些沒有一樣會在明天發生，凱因斯也說過，「長期而言，我們都死了」，而我們所執行的傳統慣例，是一連串的短期項目——那些著眼於長期的人也自冒風險這麼做。我們有一個市場，可以籌資開辦所有的服務業和製造業，因此，可能有許多玩置換遊戲的歡樂時光，正等著降臨在我們的人身上。但如果我們要放棄「牛仔經濟」的「無邊曠野」，新的且較小的視野將影響我們相信的能力，相信我們能賺錢，以及不蒙受損失或懲罰的推論，相信我們今天午餐時聽到的3檔熱門股能從5美元漲到100美元。我們已經失去了我們的牛仔槍手，我曾把這個詞用在我們的部分公民身上，而假如我們的大天空（Big Sky）受損，我們勢必將放棄我們的某些幻想。但那總歸是幻想，而且也許還有別種能量，能讓我們的車輪轉動。

消退中的新教倫理美德

如此這般削弱了資本主義的精神後，我們來看看新教倫理還能做什麼。新教倫理是用以形容致力於節約與勤勉，延遲享樂與賣力工作，從事上帝所認可的行業。新教倫理伴隨著新教徒的特徵，一種冷峻、不願意享樂的人生觀，恰好是福特機密備忘錄裡抱怨的、正在消逝的特徵：「傳統工作倫理——勤奮工作是一種美德、一份責任——將受到進一步侵蝕。」（你已經看見了衝突的根源，因為假如粉紅大象酒吧裡的瓦利安特王子說，「我不會為任何人賣命。我甚至不為自己賣命」，可以很篤定地說，他並不相信「勤奮工作是一種美德、一份責任」。）

我們或許會繼續使用「新教倫理」這個詞——大家都這麼做——但請注意，現在我們該把「新教」與「倫理」分開了。我們這麼說是因為馬克思・韋伯（Max Weber）在一部政治經濟學的經典中這麼稱呼它，而社會學家與政治經濟學家至今依然打發學生去平裝本書店找韋伯的著作，不光是為了《新教倫理與資本主義精神》（*Protestant Ethic and the Spirit of Capitalism*）一書。法國北部的紡織家族（全是天主教徒）寫信給他們每一個的子孫，這些信的內容都能直接進入**新教倫理**中。當然，韋伯並沒有說，新教是資本主義發端的唯一理由。朱利安・弗洛因德（Julien Freund）在評論韋伯時，說**新教倫理**至少有一部分，是對馬克思單一經濟動機的反動。其他社會也有萌芽階段的資本主義存在——巴比倫、印度、中國和羅馬——但是資本主義的「精神」只伴隨著新教不神祕也無神蹟的特質逐漸發展，有其合理的行動與說明。（這將在反對反文化的時刻捲土重來。）伴隨著新教教義而來的禁欲主義說，你在你的呼召中賣力工作，以獲得成功——這是被上帝揀選的標誌——但別花掉你創造的財富，因為唯有持重冷靜，才能取悅上帝。「於是，清教徒開始不停地累積資本。」就連凱因斯在《漫談信仰》（*Essays in Persuasion*）裡，似乎都假設財富的增加，是因為生產與消費之間的差數正在擴大。

說到勤奮、節約與救贖之道，新教倫理在一個新教徒超級少的國家（至少在名義上是這樣）裡，找到它目前最滿意的家園——日本。不久前，在某次採訪中，我會問身在日本的人們：你一年休假幾天？而收到的答案會是：2天、1天、3天。為什麼這麼少？嗯，如果你在假期工作，收入會更好，反正海灘上都是人。我還記得我跟我書的譯者坐在一起，他本人是一家日本銀行的知名處長，人人盤腿而坐，用筷子夾起生魚片，門框完美地框住了外頭的庭園景色。

「在1960年代，」這位可敬的銀行處長說，「我們的整體產出超越了義大利、法國、德國與英國；照這個速度，我們將在1979年超越蘇聯。怎麼做到的？我們的人民存下薪資的20%。沒有別的國家存更多了。在美國，這個數字比較接近6%。」

的確是這樣，在壞年頭來臨時，人們手頭變得緊一點，存款率上升到8%，結果總統把他的經濟顧問召來大衛營，想知道消費者到底哪裡出問題，我們要怎麼讓他們放輕鬆、不再擔憂？

「當然，」這位處長的研究助理說，「我們不會超越美國，那要等到⋯⋯」人人都停止說話，因為那不禮貌。

「等到1990年代的某一天吧，」處長說，「那時很多事都有可能：我們有累積的社會總資本（social overhead）。」

「但我們在沒有資源，沒有石油和充裕的糧食供給的情況下做到了，」助理說，「我們做到是靠勤勉與節儉，勤勉與節儉。」

（大阪的早晨，企業主題歌的聲音響起，縈繞在地球資源有限論的模型建構者心頭。

「為了建設新日本
讓我們齊心協力
盡全力宣傳產品
把產品銷往全世界，
源源不絕，
像湧流的泉水。
成長，勤勉，成長，成長，成長！
和諧與誠心！
松下電器！松下電器！」）

勤勉節儉，敬業奉獻；你能想像沒有它們的美國，但無法想像沒有這些美德背後的神話與倫理。成敗在於亞瑟．伯恩斯的幸福，我們是否永遠都會有成本推升的通膨，我們是否像尼克森總統想要的那樣保持「國家第一」，以及我們致富的夢想發生了什麼事。沒有人對致富懷有企圖心。

再一次，福特備忘錄：

對許多人來說，就業保障、金錢報酬與個人晉升機會等傳統動機，現已證實是不足的。

不足！保障、金錢與個人晉升？你知道我們必須拋下什麼，才能對此有所理解嗎？

給你來一段可敬的卡頓・麥瑟：

> 所有基督徒都得留心**兩種呼召**。每個基督徒都有一個**共同的呼召**，就是服侍主耶穌基督，並拯救他自己的靈魂……每個基督徒還有一個**個人的呼召**或某種特定的職業，透過該職業，他在鄉里間的用處顯得重要……基督徒有兩個呼召，就好像一個人在船上划向天堂；如果他只留意其中一個呼召，無論這呼召是什麼，他都只划了一邊的槳，很難到達永恆蒙福的彼岸……每一位基督徒都該有一些獨特的本分……如此便能為他人做好事，以樂於助人來榮耀上帝……沒有呼召，則違反了第四誡，和吩咐人們追求安居樂業的第八誡……〔如果他不追隨任一呼召〕……那就是對上帝不敬，對家人、鄉里與全體國民不義……基督徒有一份工作是不夠的；他還必須樂意做這份工作，以勤奮交出好成績。

《窮理查年鑑》（*Poor Richard's Almanac*）也不外如是：貪睡的狐狸抓不到家禽；一個今天價值兩個明天；勤勉是好運之母；早睡早起為男人提供工作保障、金錢報償和個人的晉升機會。

把這種倫理延伸至工業美國，是真正的勝利。福特副總裁有個明顯的問題：很難把產線上的工作想成一種呼召。卡頓・麥瑟的聽眾並未等閒視之，他也沒有：「人類及其後代將斬獲甚小，因為上帝並未召喚他」；呼召必須是**社會認同的**，也必須是法律或制度所**允許的**。這確實讓工作看起來像祈望的那樣，更安穩與更重要：

> 對一個人來說，擁有一個他不同意的呼召，會令他非常為難。噢，父母們請注意，當你為子女選擇呼召時，要明智地顧及他們的能力與傾向；免得你毀了他們。還有，祈求者呀，要透過禁食禱告，向上帝大聲呼求，當你要為一個這種需要慎重考慮後果的問題下決定時，求祂指引方向。但是，噢，孩子們，當你們要確定呼召時，應該深思熟慮、經常禱告，最重要的是，對你自己的所作所為，要慎重提出正確的目標。

那會有點難以想像：「媽，我禁食禱告，祈求上帝的智慧。我已經曉得我的呼召了，我要去福特產線做一小時4.57美元的裝配工人。」

這樣提議似乎太過簡化，但是比起什麼都沒有，當人人都為你、為你正在做的事，和為你划向永恆蒙福的彼岸而禁食禱告，你比較有可能賣力工作。而假如你是福特，當這種精神消逝，你會遇到大麻煩。

這種精神不是全都消逝了。它還存在文獻裡。愛默生（Ralph Waldo Emerson）的「自力更生」，以及直接出自卡頓．麥瑟和窮理查的「財富」；不能只有勤勉，還要聰穎、全神貫注並投資。世紀之交的聖公會（Episcopal Church）大老勞倫斯主教（Bishop Lawrence）確實說過，「長期而言，唯有德之人會有財富降臨。良善與富裕結盟。」我們有部分的大企業，今天甚至有一些企業廣告，是由社會達爾文主義者寫的，而戴爾．卡內基（Dale Carnegie）課程所依據的原理，是班傑明．富蘭克林（Benjamin Franklin）[147]發想出來的。事業成功的人士，平日都讀《華爾街日報》。（你看過事業成功人士的電視廣告嗎？商業是田賽項目，是撐竿跳高，橫槓設在大約一百呎高，而那個穿著西裝、戴著Knox帽[148]、提著公事包的可憐蟲，緊張地看著一百呎高的橫槓，沒有把握地握著竿子。他第一次撞掉了橫桿，第二次成功跳過去了，想必是因為他讀了《華爾街日報》吧。《華爾街日報》可能是全美最好的報紙之一，但我建議任何把自己的工作理解為不穿運動鞋的百呎撐竿跳，都

147 譯注：《窮理查年鑑》作者，也是美國開國元勛之一，並以發現電閘名於世。
148 譯注：紐約百年帽子品牌。

是身在錯誤的呼召裡，應該祈禱以尋求神的指引。）

儘管這三百年來，新教文獻一直勸導這個國家人人勤勉節約、冷靜明智——用學者的話來說，就是「延遲滿足」——不過，另一種文獻也開始出現，它實際上是只具麥克魯漢式（McLuhanesque）[149]意義的文獻，但每天都圍繞在我們身邊，那就是廣告。廣告的目的不是讓你生產與存錢，而是去消費、去購買商品，至少50年前起就是這樣，那時大眾行銷與大眾廣告已經開始出現了。如今我們有活色生香的廣告，而百姓花在廣告上的時間，比過去花在卡頓．麥瑟上的時間還要多。我們在廣告裡看見了什麼？首先，我們從沒看過任何人**在工作**，除非他們需要藥物：阿斯匹靈、止痛藥、鎮定劑、感冒藥。至少不是辦公室或工廠工作；白色旋風（White Tornado）和樂意男（Man From Glad）[150]會幫忙做家事。其餘時間，人們都在玩耍：是否不衝浪就不會賣清涼飲料了？啤酒廣告上說，人生只有一回，所以你得抓住你能抓住的一切；廣告裡那個人正危險地掛在他船上的索具上，因為他有一隻手握著啤酒罐。還有航空公司——嗯，這真是為新教倫理的終結敲響了喪鐘：現在就飛，之後再付，泛美航空將帶你前往陽光島嶼，讓你在海灘尋寶（不是卡頓．麥瑟認可的某個呼召），而東方航空則想帶你、鮑伯、卡蘿、泰德和愛麗絲，帶你們全部的人飛向牙買加

149 編按：麥克魯漢（Marshall McLuhan）是現代傳播理論的奠基者，名言為「媒介即是訊息」。

150 譯注：前後分別為清潔劑與保鮮膜廣告。

屬於你們的小愛巢。

資本主義的訊息一直都有精神分裂症：在工作上，要腳踏實地、勤勉、一心一意、節約不鋪張，可是一離開工作，**哇賽！**你看到凱蘿和愛麗絲穿著比基尼嗎？有些身體力行的人，或許能走進電話亭，然後變身成超人克拉克・肯特（Clark Kent），但我懷疑整個社會都這麼做是否可行。

第二種勸導文獻——廣告，有時會承認這一點，並試圖說明，新教倫理的延遲滿足只是幾小時的事情，不是要延遲一輩子或好幾個世代。「你辛勤工作，你值得這個，」聰明的廣告這麼說，無論賣的是啤酒、辛苦一天的犒賞或是一個假期、該季的獎勵或別的什麼：買下、嘗試、搭飛機。

對工作不那麼嚴陣以待的態度也適用於比賽。1972年冬，哥倫比亞大學勉強派出一支籃球隊，參加常春藤盟校的第一場比賽；它只能派出6人到普羅維登斯（Providence）跟布朗大學打。「4名球員，」《紐約時報》（1月6日）報導，「已經請辭，使得這個學生對從事有組織的課外活動的不滿案例，變得特別引人注目……許多其他大學球隊，在上個月也遭遇類似的球員短缺問題。」球隊得分第二高的球員說：「我父親覺得我現在只是個墮落的嬉皮，因為我高中畢業時，對名利有著滿腔的雄心抱負——我想成為北卡羅萊納州（North Carolina）最卓越的律師。現在我不這麼想了。」

這跟文森・隆巴迪這個極端道德標準的典範截然相反。當然，你可以說這不太公平：軍人和職業足球員本來就該贏球。

但這個案例並不愚蠢可笑。隆巴迪過世時，他的死是所有報紙的大頭條——包括最正經的報紙，並讓美國總統以私人身分為他哀悼。隆巴迪對美國和總統的影響，來自他擔綱教練的球隊，10年來不是贏得冠軍就是亞軍。以下隆巴迪的道德標準，全都出自他的《奔向日光》（*Run to Daylight*）：

贏球不是最重要的事，而是唯一的一件事。

勝過他人的意志與贏球的意志，要一直保持下去。這比任何引發它們的任何事件都更加重要。

要打贏比賽，你心中必須要有熊熊烈火，而沒有比仇恨更能點燃這把火的了。

以下出自隆巴迪的球員：

他讓我們所有人都感覺，我們不是要為綠灣包裝工人隊（Green Bay Packers）贏球，而是去維持我們的男子氣概……我們是要去好好教訓他們一頓並維持我們的男子氣概。隆巴迪信仰斯巴達式的生活，全然的犧牲自我，而想要成功與到達他那樣的巔峰，你就得這麼做。你甚至不能去想你花了多少時間在工作上。

他對我們一視同仁——都跟對狗一樣。我不覺得我想成為隆巴迪，這會讓你感覺快被掏空。你得把自己逼得那麼緊，你得放棄很多跟家人相處的時間，你耗盡體力……不過，我現在做生意，正在運用隆巴迪的原則。我的祕書剛開始為我工作的前三天，都是哭著回家的。一個女孩自己請辭。我讓他們飽受訓練營般的折磨。我走進去，說的第一句話是，「你的工作朝不保夕，如果你撐不下去，就完蛋了。」我告訴祕書，「妳他媽的整天都在做什麼？我看不到妳完成了什麼事。」如果她給我一封信，上頭有一個錯誤，我就在信紙上打個大X然後說：「再打一遍。」這法子非常有用。她們現在俐落得很……我很嚴格。他對我影響頗深。

以下是球員談論時代變遷：

　　如果（教練）要你用頭撞牆，你會照辦……我認為我們現在已經進入一個不同的時代了。我認為，現在如果要年輕人用頭去撞牆，你必須給他們一個好理由。

　　如今年輕人不像我們過去那樣打球了。他們可以拚命踢足球或打籃球，但是他們非常溫和善良。他們打球是為了找樂子，這並不妨礙他們這一周的表現或他們認為重要的事情……如果沒有打敗對手，這些年輕人不會覺得世界即將崩塌。

這些舉例都非常有說服力，不需要再評論了。

將來有一天，我們或許會擁有複利科學的技術，無論人們是否辛勤工作都無關緊要，但同時會有很多話題圍繞在疏離、不快樂和藍領的憂鬱，以及就此而言的，白領的憂鬱。由於缺勤、人員流動率與缺少將來能做工頭的候選人，工業界已經注意到這一點，但實際上沒有人真的知道其中原因。

> 5年前（從1970年算起），國家技術、自動化與經濟進步委員會（National Commission on Technology, Automation, and Economic Progress）嘗試調查在現代工業環境下對工作滿意度與不滿意度的現況研究有多少。結果少得可憐。以疏離感、非人化（dehumanization）和工作滿意度喪失的所有討論來說，你或許以為有許多研究人員會努力查出事實，藉由問問題和設計更直接的測量法，藉由釐清哪些方面的特定例行公事，對工作滿意度最有殺傷力，以及改變這些例行公事會導致生產力喪失。結果顯然不是如此。
>
> ——勞勃・梭羅（Robert Solo）[151]刊載於《今日資本主義》（*Capitalism Today*）。

我猜想，在國家委員會再次集會填補這個空缺之前，美國

151 譯注：美國經濟學家，1987年諾貝爾經濟學獎得主。

有兩件事是真實的。一是這個國家確實有許多工作枯燥乏味，對人類的身心都沒有建樹，或是在其他方面沒有成就感。二是相對於沒有頭路或是在家無所事事，人們是喜歡工作的。他們喜歡工作，或至少他們喜歡去上班的地方，因為可以看見朋友，下班後可以一起喝杯啤酒，或是休息時間一起喝杯咖啡，這讓他們有動力，反正我們也還沒發展出彈奏琴聲並把這算是一個美好下午的傳統。假設有丁點的愉快、鼓勵與滿足，他們就會去工作，甚至不必道德勸說和永恆蒙福彼岸的盼望。

在工作相關討論文獻中幾乎成了公理的是，認為部分的問題源自於人屈居於機器之下。但是電腦產業也是機器，薪水可能低於非電子設備的工作；但這個產業並未聽說太多憂鬱的情況，而這之間的差異可能是在風格、氣氛或空調。

人們工作有多努力，或在乎的是什麼，是另一件事。威廉・懷特（William H. Whyte, Jr.）[152]和其他50年代的觀察家告訴我們一個變化：高階主管每周工作70小時還把工作帶回家做，而藍領的工時正在下降。

差別在於高階主管與藍領工人如今都意識到**選擇的自由**，在此之前，他們都不認為他們有的選。雖然只有意識上的改變，非常少人已經開始根據他們的選擇展開行動，行為與態度未必會馬上合一。大部分的關注還是都放在比較年輕的世代身上；起碼未來的高階主管已經在考慮平衡的生活，而企業也開

152 譯注：美國社會學家、記者。

始稍微比較差於告訴員工，企業生活會有多操勞。無論身穿灰色法蘭絨西裝的人的恐懼是什麼——沒有功成名就，沒有在郊區買房——他們對這些事情的恐懼程度，也沒有以前高了。對產業工人來說，這也沒那麼可怕了。一來，如果房子跟車子你都有了，那麼另一間房跟另一輛車就沒那麼緊迫了，不管這會多愉悅或多開心。（在工業州俄亥俄州的維加工廠的巡航里程〔cruising range〕[153]內有一座湖，說白了就是一座藍領湖，意思是湖裡的船大多屬於工廠裡的工會工人。如果他們再多放5艘船在湖上，你就看不到湖水了；因此，假如你是產業工人，又沒有船讓孩子可以上去，也有很高的機會你有朋友會有一艘，或是你的老爸願意借你。）

缺乏的**事物**，除非缺乏的是食物、衣服和住所，否則不會帶來恐懼，除了穿著灰色法蘭絨西裝的人，他相信舊倫理，它仍有實物證據卻已經失去它的神聖性。回頭看看福特的那本備忘錄：

> 由於他們不熟悉早些年前的惡劣經濟事實，（新工人）不太在意他們請個1、2天假造成的後果。

這說法已經盡力言簡意賅了。早些年前的惡劣經濟事實，是一種不愉快但有效的行為動力，如果你在成長過程中聽了很

153 譯注：指遊艇不須重新加油就能到達的距離。

多有關大蕭條的事，你甚至不必親自經歷過。現在距離大蕭條的結束已逾30年，別說工廠裡的瓦利安特王子不知道什麼是大蕭條，他們連聽都很少聽過，因為他們的爺爺已經不跟他們一起生活了。我和社會學家丹尼爾・楊克洛維奇（Daniel Yankelovich）曾多次閒聊，他帶領重要的行銷研究，開了一家跟他同名的社會科學研究公司、一家為企業客戶不斷進行民調的公司。

過去短短5年，對工作的態度就發生了這麼大的變化。工作目標從薪水到人際關係到工作內容，這些都被紐約大學心理系系主任雷・卡澤爾（Ray Katzell）教授等人證實了。花了那麼長時間（接近兩個世代），對經濟恐懼的動機才逐漸消失。

的確，人們有兼差都是為了在目前的生活水準上勉強維持生計；當然還有那些被忽視的地方與困境，以及一些持續存在的失業問題。大規模就業在政治上不太可能發生——幾乎人人都會同意——而經濟上的銀彈（這個國家需要一場大蕭條來整頓這些無能者）已經從討價還價的詞典裡消失了。楊克洛維奇所謂的「犧牲共識」（sacrifice consensus）正在瓦解。這個詞裡的「犧牲」是指，為其他事物延遲享受已不再受歡迎或有必要：我是為我的家庭這麼做，我賣力工作是想讓兒子生活過得比我好。而「共識」顯然是同意這是適合且適當的生活方式。犧牲共識瓦解不代表它馬上就會被某種東西取代，只代表現在有許多元素存在——有些是犧牲者，有些不是，但沒有一致同意的共識。

（有一次，楊克洛維奇問：「如果婦女解放運動打破了男子氣概與養家者之間的等式，這對行為動力會有什麼影響？比如說，對於保險的行為動力？」這讓我們打開了話匣子，導致我們倆晚餐都遲到了。）

所以：我們的生產力曲線開始變得扁平，除了我們即將轉型為服務業經濟，也因為生產者的部分動機——心靈與恐懼——已經消失。而且通膨可能會持續下去。如果你想知道推論的陰暗面，部分工人提前退休了，等著他們的退休金，部分則在周五休假。我們一切**事物**的服務（甚至還真的包括服務本身）變得這麼不穩定又草率，使得製造商得努力設法讓這些服務變得無需服務。車開了一萬哩還不必回廠檢查，這讓消費者都非常不爽，以至於把怒火轉化為政治訴求，並樂意接受更多政府對企業的監管。

所以：是富裕本身削弱了我們的優勢。但是總統不必規勸我們出門去努力工作，才會得到應有的報酬，儘管他已經經常這麼做了。「國家第一」不會獨一無二，因為這些元素不會只發生在美國境內，在所有西方工業國家都會發生。時間點不同，但道理是一樣的。

毛主席的教誨或許跟蒙福彼岸的終點不同，但語氣是一樣的。在資本主義者的工業國家裡，是離開農場的第一代提供了最長的工時，和最任勞任怨的工人。在波蘭小農地上花16小時照看公牛還難以溫飽的某個人，在他一卡紙箱移民到芝加哥南部的煉鋼廠後，可能毫無怨言，但他的孫子可能覺得這麼做划不來。我們是離農場最遠的一代。日本有一個世代已經建立起工業盛名；松下電子工廠歌詠團的歌手覺得松下是最炫的，但同時德國人正在用土耳其和西班牙人——他們也一樣剛從農場出來——填補福斯汽車工廠的士兵。這一切並不能解決我們的問題，但至少讓我們不再孤單。

或許這剛好給了我們一個挑戰。其中，阿道夫·伯理（Adolph Berle）和加德納·米恩斯（Gardiner Means）合著了一本這些思想路線中的老經典，《現代公司和私有財產》（*The Modern Corporation and Private Property*）。在他後來出版的《美國經濟共和國》（*The American Economic Republic*）中，伯理建議我們保有回應的彈性，他稱之為「超凡邊際」（Transcendental Margin），這些特質說明了為什麼繁榮的是以色列而不是伊拉克，是荷蘭而不是保加利亞——一種開創性的活力。它把我們的制度推向不是獲利而是——你準備好了嗎？——美與真理。在一個更年輕、樂觀的美國，這看起來並不奇怪。如果我們依然擁有這些特質或是類似的特質，應該有辦法讓工作變得有成就感，不需要宗教勸說或經濟上的恐懼來促成。這是一個嚴苛的要求和艱鉅的挑戰，但是比較幸運的是，有過類似經歷的人民知道，在適合的環境條件下，賣力工作是可以很有樂趣的。

反文化的革命風潮

我們無視這場變革的風險。目前證據可能會，也可能不會導致深層的改變，但我們知道即使改變看似發生得很快，但其背後的理念傳播已久。我們的人坐在辦公桌前思考世界將會何去何從，假如他在1913年的倫敦市，就會是當時的世界商業鉅子之一：對他來說，資本來自莫斯科的電力與照明公司、波希米亞的啤酒廠、上海的軌道電車線、澳洲塔斯馬尼亞島的蘋果、墨西哥的石油、德州和亞利桑那州的大牧場、馬來半島的錫礦、坦干伊喀（Tanganyika）的大麻，以及無處不在的鐵路。半世紀後，我們的人依然在辦公桌前，依然在工作，衣著比較破舊，但是他的角色跟這個世界已經面目全非。

就這一點來說，這個比喻將會崩潰，因為革命不會整齊地出現在辦公桌上；如果改變夠深層，我們觀看這個情境的框架將會消失，辦公桌椅依舊在，只是沒有人坐在上面了。

但再一次，某種程度的懷疑態度是適當的。例如，在仔細檢查出乎意料的大量文獻時，我發現有個句子多次出現：「我們的年輕人正在反抗。」寫下的人是具語言及概念思維的人，通常是學術圈的人，而**他的意思是「我的研究生正在反抗」**；或是「我的學生剛讀了一些馬爾薩斯，而他們受夠了這個體制」。工學院的教職員沒有即時報告學生們正在造反。

這絕不是要否決少數人的價值。他們對其他所有人來說，可能具有象徵價值，表達了更多人的感受。但我認為區分所做之事的性質很重要：溫室的人提出了溫室的人的研究報告，這意思是，學術圈和作家們都討論了學生，他們最終可能不會成為溫室裡的人，受到免於風霜的保護，但在他們人生的某個階段——在學校裡——他們還是受到保護，不必被塑造成跟其他人一樣。這裡和那裡的25名學生無法造成100萬人「反文化」（counterculture）所帶來的衝擊，但是由於擁有一兆美元的經濟體，加上800萬學生人口，100萬人的反文化是可能發生的。當人人都花16小時跟在牛屁股後頭工作，不會有反文化風潮的出現。

顯然，如果我認為我們還在1955年7月4日、在艾森豪的任內，我就不會花這個時間跟篇幅探討反文化現象。顯然，儘管我們的學習方法一向散漫，但還是有什麼事情正在發生。我加入了一個位於紐約一幢宏偉老建築裡的俱樂部，我覺得成員都是傑出的知識分子，可能是因為有人用我的名字寫了一本《國富論》（*The Wealth of Nations*）。該俱樂部已經滲透進基金會高層和市區律師，會員平均年齡是94. 3歲，因為基金會高層和市區律師都很高壽。總之，遵循探索知識的規則，有一天夜裡，我們就查爾斯·萊克的《綠化美國》（*The Greening of America*）[154]進行了一場辯論。這是對革命小冊子討論得最多的一次。企業美國——這是一個概念，順帶一提，出自老伯爾和米恩斯的經典——已經接管了這個國家，讓它的永恆邁向愚蠢的終結。「這種權力的機構已經成了愚蠢的毀滅力量，破壞環境、毀掉人的價值，並把主宰其國民的思想與生活，視為理所當然。」我們的國家不但非常富有，也極度貧窮，因為我們有動亂、貪腐、偽善、戰爭、扭曲的優先順序，人為造作的工作

154 譯注：該書探討反文化運動。

與文化、無力感、缺乏社群，以及迷失自我（我要為這突然結束的摘要道歉。）但出於生物學上的需要，一種新的意識「已經從企業國家的荒漠中誕生，就像花朵突破混凝土的人行道綻放開來。」革命是個人與文化的，但只有改變政治結構是它的最後一步。

我的功課做得完整又徹底，因為書中有很多東西除了天真，還牽強附會，有些還滿搞笑的：萊克先生7次表示再也沒有帶有顆粒的花生醬了；企業美國只提供磨得很均勻的花生醬。這個企業國家給我們雪車「來取代雪鞋，如此一來，冬季森林就會充滿尖銳刺耳的機械噪音」，然而作者又4度讚揚輕型摩托車讓人「恢復自由移動的感覺」。他顯然不曾試過在一條安靜的馬路上努力閱讀或思考時，有年輕人騎著新本田（Honda）呼嘯而過。紫鯨樂隊（Moby Grape）頌揚「今日是美好的一天」的正向感受，對我來說這是忽略了「噢，真是美好的早晨」（第一類價值觀念〔Consciousness I〕）[155]和佩姬．李（Peggy Lee）[156]的「現在是美好的一天（It's a Good Day）」（第二類價值觀念）。真是歡鬧；我真正的批評來自溫室裡思考。

不過，討論開始5分鐘後，我丟了我的筆記，因為毫無辯論的空間。我高貴的前輩們讀了這本書後，憤怒到甚至**聽不下去**，他們白色燕領上的面孔漲成紫色。到底有什麼威脅這麼大

155 譯注，查爾斯．萊克在1970年所著的《綠化美國》中，提出了第一、二、三類價值觀念。

156 譯注：美國知名爵士樂和流行音樂歌手。

呢？我不得不當場改變立場，變成辯護律師，因為對方的主張是：**這都不存在**。而我一直主張的論點是，儘管評估並不完整，但確實**有事情正在發生**。

尚．方華斯．何維爾那本廣泛刺痛他法國同胞的小冊子，說只有美國能發生真正的革命：「我們時代的這場革命⋯⋯是唯一一場⋯⋯結合了文化、經濟與技術力量的革命，並取代了古老的禁令，全面肯定了一切自由。」（有人很好心，說我們們還在努力。）而且他提到某些已經發生的政治活動：靜坐、民權運動、學生罷課等等。

但是為了討論這本書，有必要把**政治**面向抽出來談。瑪莎．米契爾（Martha Mitchell）[157]可能看著窗外，把成群亂轉的學生視為1917年聖彼得堡（St. Petersburg）的暴民，但其他人很少這麼看。這使得分辨什麼是**流行**（style）變得很重要。長髮可能代表、也可能不代表某種深刻的意義，但如果你比較1872年和1972年的年鑑裡的教室照片，鬍鬚與鬢角看起來是差不多的；唯一的差別是1872年的爸爸也有留鬍子或羊排絡腮鬍（muttonchops）[158]。如果撇除政治與流行，我們就會回歸到行為；其中，不嚴謹地說，恰有一個革命性的概念。那就是：「無論如何，這些聰明人把我們帶到哪去了？麥喬治．邦迪（McGeorge Bundy）和勞勃．麥納馬拉（Robert McNamara）[159]

157 譯注：尼克森時期的司法部長夫人。
158 譯注：在臉頰兩旁留的上窄下寬的絡腮鬍。
159 編按：兩人是美國決定參與越戰的主要決策顧問。

不是最聰明的兩個人嗎？『第二類價值觀念，』萊克寫道，『根植於邏輯與機構的謊言上；它認為不真實是自然與主觀的人……第三類價值觀念則極度懷疑邏輯、合理性、分析與原則。』」

我們不必遠求就能找到引發懷疑邏輯、合理性和客觀性的基本例子。如果我們不阻止越南的共產黨人，他們就會把我們當懦夫，並接管亞洲，諸如此類。我們分析問題。我們會派出X個人，我們將投下幾百萬噸的炸彈。每天電視螢幕都會播放死亡人數統計：**他們**，5357；美國，422；今日平定的村莊，324。隔天，數字一樣，再隔天也一樣。他們看見數字，我們也看見數字。於是，我們打了勝仗，實現了我們的信條，而共產黨人將記取教訓。就在那裡，整整齊齊的，在楊克洛維奇所謂的「麥納馬拉錯誤推論」裡：

> 第一步是衡量一切可輕易衡量的事物。目前為止很好。第二步是拋棄無法衡量的事物，或給它一個任意的量化值。這是捏造與誤導。第三步是假設無法輕易衡量的事物，真的沒那麼重要。第四步是聲稱無法輕易衡量的事物真的不存在。這是自殺。

於是，無意識的革命家運用感情緒、儀式和神奇的力量來反抗。西奧多・羅斯札克（Theodore Roszak）在《反文化的形成》（*The Making of a Counter-Culture*，這本文學漫談其實根本不是在談反文化）中說：「明顯的趨勢是：在以經驗為依據的意識清楚下，把不充分、不明確可用的任何事物或是在數學上動的手腳，歸給純粹否定的籠統類別（實際上是文化垃圾桶），稱之為『下意識』或『非理性』或『神祕』或『純粹主觀的』。」

萊克說：

> 必須打破公認的思考模式；被視為「理性思考」的東西，必須受到「非理性思考的反抗——毒品思考、神祕主義、神經衝動。當然後者的思考方式實際上一點也不「非理性」；它們只是要把新元素引導至如今盛行的貧瘠的、死板的、陳腐的「理性」當中。

這是新教倫理的**真正**終點——不但人人都**被丟石頭**，老兄，這還是讓資本主義快速發展起來的**理性**的終點。

楊克洛維奇寫道：「這就好像幾百年來，由新教教義、個人主義、理性主義、科學與工業化所贏得的偉大勝利，全都付出慘動的代價——犧牲了社會。」而為了定義**社群**，他引述了另一位社會學家勞勃·尼斯比特（Robert Nisbet）：

> 社群包含所有形式的人際關係，特色是高度的個人親密感、情緒深度、道德義務、社會凝聚力和時間的連續性。社群建立在人類整體性的基礎上，而不是

單獨把人看作社會秩序中的某個角色。

馬克思・韋伯是社會學的創立者之一，他的話給了我們這首鳴奏曲的旋律，而他本人是理性主義的史學大師，好奇是否一切的世俗化（secularization）與理性主義，不會剝去生命本身的神祕、魅力與意義。

但顯然——而且一般公認「顯然」是一個理性的副詞——複雜的科技社會將不會消逝。有一小群人正在努力擺脫它，努力把《最後的全球目錄》（*The Last Whole Earth Catalog*）[160]視為教科書默默分享。（我不會批評這本雜誌，而且我發現我有一本書被納入目錄中，就在煤油燈和陶輪之間，這逗得我非常開心。）我們其餘的人只能去應付、去嘗試把缺少的融入我們既有的。為了我們的理性與管理上的目標，我們可以用一個表面理性的方法來試著評估，倫理與心靈上的變化代表什麼意義，但完全接受一個非理性的世界，是在跟我們的角色告別。

不再追求「目的性」的世代

無論如何，對我們在貨幣市場裡的人來說，非理性、神祕與神奇力量並不陌生。《金錢遊戲》一書的重點之一，是彰顯遊戲的基礎是理性與精確，但是遊戲本身卻是由行為反應來競賽，有各種的圖騰形象與禁忌，能為新幾內亞（New Guinea）

160 譯注：《全球目錄》是一本不定期出刊的反文化雜誌，《最後的全球目錄》則是在1971至1975年期間定期更新。

裡任何跟某位人類學家一起居住的部落帶來榮譽。

改變不會一夜之間發生。當道德規範，加上過去幾百年來所累積的資本，鼓勵我們為「目的性」（purposiveness）鼓掌致敬。凱因斯在他卓越非凡的文章〈我們後代的經濟前景〉（*The Economic Possibilities for Our Grandchildren*）中寫道：

> 目的性表示我們更在意我們行為的遙遠影響，而不是行為本身的特性，或是行為對環境造成的立即影響。「有目的」的人藉由讓自己的利益在時間中凸顯出來，總是努力為自己的行為確保一種虛假、不真實的不朽。他不愛他的貓，而是他貓咪的小貓，不，事實上他也不愛貓咪的小貓，而是小貓的小貓，以此類推，直到這群貓的最後一代。對他來說，果醬不是果醬，除非它是未來的果醬（jam tomorrow）[161]，絕對沒有今天的果醬這種東西。藉由凸顯未來的果醬，他努力確保他煮沸果醬的舉動，是一種不朽。

無論過程多麼緩慢，目的性及當中犧牲格言的時代，正在停止運轉。這並不表示馬上就會進入另一個不知為何的年代。反文化或許不是未來的適當指引，因為它的定義是由它所反對的事物來界定：描述它反對什麼，比描述它的訴求容易多了。

161 譯注：指可望而不可及的美好未來。

但它可能能用來刺激某種綜效，讓我們拓寬「理性」是什麼的概念，協助形成輿論話題。早在「反文化」一詞廣為流傳之前，凱因斯就已經描繪了累積社會（accumulative society）的失衡。他說：「對於努力奮鬥、拒絕享受，我們接受了太漫長的訓練了。」他寫道——或許從1931年起的100年——人類的主要問題將是如何活得愉快、明智與幸福。

我們要靠什麼朝此邁進？科學與複利、增值的技術與累積的財富。如我們所見，我們的富裕社會與後富裕社會有部分成員已經準備好進入這種潮流。

但是，可惜呀，我們對科學與複利的看法正在改變。科學不再是維多利亞女王時代晚期的人眼中十足的好東西，從無線電、巴斯德（Pasteur）[162]、電燈再累進到蒸汽機。甚至有人懷疑科學增值的成長是怎麼辦到的：湯瑪斯．孔恩（Thomas Kuhn）[163]在《科學革命的結構》（*The Structure of Scientific Revolutions*）中，主張每一世代的科學家，都在改寫他們的教科書，讓一切不斷淹沒先前的一切。至於複利——嗯，凱因斯的確說過，用常被忽略的句子提過，「假設沒有重大戰爭，也沒有重大的人口增加。」假如人口增加得更快，複利無法解決我們的經濟問題，因為**人均**（per capita）是我們的除數。

路上突然冒出來的轉彎，確實有可能突然出現；就在一個世代以前，我們有部分的工業社會，還在擔心怎麼**提高**出生

162 譯注：法國微生物學家，奠定了微生物學。
163 譯注：美國科學史學家。

率。如果我們真的能靠科學與複利作為緩衝，那麼確實，我們可以期待那一天的到來（又是凱因斯）：「我們現在正不計代價地維繫著，影響財富分配與經濟獎懲的各種社會習俗與經濟實務，無論它們本身有多麼令人不愉快與不公正，因為它們對促進資本累積太有用了。至少在這之後，我們應該有丟棄的自由。」

但我們要在周一早晨做什麼？

所有這些活動，都屬於充滿風險的長期期望範疇，而我們知道，長期投資者必須看起來——又是凱因斯——「在一般人眼裡古怪、非傳統及冒失。」如果長期投資者成功了，就證實了覺得他做事冒失的看法，如果失敗，「他將不會接收到多少寬待。處世智慧教會我們，以傳統方式失敗，名聲好過以非傳統的方式成功。」同時：

> 貪欲、高利貸與謹慎還是得為我們再當一段時間的神。因為只有它們能帶領我們走出經濟必然性的隧道，邁向光明。

即使我們留下的是資本而不是社群，我們依然得盡力讓我們的花園成長。就連真理的覺證者（Enlightened One）[164]都說，每天必須花幾小時砍柴挑水。但即便是為了狹隘的目的，沒有

164 譯注：多指佛教中悟道的人。

覺察周遭的變化是愚蠢的，而這種覺察並非玩數字遊戲時理性嚴謹的傳統悟性。

同時，我們參與遊戲的市場機制和結構倖存下來了。貨幣與超級貨幣也都還在。或許有些玩家變得更沉重一點了。我們全都得選擇該如何使用精力；有些事情呈現出的是現況，但並非應該如此，但這就是世界的現實。如果你還在遊戲裡，當然，祝你成功，希望你從中得到樂趣。

一點補充說明

本書沒有注釋，這導致偶爾會出現坑坑窪窪的句子，因為有時得努力把「根據1971年紐約聯邦準備銀行發行的公報」變成比較平順的句子。

隨著時間過去，我可能得穿越房間裡堆得與腰齊高、用馬尼紙檔案夾（manila folders）歸檔的文件報告時，注釋的想法突然出現，我打給了出版社。要注釋嗎？

「注釋有幾頁？」這位好出版人說。

「我們認為可以壓在100頁以下。」

「100頁注釋？」

「怎麼了嗎？」

「呃，這本書會在商店上架，如果有人光顧店家，打開書從後面開始翻！我們要他買書，你知道的。」

那，能不能出兩個版本，一版有注釋呢？

出版人用他們身為出版人對待孩子跟作者的語氣：同時使人厭倦、感到寬心與受到威脅。

「你先回去好好工作，好嗎？我們再找時間來煩惱這件事。」

所以：所有引文都準備妥當。如果沒有引文，可以假設資料來源是《紐約時報》、《華爾街日報》或第一手的第一人稱採訪。

非常感謝凱因斯在《就業、利息和貨幣的一般理論》和《隨筆集》（*Essays*）裡的作品。同時也謝謝：劍橋紀念車道50號（50 Memorial Drive in Cambridge）3樓前面，這裡住著一些麻省理工學院有趣、有同情心的經濟學家。哈佛商學院的柯里爾・庫朗（Colyer Crum）和托尼・阿索斯（Tony Athos）、哈佛大學的社會系主任丹尼爾・貝爾、丹尼爾・楊克洛維奇、勞勃・海爾布隆納、班尼特・克雷門（Bennett Kremen）、大衛・諾爾。羅徹斯特大學的唐・賀斯勒（Don Hessler）和柏特・崔普（Bert Tripp）、菲力克斯・羅哈廷和比爾・唐納森（Bill Donaldson）。還有一些前同事，他們是我的消息管道，包括（但不限於）約翰・柴克雷（JohnThackray），尤其感謝克里斯・韋爾斯；芭芭拉・曼德（Barbara Munder）與尤里・羅荷（Julie Rohrer）協助研究的部分，以及羅荷太太（Mrs. Rohrer）漂亮地完成多次採訪。

附表

表1：美國儲蓄與投資部門報表（單位：10億美元）

	年度淨值流量											
	1960	1961	1962	1963	1964	1965	1966	1967	1968	1969	1970	1971
	家庭、個人信託與非營利組織											
1個人所得	400.9	416.8	442.6	465.5	497.5	538.9	587.2	629.3	688.9	750.3	803.6	857.0
2減去：個人稅＋免稅	50.9	52.4	57.4	60.9	59.4	65.7	75.4	83.0	97.9	116.2	115.9	115.8
3＝個人可支配所得	350.0	364.4	385.3	404.6	438.1	473.2	511.9	546.3	591.0	634.2	687.8	741.2
4減去：個人支出	333.0	343.2	363.7	384.6	411.9	444.8	479.3	506.0	551.2	596.3	633.7	680.7
5個人儲蓄（根據全國老年研究所NIA）	17.0	21.2	21.6	19.9	26.2	28.4	32.5	40.4	39.8	37.9	54.1	60.5
6+來自政府的帳面餘額、保險	3.3	3.5	3.6	3.7	4.2	4.8	5.2	5.4	6.0	6.6	9.2	9.8
7+資本利得配息	.4	.5	.5	.5	.6	.9	1.3	1.7	2.5	2.5	.9	.8
8+耐用品淨消費	5.1	2.9	6.7	8.9	11.2	14.8	15.2	12.4	16.7	15.5	8.4	17.0
9＝儲蓄淨值	25.8	28.0	32.4	33.0	42.1	49.0	54.2	59.8	64.9	62.6	72.6	88.0
10+資本消耗	46.3	47.8	49.8	52.4	55.9	59.9	64.3	69.9	77.2	84.8	91.2	95.1

	年度淨值流量											
	1960	1961	1962	1963	1964	1965	1966	1967	1968	1969	1970	1971
	家庭、個人信託與非營利組織											
11＝儲蓄總額	72.1	75.8	82.2	85.4	98.0	108.8	118.5	129.8	142.0	147.4	163.7	183.1
12投資總額	75.9	80.9	85.8	92.5	103.0	113.7	126.7	131.9	143.5	143.3	171.5	176.6
13資本支出（銷售淨額）	67.8	64.7	71.5	76.3	82.2	89.6	94.2	94.6	109.7	116.7	112.9	130.7
14房屋建造	19.7	17.6	18.7	19.0	19.3	19.1	18.9	17.0	21.1	21.6	18.9	24.7
15耐用品消費	45.3	44.2	49.5	53.9	59.2	66.3	70.8	73.1	84.0	89.9	88.6	100.5
16非營利工廠＋設備	2.8	3.0	3.2	3.4	3.7	4.1	4.5	4.5	4.5	5.1	5.3	5.4
17金融投資淨值	8.1	16.2	14.3	16.2	20.8	24.1	32.5	37.3	33.8	26.6	58.6	45.9
18金融資產淨收購額	25.9	33.1	35.3	43.3	48.9	54.3	56.1	61.0	68.6	57.6	80.0	90.7
19存款＋信用市場、工具（不包括公司產權）	17.3	22.8	26.1	33.8	36.1	39.3	40.5	46.8	55.8	43.7	61.5	70.5
20活期存款＋貨幣	.4	2.6	.9	3.6	4.5	7.9	2.6	11.1	12.6	3.5	6.1	8.5
21儲蓄帳戶	11.4	16.5	25.7	24.6	27.4	28.0	20.5	34.8	30.4	6.1	44.5	73.5
22商業銀行	1.8	5.4	12.6	9.5	11.6	14.9	13.2	18.1	17.4	−1.9	27.6	32.7
23儲蓄機構	9.6	11.2	13.1	15.1	15.8	13.2	7.3	16.7	13.0	8.0	17.0	40.8

	年度淨值流量											
	1960	1961	1962	1963	1964	1965	1966	1967	1968	1969	1970	1971
	家庭、個人信託與非營利組織											
24信用市場、工具	5.5	3.7	–.6	5.5	4.2	3.4	17.5	.9	12.9	34.1	10.8	–11.5
25美國政府債券	.1	–.5	.3	3.9	2.0	1.7	8.4	–.4	4.1	12.1	–4.4	–22.6
26州與地方債券	3.5	1.4	–1.0	1.5	2.0	1.7	3.7	–1.7	–.2	8.4	2.3	4.9
27企業與外國債券	.2	.3	–.6	–.3	–.1	.7	1.9	4.8	4.8	5.7	12.5	7.6
28抵押貸款	2.0	1.7	1.0	.3	.3	–.8	1.3	.9	1.8	2.0	2.2	2.4
29商業票據	–.2	.8	–.2	*	*	*	2.2	–2.7	2.4	5.9	–1.8	–3.9
30投資公司股份	1.5	1.9	1.8	1.2	1.9	3.1	3.7	2.6	4.7	5.7	2.4	1.1
31其他公司股份	–1.9	–1.5	–3.9	–4.0	–1.9	–5.1	–4.7	–6.8	–12.3	–9.6	–5.1	–6.5
32人壽保險準備金	3.2	3.4	3.7	4.1	4.3	4.8	4.6	5.0	4.5	4.9	5.2	6.6
33退休基金準備金	8.4	8.8	9.1	9.7	10.9	12.3	14.4	14.4	15.4	15.8	19.5	20.2
34非企業、事業的淨投資	–3.3	–2.9	–2.1	–2.1	–3.1	–1.9	–3.5	–3.6	–2.0	–4.3	–5.6	–3.7
35證券信用	.1	.1	*	*	–.1	.5	*	1.1	.7	–.8	–.5	*
36雜項	.5	.5	.5	.5	.9	1.3	1.2	1.5	1.8	2.1	2.6	2.4
37負債淨增加	17.8	16.9	21.0	27.1	28.1	30.2	23.6	23.7	34.8	31.0	21.4	44.7

	年度淨值流量											
	1960	1961	1962	1963	1964	1965	1966	1967	1968	1969	1970	1971
	家庭、個人信託與非營利組織											
38信用市場、工具	17.7	15.3	20.8	24.8	27.9	28.8	23.2	19.7	31.9	32.6	22.3	41.6
39住房抵押貸款	10.8	10.9	12.7	14.8	16.0	15.2	12.3	10.5	14.9	16.2	12.5	24.5
40其他抵押貸款	.9	.9	1.0	1.0	1.0	1.2	1.3	1.2	1.1	1.3	1.4	1.4
41信用卡分期餘額	3.7	.9	4.8	6.8	7.2	8.6	6.2	3.4	9.0	8.3	3.0	8.4
42其他消費信貸	.9	.9	1.0	1.2	1.3	1.4	1.0	1.2	2.1	1.0	1.3	2.1
43銀行不分類貸款	.6	.9	.5	.4	1.4	1.4	.4	2.1	3.1	2.8	1.5	3.9
44其他貸款	.9	.8	.8	.7	.9	.9	2.0	1.3	1.7	3.0	2.6	1.3
45證券信用	–.1	1.3	–.1	2.0	–.2	.8	–.2	3.3	2.1	–2.5	–1.9	2.1
46貿易債務	*	.1	.2	.2	.3	.2	.3	.4	.5	.5	.6	.6
47雜項	.2	.1	.2	.2	.2	.3	.4	.3	.4	.4	.4	.5
48差異	–3.8	–5.1	–3.6	–7.1	–5.0	–4.8	–8.2	–2.1	–1.4	4.1	–7.7	6.4

表2：美國非金融部門的募資報表（1961-1971），單位：10億美元

	1961	1962	1963	1964	1965	1966	1967	1968	1969	1970
總額	46.9	54.1	57.7	66.9	70.4	68.5	83.5	96.9	90.4	97.5
美國政府＆機構	7.2	7.0	4.0	6.4	1.7	3.5	13.0	13.4	-3.6	12.8
其他：總額	39.6	47.1	53.7	60.5	68.7	64.9	70.5	83.5	94.1	84.7
住房貸款	13.7	15.6	18.3	20.1	18.9	14.5	15.2	18.7	20.5	18.7
商業	16.3	18.4	19.4	21.7	29.6	33.8	37.9	38.8	49.7	48.3
債券	4.6	4.6	3.9	4.0	5.4	10.2	14.7	12.9	12.1	20.3
股權	2.8	0.6	-0.2	1.6	-0.3	1.2	2.3	-0.7	4.8	6.8
抵押貸款	5.1	6.1	6.7	5.9	6.6	7.8	6.8	8.7	7.4	7.2
其他貸款	3.8	7.1	9.0	10.2	17.9	14.6	14.1	18.0	26.0	13.8
州與地方政府	5.5	5.8	6.1	6.0	7.6	6.4	8.8	9.9	8.5	12.2
家戶*	1.6	5.2	6.5	7.8	10.0	8.7	4.5	13.1	11.6	3.0
外國	2.5	2.1	3.4	4.9	2.6	1.5	4.1	3.0	3.7	2.6

*不包括抵押貸款

資料來源：美國聯準會

表3：商業票據流量表：*1970年夏季
（單位：百萬美元，未經周期調整）
（只有紐約聯邦準備銀行）

周末至周三	總額		總額		銀行相關[†]		其他 #		總額		銀行相關[†]		其他 #	
日期	數量	增減	數量	增減	數量[‡]	增減	數量	增減	數量	增減	數量[‡]	增減	數量	增減
6/24	39,540	+534	13,794	−41	1,044	+47	12,750	−88	25,746	+575	6,509	+161	19,237	+414
7/1	37,114	−2,426	12,862	−932	994	−50	11,868	−882	24,252	−1,494	6,383	−126	17,869	−1,368
7/8	37,130	+16	12,706	−156	963	−31	11,743	−125	24,424	+172	6,337	−46	18,087	+218
7/15	36,427	−703	12,245	−461	943	−20	11,302	−441	24,182	−242	6,461	+124	17,721	−366
7/22	37,009	+582	12,140	−105	963	+20	11,177	−125	24,869	+687	6,745	+284	18,124	+403
7/29	37,531	+522	12,236	+96	986	+23	11,250	+73	25,295	+426	6,784	+39	18,511	+387
8/5	37,039	−492	12,085	−151	959	−27	11,126	−124	24,954	−341	6,593	−191	18,361	−150
8/12	37,311	+272	12,117	+32	951	−8	11,166	+40	25,194	+240	6,765	+172	18,429	+68
8/19	37,138	−173	12,126	+9	982	+31	11,144	−22	25,012	−182	6,548	−217	18,464	+35
8/26	37,219	+81	12,018	−108	802	−180	11,216	+72	25,201	+189	6,455	−93	18,746	+282
9/2	36,039	−1,180	12,173	+155	727	−75	11,446	+230	23,866	−1,335	5,801	−654	18,065	−681

周末至周三	總額		總額		銀行相關[†]		其他 #		總額		銀行相關[†]		其他 #	
日期	數量	增減	數量	增減	數量[‡]	增減	數量	增減	數量	增減	數量[‡]	增減	數量	增減
9/9	35,870	−169	12,283	+110	696	−31	11,587	+141	23,587	−279	5,470	−331	18,117	−52
9/16	35,285	−585	12,225	−58	560	−136	11,665	+78	23,060	−527	4,647	−823	18,413	+296
9/23	35,393	+108	12,426	+201	542	−18	11,884	+219	22,967	−93	4,454	−193	18,513	+100
9/30	33,924r	−1,469r	12,518	+92	505	−37	12,013	+129	21,406r	−1,561r	4,081	−373	17,325r	−1,188r
10/7	34,171	+247	12,844	+326	477	−28	12,367	+354	21,327	−79	3,679	−402	17,648	+323

*包括附帶信用證或銀行支付保證的商業票據（documented discount notes），或其他任何不可撤銷信用證的商業票據。

†包括銀行控股公司、銀行控股公司的分公司和銀行其他分行開出的票據。

‡估算了一部分票據業者介於直接與間接開出相關票據的銀行分布。

#總額為部分估計。

注：數據為初步數據，可能會進行修訂。此外，這些數字並未針對周期性的增減進行調整，在解釋年內波動時應謹慎。

r = 修訂。

資料來源：紐約聯邦準備銀行

表4：羅徹斯特大學的資產組合

經典的高成長投資法：羅徹斯特大學

該方法說：「好股票你會長抱不賣。」

在1971年12月31日時，該大學的投資標的如下：

	帳面價值*	%	市值	%
債券	$19,150,650	10.3	$19,103,152	4.3
政府機構	500,000	0.3	501,875	.1
加拿大與外國	148,000	.1	146,520	.0
公共事業	2,108,394	1.1	2,115,819	.5
製造業	16,394,256	8.8	16,338,938	3.7
可轉債證券	3,689,735	2.0	5,060,237	1.1
特別投資	14,143,662	7.6	14,143,662	3.2
租賃權	1,225,764	.7	1,225,764	.3
抵押貸款	13,408	.0	13,408	.0
石油使用費	12,904,490	6.9	12,904,490	2.9
銀行餘額	5,431,243	2.9	5,431,243	1.3
買好玩的（FUNNY MONEY†）	9,256,580	5.0	8,384,866	1.9
普通股	134,507,075	72.2	391,397,248	88.2
電信股	4,745,958	2.5	6,675,000	1.5
工業類股	129,299,192	69.4	382,769,748	86.3
金融股	461,925	.3	1,952,500	.4
	$186,178,945	100%	$443,520,408	100%
信託裡的資金	5,086,827		9,711,222	
	$191,265,772		$453,231,630	

*是現在持有的證券成本，不是捐贈基金的歷史帳面價值。

†「買好玩的」是羅切斯特為小型企業準備的「希望不大帳戶」，全錄是在1950年時，首度出現在這個欄位中。

羅徹斯特大學將投資組合化為「每股」的單位，以利於和其他機構比較。其化為每股後的紀錄如下：

	每股價值
1957年12月31日	$1.64
1958年12月31日	1.89
1959年12月31日	2.13
1960年12月31日	2.23
1961年12月31日	2.44
1962年12月31日	2.26
1963年12月31日	2.70
1964年12月31日	3.17
1965年12月31日	4.13
1966年12月31日	4.06
1967年12月31日	4.95
1968年12月31日	4.78
1969年12月31日	4.95
1970年12月31日	4.46
1971年12月31日	5.60

羅徹斯特大學投資組合

普通股

股數

建築 120,000 馬斯科（Masco） 210,000 瑞安家園（Ryan Homes） 100,000 美國家園（U.S. Home） 90,500 威克斯（Wickes）	雜類 50,000 開拓重工（Caterpillar Tractor） 25,000 標準品牌油漆（Standard Brands Paint） 185,000 賽伯倫（Sybron）
消費 65,000 雅芳（Avon Products） 50,000 迪士尼（Disney） 82,000 克雷奇百貨（Kresge (S.S.)） 10,000 列文家具（Levitz Furniture） 100,000 麥當勞（McDonald's） 100,000 傑西潘尼（Penney (J. C.)） 95,000 皮崔百貨（Petrie Stores） 100,660 泰樂紅酒（Taylor Wine）	辦公設備 100,000 自動數據（Automatic Data） 60,000 寶來（Burroughs） 130,000 IBM 485,000 蘭克機構（Rank Organisation） 899,330 全錄
電子 19,400 惠普（HP） 39,750 德州儀器（Texas Instruments）	石油 210,000 美國赫斯（Amerada Hess） 160,000 路易斯安那海陸探勘公司（Louisiana Land & Exploration）
金融 30,000 林肯第一銀行（Lincoln First Banks） 50,000 紐約州保險（Security New York State）	照相 899,800 伊士曼柯達（Eastman Kodak） 100,000 富士（Fuji Photo Film）
醫療 79,500 必帝（Becton, Dickinson） 60,000 默克（Merck & Company）	電信 150,000 羅徹斯特電信（Rochester Telephone）

投資贏家 74

超級貨幣

第一本看見巴菲特價值的長銷經典，撕開金融世界的瘋狂眾生相

Supermoney

作　　者　亞當・斯密 Adam Smith
譯　　者　周詩婷
總 編 輯　許訓彰
資深主編　李志威
校　　對　陳家敏
封面設計　賴維明@雨城藍設計
內文排版　菩薩蠻數位文化有限公司

行銷經理　胡弘一
企畫主任　朱安棋
行銷企畫　林律涵、林苡蓁
印　　務　詹夏深

出 版 者　今周刊出版社股份有限公司
發 行 人　梁永煌
社　　長　謝春滿

地　　址　台北市中山區南京東路一段96號8樓
電　　話　886-2-2581-6196
傳　　真　886-2-2531-6438
讀者專線　886-2-2581-6196轉1
劃撥帳號　19865054
戶　　名　今周刊出版社股份有限公司
網　　址　http://www.businesstoday.com.tw

總 經 銷　大和書報股份有限公司
製版印刷　緯峰印刷股份有限公司
初版一刷　2023年9月
定　　價　450 元

國家圖書館出版品預行編目(CIP)資料

超級貨幣：第一本看見巴菲特價值的長銷經典,撕開金融世界的瘋狂眾生相/亞當.斯密(Adam Smith)著；周詩婷譯. -- 初版. -- 臺北市：今周刊出版社股份有限公司, 2023.09
368面；14.8 × 21公分. -- (投資贏家；74)
譯自：Supermoney
ISBN 978-626-7266-31-1(平裝)

1.CST: 股票投資 2.CST: 投資分析

563.53　　112010190